覚えておくと便利なショートカットキー

・「Ctrl」キーとアルファベットキーの組合せによる操作

[Ctrl] + [A]　すべて選択

[Ctrl] + [C]　選択項目のコピー

[Ctrl] + [X]　選択項目の切り取り

[Ctrl] + [V]　コピーもしくは切り取った項目の貼り付け

[Ctrl] + [Z]　元に戻す（直前の操作の取り消し）

[Ctrl] + [N]　新規作成

[Ctrl] + [P]　印刷

（＊）ファイルやフォルダーの操作の他、Word、Excel、PowerPointの操作にも使えます。

・ファンクションキーによる操作

[F1]　　ヘルプおよびサポート機能の呼び出し

[F2]　　選択項目の名前の変更

[F3]　　検索機能の呼び出し（エクスプローラーやMicrosoft Edge使用時に便利）

[F5]　　表示の更新（Webサイト閲覧時に便利）

[F11]　　ウィンドウの最大化

[Shift] + [F10]　選択項目のメニューの呼び出し（マウスの右クリックに相当）

（＊）文字入力時の [F6] ～ [F10] の利用は、図2.101を参照。

・アプリやウィンドウの操作

[■] + [↑/↓]　アクティブな画面を最大化/最小化する

[■] + [←/→]　アクティブな画面を左/右に配置する

[■] + [Tab]　起動しているすべてのアプリを一覧で表示する

[■] + [D]　　デスクトップの表示/非表示

[■] + [E]　　エクスプローラーの起動

[Alt] + [F4]　　アプリを終了する（ウィンドウを閉じる）

第3章：Wordによる文書処理：「レポート」1ページ目と2ページ目

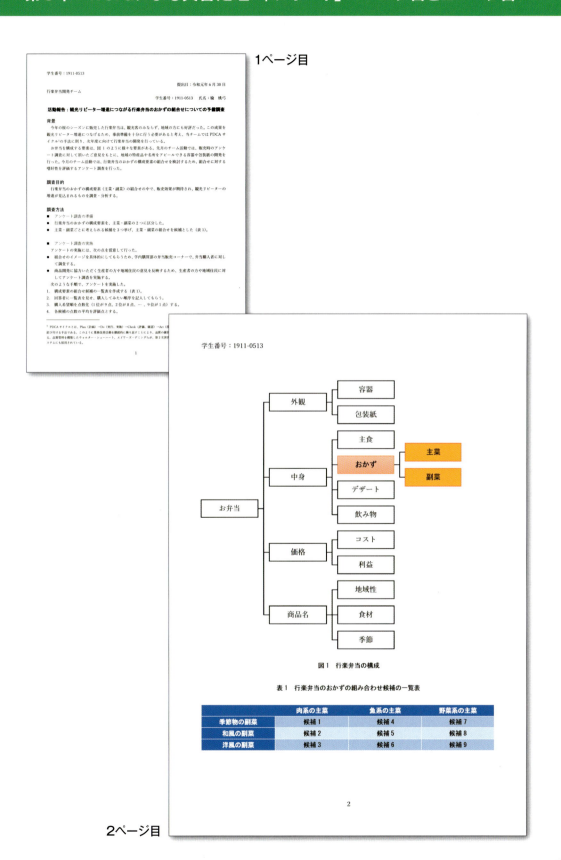

第3章：Wordによる文書処理：「レポート」3ページ目と4ページ目

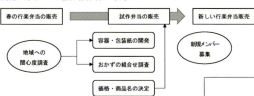

3ページ目

4ページ目

第4章：Excelによる表計算とデータベース：グラフの種類

図4.89（棒グラフ）

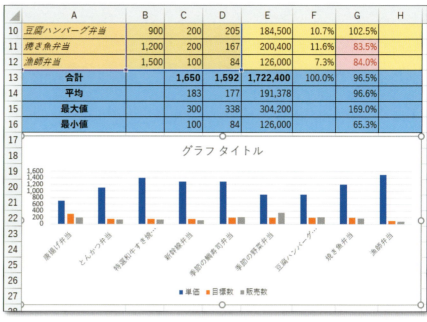

図4.7.1（折れ線グラフ）

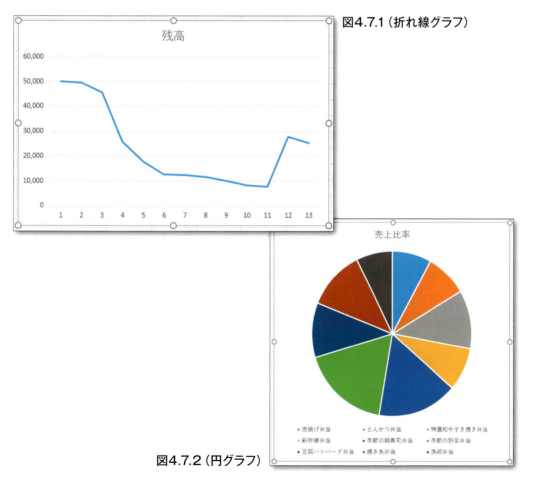

図4.7.2（円グラフ）

第5章：PowerPointによるプレゼンテーション：完成スライド

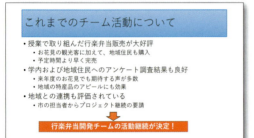

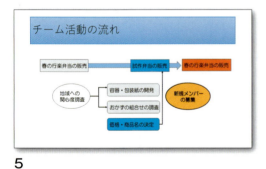

Microsoft Office 2019を使った
情報リテラシーの基礎

切田節子・新聖子・山岡英孝・乙名健・長山恵子　共著

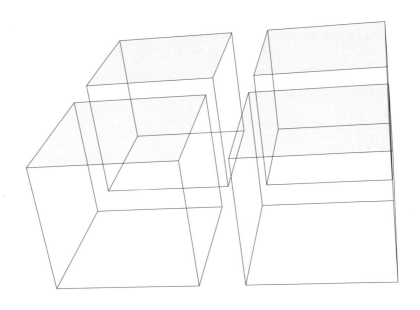

近代科学社

◆ 読者の皆さまへ ◆

　平素より，小社の出版物をご愛読くださいまして，まことに有り難うございます.

　（株）近代科学社は1959年の創立以来，微力ながら出版の立場から科学・工学の発展に寄与すべく尽力してきております. それも，ひとえに皆さまの温かいご支援があってのものと存じ，ここに衷心より御礼申し上げます.

　なお，小社では，全出版物に対してHCD（人間中心設計）のコンセプトに基づき，そのユーザビリティを追求しております. 本書を通じまして何かお気づきの事柄がございましたら，ぜひ以下の「お問合せ先」までご一報くださいますよう，お願いいたします.

お問合せ先：reader@kindaikagaku.co.jp

　なお，本書の制作には，以下が各プロセスに関与いたしました：

・企画：山口幸治
・編集：山口幸治, 高山哲司, 安原悦子
・組版：DTP（InDesign）／ tplot inc.
・印刷：大日本法令印刷
・製本：大日本法令印刷
・資材管理：大日本法令印刷
・カバー・表紙デザイン：tplot inc. 中沢岳志
・広報宣伝・営業：山口幸治, 東條風太

● Microsoft®, Microsoft®Excel, Microsoft®Internet Explorer, Microsoft®PowerPoint, Microsoft®Word, Windowsは，米国Microsoft Corporationの米国及びその他の国における登録商標です.

・本書の複製権・翻訳権・譲渡権は株式会社近代科学社が保有します.
・ JCOPY ＜（社）出版者著作権管理機構 委託出版物＞
本書の無断複写は著作権法上での例外を除き禁じられています.
複写される場合は，そのつど事前に（社）出版者著作権管理機構
（https://www.jcopy.or.jp）
e-mail: info@jcopy.or.jp）の許諾を得てください.

まえがき

「情報リテラシー」とは、情報を取り扱う能力のことです。目的に応じて、情報の収集、処理、発信をする能力を指します。情報化社会においては、膨大な情報を取り扱うために、コンピューターやネットワークの技術、「情報・通信技術（ICT）」が基盤になります。本書では、皆さんがICTの技術を身につけて、情報を取り扱う能力を高めるために、Windows 10とMicrosoft Office 2019について解説しています。詳細は第1章で説明しますが、ここで、"なぜ「情報リテラシー」を習得する必要があるのか"を考えてみましょう。

皆さんの多くは、生まれた時からパソコンが身近に存在し、インターネットで世界中の情報を即座に手に入れることができる環境で育ってきたのではないでしょうか。最近では、パソコンよりもさらに簡単に操作ができるスマホを使っている人も多いことでしょう。ということは、皆さんはすでに"情報の収集、処理、発信"を日常的に行っていることになります。もしかすると、「情報リテラシー」を改めて学ぶ必要なんてないと思っている人がいるかもしれません。確かに最近のパソコンは、初心者でも使いやすいようになっているので、難しいことを学ばなくても使うことはできるでしょう。スマホを使えば、インターネットへの接続も簡単にできて、世界に向けて情報発信することも可能です。

ここで、車の運転と比べて考えてみましょう。最近の車は、自動運転の機能も搭載されるほど進化してきました。自動運転の車とまでいかなくても、オートマチックの車であれば、少し練習すれば自分で動かすことはできるようになります。でも、車を動かすことができるからと言って、交通ルールもろくに学習せずに、いきなり公道に出たらどうでしょう。標識の意味が分からなくて、一方通行の道を逆走してしまったり、朝の通学路で徐行せずにスピードを出して子供たちに怖い思いをさせてしまったりと危険な運転をしてしまうことが考えられます。ですから、運転免許を取得するためには、運転技術と共に、安全に運転するための交通ルールや心構えなども学ぶことが求められます。

コンピューターを使うために特別な免許は必要ありませんが、車の運転と同様に、使うための技術だけではなく、正しく使うための"情報倫理"などについても学んだ上で、使いこなすことが求められます。正しく使えば便利な道具も、使い方を誤れば凶器となってしまいます。若者の多くが利用しているSNSは、多くの人と簡単にコミュニケーションを

とることができて便利な反面、SNS上でいじめが行われたり、悪口を言われたことが原因となり事件に発展してしまうということが、現実に起こっています。これはSNS自体が悪いわけではなく、道具の使い方を間違っているのです。

本書は、単なる機能説明の操作マニュアルを目指すのではなく、目的意識を持って、必要に応じてICTの「技」を使えるような構成を考えました。最大の特徴は、この本を使って勉強した皆さんが、コンピューターを"道具として"、自分の目的のために使いこなすための工夫をしたということです。"WordがあるからWordを使う"のではなく、"仕事を進める上で必要だからWordを使う"のです。これが目的意識というものです。

そのために本書では、人間が仕事をするときの流れに沿って機能の説明を展開しました。仕事といってもビジネスよりも学生に身近な例がよいと考え、地域の会社や住民と、学生とが連携した「地

i

域活性化プロジェクト」を共通テーマにしました（プロジェクトの概要は次ページ参照）。

　皆さんは地域活性化プロジェクトの中の「行楽弁当開発チーム」の一員として仕事をすると仮定します。魅力的な行楽弁当を考案し、売り上げを伸ばすだけではなく、地元への観光リピーターを増やすことを目標にして活動していきます。

　プロジェクトを立ち上げるにあたって、「PDCAサイクル」について学習しました。「PDCA」は、「Plan-Do-Check-Act」の頭文字、つまり、「計画」→「実施・実行」→「評価・確認」→「改善・修正」を意味します。P→D→C→Aの順に作業を行い、また次のP（計画）に戻っていくことにより、このサイクル（循環）がスパイラル状に継続され、改善活動を行うことができます。この手法は、ビジネスの世界でも実際に使われています。

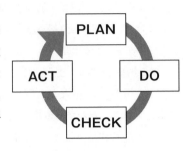

　プロジェクトは、このステップに沿って実行していきます。このプロジェクトを進めていく上で、情報の収集、処理、発信のために、WordやExcel、PowerPointなどを使用する必要性が生まれます。

　目的意識を持って情報リテラシーの力を発揮することは、ビジネスの世界でも重要です。ビジネスの世界では、単にICTを使える「技」だけでは通用しません。ICTを効率よく使用し、結果としてどのような成果を出すのかが重要視されます。さらに、社会全体や人々にどんな利益をもたらすのかといった最終目的を見通す能力も必要です。こうした目的意識をもった人こそが、社会で求められている「人間力」を備えた社会人です。

　本書では、目的から機能の説明に入りますから、初心者の皆さんにも親しみやすく、ストーリーに沿って演習に取り組むことができます。今までコンピューターに関して苦手意識があった人でも、行楽弁当開発チームのメンバーになったつもりで読み進めるうちに、"やってみよう"という気持ちになるに違いありません。そして、解説どおりに演習をしていくうちに、コンピューターの基礎操作ができるようになり、情報リテラシーを身につけることができます。

　すでに情報リテラシーを少し身につけている読者にも、十分役立つように、各章の終わりに、やや難しい課題の演習問題を用意しています。余裕があればぜひチャレンジしてください。

　また各章に「話し合い」をする演習が入っています。これらの演習では、複数人で話し合うことによって、内容をより深く理解し、追加調査を行い、関連知識を広げることができます。さらに共同作業を通して、お互いの違いや共通点を理解し、より広い人間力を養います。このような学びの方法は「アクティブラーニング」と呼ばれ、皆さんが受け身ではなく、主体的に学ぶためのものです。

　その他に、操作する上での「裏ワザ」の紹介、「情報倫理」や「セキュリティー」についての解説も役立つことでしょう。

　皆さんの前に広がっている未来を、すばらしいものにするのは、皆さん自身です。「目的意識」をもって正しく道具が使える人間力のある大人になるために、情報リテラシーを習得してください。そのために、本書が少しでも役に立つことが、執筆者全員の望みです。読者の皆様のご活躍を祈っております。

　末筆になりましたが、本書の刊行にあたり、ご尽力いただいた近代科学社の山口幸治氏および高山哲司氏に、著者一同感謝の意を表します。

　　　　　　　　　　　　　　　　　　　　　　　　　　　令和元年9月　著者一同

<共通テーマ：地域活性化プロジェクトの概要>

・主人公：
　吉都（きっと）学園　に在籍する学生
　楡　桃弓（にれ　ももみ）

・住んでいる地域：
　自然豊かで、特に桜が美しいことで有名な地方都市

・プロジェクト立ち上げの背景と活動状況：
　この地域は古き良き日本が残っているが、過疎化が少し進んできたため、数年前から役所や住民が中心になって「地域活性化プロジェクト」を立ち上げ、吉都学園も参加している。
　吉都学園では、卒業の単位を得るために、このプロジェクトに2年以上参加することが必須である。桃弓は、地域活性化プロジェクトの中の「行楽弁当開発チーム」のメンバーの一人。
　昨年の秋から計画し、今年のさくら祭で販売した行楽弁当は、地域で栽培している野菜や、山菜、地物の魚や肉などを使ったので好評だったが、売上は目標の80％にとどまった。
　来年の観桜シーズンには、観光客だけでなく地元住民も繰り返し購入したくなるような行楽弁当を考案し、売上を伸ばすだけでなく、観光リピーターを増やすことも目標に入れて、新しい行楽弁当を工夫したいと考えている。

・プロジェクトの進め方：
　プロジェクトは、ＰＤＣＡのステップに沿って実行していく。まず「Plan」の段階では、作業の洗い出しを行い、それぞれの実施計画を立てる。「Do」の段階では、作業を実施する。ここでは行楽弁当を販売することである。そして「Check」の段階で、予想どおりの利益が出たか否かを確認し、うまくできた点や反省点をまとめ、報告する。次の「Act」の段階で、反省点を改善し、次のさくら祭にはもっと利益が出るように、もっと作業が円滑に進むようにと、次の「Plan」につなげていく。

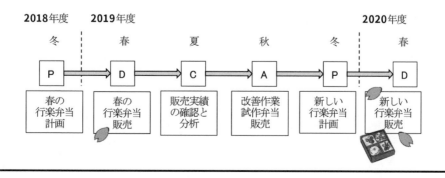

目　次

第1章　情報化社会とリテラシー　　1

この章で学ぶこと..1
　　この章のポイント 1
1.1　情報化社会とリテラシー 2
　　1.1.1　情報化リテラシーとは 2
　　1.1.2　情報化社会の光と影 4
1.2　情報倫理とセキュリティ 7
　　1.2.1　情報倫理とは 7
　　1.2.2　セキュリティについて知ろう 9
　　1.2.3　安全に情報化社会を生きる 10
　　1.2.4　SNSとその利用 12
　　1.2.5　具体的な対策 15
1.3　情報リテラシーの活用 20
　　1.3.1　情報リテラシーの活用 20
　　1.3.2　情報の取り扱い 21
　　1.3.3　目的意識の重要性を認識しよう 23
　　1.3.4　プロジェクトで情報リテラシーのスキルを使おう 24
　　第1章をふりかえって 26

第2章　ソフトウェアの基本操作　　27

この章で学ぶこと...27
　　この章のポイント 27
　　この章で学ぶ機能 27
2.1　Windows10の基本操作 28
　　2.1.1　Windows10の起動/終了方法 28
　　2.1.2　1台のパソコンを複数ユーザーで使用するには 34
　　2.1.3　Windows10環境での画面設定 39
　　2.1.4　情報検索の方法 40
　　2.1.5　セキュリティ管理 42
　　2.1.6　バックアップの作成と復元 44
　　2.1.7　ヘルプ機能 49
2.2　アプリケーションソフトの共通基本操作 52
　　2.2.1　統合ソフト（Officeシリーズ）を使用する利点とは 52
　　2.2.2　アプリケーションソフトの起動/終了方法 53
　　2.2.3　アプリケーションソフトの画面操作 56
　　2.2.4　補助記憶媒体の扱い方 65
　　2.2.5　フォルダーとファイルの管理 66
　　2.2.6　日本語入力（Microsoft IME）の基本操作 77
　　　　コラム：Office 2019とOffice 365の違い 86

第3章　Wordによる文書処理　　87

この章で学ぶこと...87
　　この章のポイント 87
　　この章で学ぶ機能 87

3.1	文書作成について	88
	3.1.1　文書について	88
	3.1.2　レポート作成の手順	89
	3.1.3　文章を書く要点	89
	メモ：「文体」について	89
	メモ：「出典の記載」について	92
	第3章1節をふりかえって	93
3.2	Wordの基本操作	94
	3.2.1　Wordの初期画面	94
	3.2.2　Wordのリボンとタブ	95
	3.2.3　Wordを使って文書を作成する手順	96
	3.2.4　作成した文書の保存について	96
3.3	演習「レポート」について	97
	3.3.1　「レポート」の構成	97
	3.3.2　「レポート」のページ設定	102
	ヒント：ボタンの機能が分からないとき	103
	ポイント：ページレイアウトの設定は、文書作成の最初で行う	104
	ポイント：文字書式は［ホーム］タブ、ページ書式は［レイアウト］タブ	104
3.4	「1ページ目」を作成しよう	105
	3.4.1　「1ページ目」で使用するWordの機能	105
	3.4.2　文章の入力	106
	ポイント：Wordにおける段落とは	107
	ポイント：赤と青の波線	107
	3.4.3　文書の編集	108
	ポイント：文字の置換機能	108
	メモ：書式の種類	109
	3.4.4　「タイトル」部分の編集	110
	ポイント：「左揃え」と「両端揃え」の違い	110
	3.4.5　「背景」と「調査目的」の段落部分の編集	112
	メモ：「ルーラー」とは	112
	3.4.6　「調査方法」部分の編集	114
	ポイント：「標準」スタイルは変更しない	117
	メモ：操作は一通りではない	117
	メモ：Wordの操作は使って慣れる	117
	メモ：［行頭文字ライブラリ］への［黒丸］の表示	120
	メモ：箇条書きと番号付け	121
	3.4.7　文書の確認	122
	3.4.8　脚注の挿入	124
	第3章4節をふりかえって	125
3.5	「2ページ目」を作成しよう	126
	3.5.1　「2ページ目」で使用するWordの機能	126
	メモ：表ツールの使い分け	126
	3.5.2　図の作成 (1)	127
	ヒント：SmartArtの大まかな編集	128
	メモ：レポートの「図」や「表」はシンプルに	130
	メモ：SmartArtの視覚的スタイル	131
	メモ：SmartArtの図形の形の変更など	132
	メモ：図形の効果など	134
	3.5.3　表の作成	135
	第3章5節をふりかえって	137

v

3.6 「3ページ目」を作成しよう 138
    3.6.1 「3ページ目」で使用するWordの機能 138
    3.6.2 文章の入力と編集 139
    3.6.3 表の作成 140
    3.6.4 図の作成 142
        メモ：図のコピーと貼り付け 145
    3.6.5 ヘッダーとフッターの挿入 149
    第3章6節をふりかえって 150
3.7 「4ページ目」を作成しよう 151
    3.7.1 「4ページ目」で使用するWordの機能 151
        メモ：段組みとは 151
    3.7.2 文章の入力と編集 152
    3.7.3 段組みの設定 153
        メモ：段組みダイアログボックス 153
    3.7.4 数式の挿入 154
        ポイント：タブ機能とインデント機能 157
    第3章7節をふりかえって 162

第4章 Excelによる表計算とデータベース   163

この章で学ぶこと 163
    この章のポイント 163
    この章で学ぶ機能 163
4.1 表計算ソフトウェアとは 164
4.2 Excelの基本操作 165
    4.2.1 Excelの画面 165
    4.2.2 リボン 166
4.3 「表」を作成しよう 167
    4.3.1 データ入力 167
        ヒント：データの連続入力 168
    4.3.2 数式の入力とコピー 169
        ヒント：数式は半角 169
    4.3.3 データの修正 170
    4.3.4 合計の計算 171
    4.3.5 ブックの保存 172
4.4 ワークシートの書式を設定しよう 174
    4.4.1 セルの幅と高さの変更 174
    4.4.2 枠線／罫線／塗りつぶし（網かけ） 175
    4.4.3 フォントの変更 177
    4.4.4 配置の変更 178
    4.4.5 表示形式 178
    4.4.6 テーブルスタイル 179
    4.4.7 印刷 180
        メモ：印刷はよく確認してから 181
        ヒント：セル範囲の選択に便利なショートカットキー 182
4.5 表を拡張しよう 184
    4.5.1 行と列の挿入 184
    4.5.2 売上比率と達成率の計算 185

4.6	関数を使いこなそう	189
	4.6.1　SUM関数	189
	4.6.2　AVERAGE関数	190
	ヒント：関数の引数	191
	4.6.3　MAX関数	192
	4.6.4　MIN関数	192
	4.6.5　COUNT関数	193
	4.6.6　IF関数	194
	4.6.7　その他の関数	195
	4.6.8　書式の応用	195
	メモ：日付データとシリアル値	197
4.7	グラフを作成しよう	200
	4.7.1　グラフの新規作成	200
	4.7.2　グラフの編集	203
	ヒント：模様をつけて印刷	204
	メモ：グラフの種類と特徴	209
4.8	表計算を応用してみよう	211
	4.8.1　経営分析	211
	4.8.2　文書への表やグラフの追加	216
	4.8.3　データ分析	218
4.9	データベース機能を使ってみよう	222
	4.9.1　Excelにおけるデータベースの基本概念	222
	ヒント：行/列の操作（ショートカットメニュー）	223
	4.9.2　レコードの並べ替え	224
	4.9.3　集計機能	226
	4.9.4　レコードの抽出	229
	4.9.5　ピボットテーブル	231
	メモ：テーブル機能	235
	4.9.6　効率の良いデータ入力方法	236
	メモ：VLOOKUPの検索方法	239
	第4章をふりかえって	241

第5章　PowerPointによるプレゼンテーション　243

この章で学ぶこと	243
この章のポイント	243
この章で学ぶ機能	243

5.1	プレゼンテーションとは	244
	5.1.1　プレゼンテーションの意味について考えよう	244
	メモ：プレゼンテーションとは	244
5.2	良いプレゼンテーションをするために	245
	5.2.1　本番実施までのステップを確認しよう	245
	5.2.2　ストーリーを組み立てよう	246
	ヒント：終わりの挨拶例	247
	5.2.3　資料について考えよう	250
5.3	プレゼンテーションの計画をたてよう	252
	5.3.1　作業用紙に記入しよう	252
	5.3.2　発表環境を確認しよう	252
	5.3.3　デザインについて考えよう	255
	メモ：「テーマ」について	255

vii

5.4	PowerPointを使ったプレゼンテーションの作成	258
5.4.1	PowerPointの基本操作	258
5.4.2	さぁ、表紙を作ろう	259
	メモ:クリエイティブ・コモンズ・ライセンス	264
5.4.3	新しいスライドを挿入しよう	265
	ヒント:「レイアウト」について	265
5.4.4	グラフで表現してみよう	268
	ヒント:グラフの横のボタン	272
5.4.5	一覧表を作成しよう	272
5.4.6	ワードアートで文字を強調しよう	275
5.4.7	スライドを確認しよう	277
5.5	編集をしよう	279
5.5.1	編集作業が成功の近道	279
5.5.2	スライドを追加・削除しよう	279
5.5.3	Wordレポートの図を利用しよう	280
5.5.4	写真を取り込もう	281
	ヒント:動画の挿入	284
5.6	スライドショーの設定をしよう	285
5.6.1	画面切り替えを設定しよう	285
5.6.2	アニメーションを設定しよう	286
	ヒント:動きの方向	287
5.7	発表の準備をしよう	291
5.7.1	リハーサルをしよう	291
	ヒント:タイミングの記録	292
5.7.2	手元資料を作成しよう	292
5.8	プレゼンテーションを実施しよう	295
5.8.1	準備万端整えよう	295
5.8.2	「他人紹介」でPowerPointを応用しよう	296
	第5章をふりかえって	298
	参考文献	299
	MS-IME　ローマ字/かな対応表	300
	索引	302

viii

第1章 情報化社会とリテラシー

この章で学ぶこと

　学習者にとって、この本のタイトルである「情報リテラシー」について理解を深めることは重要です。「情報リテラシー」とは何か、なぜ必要なのかを学びます。「情報化」の恩恵だけでなく、影の部分にも目を向け、安全にそして積極的に情報化社会で生きていく知識を身につけ、倫理感をもった大人としてのポリシーを持つことを学びます。その上で、演習例の弁当販売プロジェクトを通じて、目的意識を持つことの重要性を学びます。

この章のポイント

　第1章は、機能を学ぶ章ではありません。自分なりの考えを持ち、自分の言葉で説明できるようになることが目的です。そのためには、学習した内容だけでなく社会の中を見回し、いろいろな問題や課題に目を向け、多くの人々と話し合うことを心がけてください。

　この章では、「まえがき」の「プロジェクト概要」で紹介した主人公の楡 桃弓が、分からないことや疑問に思うことを、社会人の兄、楡 十朗に聞きながら理解を深めていくストーリーになっています。兄は同じ学校を卒業している先輩です。みなさんも桃弓の立場で学習していきましょう。

来週から
リテラシーの
勉強が始まるの！

そりゃ、楽しみだね。
僕は、初めは分からないことが多かったけど、楽しかった授業だよ。授業をちゃんと聞いていれば大丈夫だよ。分からないことは、まず自分で調べて、それでも理解できなければ、それをメモしておくんだ。仕事の合間にメモをみて、モモが都合のよいときに説明してあげよう。

1.1 情報化社会とリテラシー

1.1.1 情報リテラシーとは
〈「情報」について考えよう〉

"情報"という観点で人類の歴史を振り返ってみると、より多くの情報を収集し、保存し、活用するために、いろいろな発明や発見をしてきたと考えることができます。

狩猟民族が獲物の多い地域や、動物が移動する季節を知ること、あるいは農耕民族が移り変わる季節を知ることや、肥沃な土地の場所を知ることは、生命を維持するために重要な「情報」だったはずです。どの時代でも情報を多く得て活用した民族が生き延びて文明を築いてきたのです。

図1.1　正しい情報を持つ者が生き延びてきた

情報は、最初は人間の脳に蓄えられ、人の口から耳へと伝承されてきました。より多くの情報を保管し、伝達したいという欲求から、人類は「文字」を、「紙」を、そして「印刷技術」を発明してきました。そう考えると、太古の昔から「情報化」の流れは始まっていたといえます。

情報化　流れは　太古の昔より

〈情報リテラシーとは何かを知ろう〉

リテラシー（Literacy）は「識字力」、ときには「読み・書き・そろばん」と訳されています。つまり「読む」「書く」「計算する」などの基本能力を総称して「リテラシー」といいます。人類の長い歴史を通じて、この3つの能力があれば、情報を得ることも伝えることも、あるいは計算して情報を加工することもできたのです。

しかしコンピューターの出現、特にネットワークが発達して一般の人々に普及してくると、情報の扱い方は劇的に変わりました。たとえば現在、スマートフォン（以下スマホと略）を持っていれば、知人の電話番号を数秒で知ることができるし、住所が分かれば地図を出すこともできます。現在では誰でもできる当たり前のことですが、20年ほど前にはコンピューターを扱える一部の人にしかできないことでした。人類の歴史の中で、100年単位で起こったような変化が、ほんの数年間に起こっているので、「情報革命」と呼ばれています。

情報革命後の社会に生きる私たちは、「読み・書き・そろばん」だけではうまく情報を扱うことができません。3つの能力の他に、コンピューターを中心にネットワークや多くのアプリケーションの知識や端末の使い方など、ハードウェアやソフトウェアの知識が必要になってきました。こうしたICT[1]関連の基本的知識や能力を総称して「情報リテラシー」といいます。

スマホやタブレットを使って情報検索をし、LINEやTwitterなどのSNSを使って情報交換する方法を知っている皆さんは、「情報リテラシーが身についている」ということができます。しかし、ICT全体からみるとほんの一部でしかありません。社会に出て仕事をしたり、ICTの悪用から身を守ったりするには、より幅広くICTに関する基本能力を身につける必要があります。

---

[1] Information and Communication Technology：情報通信技術

よく分からないわ！
「リテラシー」とカタカナにする意味がよく分からない。
「基本知識」とか「基本能力」でもいいんじゃない？

確かにね、カタカナだと少し意味が曖昧になくなるかもしれないね。元々、リテラシー（Literacy）という言葉は、文字（Letter）とか文学（Literature）と同じ語源だから、文字を読んだり書いたりすること、つまり「識字力」のほうが適切かもしれないんだよ。

桃弓：へぇ、そうなの。じゃあ「読み書きそろばん」じゃなく「読み書き」だけなのね。

十朗：そこに「そろばん」を加えたのは、「計算」も「読み書き」と同じくらい必要な能力だからだよ。同じような考えで「リテラシー」という言葉の意味が変化してきたんだ。つまり生活や仕事に必須の能力が、時代によって変わってくるということなんだ。

桃弓：だったら、ますます「基本能力」でよさそう・・・

十朗：それだけならね、でもね「リテラシー」には、それらの能力を「使う」「活用する」という要素も入っているんだ。そこが重要なんだよ。つまり情報を「取り扱う」ということは、読んだり書いたりするだけでなく、必要に応じて変更したり、判断したり、いろいろな活用をすることが含まれているんだよ。

桃弓：もう少し分かるように説明して！

十朗：「言葉」も「文字」も「道具」と考えてごらん。お互いにコミュニケーションをとるために、人類が発明した道具なんだ。何のために道具を持つの？「使う」ためだよね？ たとえば料理人は包丁という道具を持っているけど、使わなければ錆びつくだけでしょ？ 美味しいお料理を作って初めて包丁という道具が生きる、つまり価値があるということだよね。同じように言葉も文字も使うことに価値のある道具なんだよ。

桃弓：つまり、情報リテラシーも技を身につけるだけでなく、実際に使うってことなのね。少し分かった気がする。じゃぁ、がんばって勉強しようっと。

リテラシー 技を磨いて 活用を！

〈情報リテラシーの種類〉

「情報リテラシー」は、おおまかに次の2種類に分かれます。

・広義：いろいろな方法で情報を取り扱う能力
・狭義：ICTを使って情報を取り扱う能力

「広義」の情報リテラシーは、ICTだけでなく、"あらゆる方法で情報を活用する総合的能力"のことです。目的に応じて、情報の収集、処理、発信をする能力など、"情報の取り扱いに関する広範囲な知識と能力"のことをいいます。

「狭義」の情報リテラシーは、コンピューターやネットワークの基礎的理解、データの作成、整理、インターネットによる情報検索能力、プログラミング能力など、"ICTを通じて情報を取り扱う基礎能力"のことです。

例えば、日常生活でもスマホの電池切れなどで経験することですが、たびたび日本各地で起こる大災害の場面を考えてください。ICTによって災害の規模や被害情報が日本中に配信されますが、災害現場では停電などによってICTの力を活用できないことがあります。電源がなければICTは無力ですから、人間同士が言葉を使って話し合い、紙などに情報を書いて伝え合い、それらを活用して考え、次の行動を決定したりするのです。この場合、ICTを使っての情報発信は「狭義」、人間同士が話し合っての情報発信は「広義」といえます。

つまり情報社会に生きる私達は、ICTばかりに依存せずに人間同士の力も利用して、両面から情報リテラシーを身につけ活用していくことが大切です。

図1.2　ICTに頼り過ぎない

1.1.2 情報化社会の光と影

〈両刃の剣の意味を知ろう〉

「両刃の剣」または「諸刃の剣」という言葉を知っていますか。一方では役に立つが、一方では害になることを意味する言葉です。包丁は、切れ味がよければよいほど美味しい料理をつくることができますが、切れ味がよければよいほど強盗が入ったときには危険になります。どちらの場合でも、包丁には何の責任もありません。それを使う人間の側に責任があるのです。

"包丁に責任はありません"という言葉を、おかしくてクスッと笑った人もいるかもしれません。しかし、"原因はコンピューターのエラーです"と、実際は人間の責任をICT側に転嫁している例はよくあることです。新聞という信頼できるメディアですら、このような書き方をしていることがあります。包丁に責任を転嫁できないのと同じように、コンピューターにも責任はないのです。コンピューターを基本としたICTは、台所の包丁とは比べ物にならないほど多様な働きをする優れた道具です。優れているからこそ、悪用されると包丁よりも恐ろしい結果を導く武器になります。ICTをプラスの方向に使うか、マイナスの方向に使うかは、今生きている私たちの責任なのです。

図1.3　優れた道具ほど悪用されると恐ろしい

大袈裟だわ！私達の責任なんて！

「大袈裟！」と言いたい気持ちも分かるけど、世の中って、"どこかの誰か"が作ってるわけじゃないからね。

そうだけど、…私に責任？

十朗： つまり、今生きている僕たち一人ひとりが責任感をもってICTを使う必要があるってことなんだよ。責任感なんて考えてもいなかったでしょ？

桃弓： そうね。今までそんなこと考えたことなかったわ。

十朗： ICTは包丁と同じように道具なんだ。日常的にICTに触れている僕らだけど、良いことばかりじゃないよね？ 悪いことに活用されないように、ICTの良い点と悪い点、「光と影」の両面を知ることなんだ。

桃弓： 道具を使うためには、両面をみないといけないのね。

真実は 裏も表も 見て分かる

〈情報化社会の光〉

(1) 生活が便利になった

毎日の生活がとても便利で豊かになりました。スマホやタブレットだけでなく、テレビ、電話、洗濯機、炊飯器、空調、どれをとってもICT技術に支えられています。

(2) 情報を正確に、多く、速く得られるようになった

たとえばニュースや天気情報をみても、数年前に比べて詳細な情報を得ることができるようになりました。しかもテレビなどで

図1.4 光の裏には影がある

配信されるのを待つのではなく、インターネットを使って必要なときに情報を得ることができます。世界情勢や学問的情報など、あらゆる情報について同じことがいえます。

(3) 効率がよくなった

後章で学習するWordやExcelは、まさに効率アップのためのソフトウェアです。毎日の生活の中で書いたり読んだり計算することは、頻繁に行われることです。こうした作業が、ICTによって非常に効率よくなりました。人間のウッカリ・ミスを防ぎ、繰り返し作業を減らせるようになりました。日常生活だけでなく、社会全体を見ても、工場での生産性が向上し、事務作業が効率化されるようになりました。

(4) 情報に関する格差が少なくなった

ひと昔前には、図書館も本屋も身近にある大都市ではすぐに得られる情報が、地方都市では数日かかることが当り前でした。しかし現在、インターネットを使うことによって、地域差も時間差もなく入手することが可能です。同じ情報を同じ速度で、しかも安価に得ることができるのです。このように格差を減少させることに、ICTが役立っています。

ただし、これはICT環境が整っているという前提条件があります。「情報格差」という言葉は、ICT環境や技術の格差を表す言葉です。

〈情報化社会の影〉

(1) 人間関係が希薄になった

　ICTを毛嫌いする人が最初に主張するのは、この点です。顔と顔をつき合わせてこそ人間関係が成立するのであり、SNSなどの情報ネットワークを通じてよい人間関係が築けるはずはない、という意見です。もちろんICTを介在させるから可能になった人間関係もありますが、基本は対面することから始まります。実際、面とむかって言いたいことを話せない人が増えています。画面の前でしか本音を語れないという現象は、本当の人間関係を築けないことを意味しています。

(2) ICTを信用しすぎる

　たとえば、コンピューターが出力した計算結果のリストを絶対的なものと信用するような現象が起きています。実際は虚偽のデータを基にして作成したグラフや表でも、印刷物で渡されると正しいと思い込んでしまいます。犯罪者はたくみにこうした心理を利用して、不当な高額請求書を送りつけます。手書きであれば決して信用しない場合でも、印刷されたコンピューターの出力だとコロッとだまされています。ICTへの過信といえます。

(3) 人間の能力が衰える

　昔の人間は、力も強く足も丈夫でした。車が発達し、駅にエスカレータが設置されると、人は歩かなくなり足が衰えました。道具が発明されるたびに、人間の能力は退化しました。目も耳も、体力すべてが衰えただけでなく、忍耐力や持続力など、大切な能力も失われてきました。今、スマホを身近に置くことで、人は漢字が書けなくなり、簡単な計算もできなくなりました。最近では食事の選択までスマホに任せる人が出てきたようです。これからAI（人工知能）が急速に発展していき、AIに判断を任せていくと、さらに人間の能力は退化にすることになるでしょう。哲学者、パスカルの有名な言葉のとおり、"人間は考える葦（あし）"なのです。どんなにICTが発達しても、考える能力だけは、失わないように、人間である一人ひとりが気をつけなければなりません。

(4) 情報が氾濫する

　"プライバシーの侵害""情報漏えい"など、情報の氾濫によるコンピューター犯罪は、毎日のように新聞記事になっています。紙に書いたものは燃やせば無くなり、

図1.5　人間は考える葦

り、古くなれば紙が黄変し、インクも薄くなります。しかしコンピューターにいったん入力されたものは、いつまでも生き続ける可能性があります。本人が忘れていても、他人に送ったメールの内容は、まるで昨日書いたことのように出力することもできるのです。情報量が多いということだけでなく、このように情報が形を変えて生き続けていくことも、氾濫を起こす原因になっているのです。

1.2 情報倫理とセキュリティ

1.2.1 情報倫理とは

〈倫理は"人の道"〉

　日常生活では、いろいろと守るべき事柄があります。たとえば道に紙くずを捨てたり、友人の悪口を言ったり、あるいは誰かを軽くたたいたりすること、すべて悪いこと、倫理に反しています。もちろんこの程度で罰金を科せられたり、警察に連れて行かれたりすることはありません。

　しかし、同じ行為でも、紙くずではなく壊れたバイクを放棄したら、どうでしょうか？　あるいは怪我をするほどに他人を蹴ったりしたら、処罰されます。同じことなのに、どうして違うのでしょうか。その差は何でしょうか。分類して考えてみましょう。

　なんだか「情報倫理」って、好きじゃないわ。「不正アクセス」とか「個人情報漏えい」とか「サイバー攻撃」とか・・・頭が痛くなりそうで後回しにしたいような感じがしちゃうの。

　確かに親しみにくい言葉だから、"WordとかExcelを勉強するのが先！"って、後回しにしたくなるかもしれないね。今は無関係な感じがするかもしれないけれど、「倫理」っていうのは、"人の道"のことだよ。つまり人間として守るべき道、道徳やモラルのことなんだからね。モモも人間なんだから、いやがらずに、テキストをちゃんと読んでごらん。

倫理とは　人間みんな　守る道

〈倫理を分類しよう〉

　日常生活の中の「倫理」の例を考えてみると、次の2つの要素が関係していることが分かります。

・処罰を受けるかどうか
・被害が大きいか小さいか

　法律やその他の規則に違反したら罰せられます。しかし法律に違反しなくても被害が生じる場合もあります。その場合は被害の大きさが決め手になります。これらを分類すると、図1.6のようになります。

　新聞やテレビのニュースに取り上げられる事件は、"④処罰され、被害あり"の場合です。被害が大きければ大きいほど、ニュース・バリューが高くなるようです。

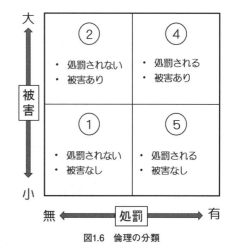

図1.6　倫理の分類

図1-6の①から④のどれも、「人」として守るべき事柄です。たとえ、"① 処罰されず、被害なし"の場合でも、守るのが人の道です。心の中で他人の悪口をいっても、処罰されることはありませんし、被害もないでしょう。しかし、あなたの心はチクチクと痛むはずです。そして、その行為は次には心の中でなく声を出して言うための予備練習となり、①が②、③、④とエスカレートする可能性があるのです。処罰される、されないにかかわらず、①〜④のどの分類に入るものでも、人の道は守らなければならないのです。

②番は、被害があるのに罰せられないってこと？警察は何をしているのかしら。

そりゃぁ、被害者にとっては許せないよね。でも、警察は法律に則って罪人をつかまえてるんだ。法律が追い付いていない事例はたくさんあるんだよ。法の網をくぐって悪いことをする人間がいる限り、②番がなくなることはないだろうね。

③番は？被害がなくても罰せられるってこと？そんなこと、あるのかしら？

たとえば、個人情報漏えいの例を考えてごらん。
生徒の成績が入っているSDカードを紛失した場合、何も被害がなくても、処罰の対象になるよね。

〈情報倫理とは〉

さて、話を「情報倫理」に戻しましょう。頭文字の「情報」をつけても、上記の事柄が変わるわけではありません。違いは、ICTに関連した事柄のときに、それを「**情報倫理**」と呼ぶのです。コンピューターの出現以前には起きないことで、人の道に外れることをしたとき、"「情報倫理」を守っていない"、といいます。たとえば皆さんは、スマホの操作ができないお年寄りを馬鹿にして笑ったことはありませんか？ これは、れっきとした差別です。もちろん処罰されることも被害もほとんどありませんが、内容は人種差別や弱者軽視と同様です。スマホというICT機器が生まれる前には起きなかった現象ですから、「情報倫理」から外れているといえます。

そうです。**情報倫理とは、ICTを使用したときに守るべき倫理**のことです。

医者には医者の倫理があり、学生には学生の倫理があるように、ICTを使う人は全員が、情報倫理を守る必要があるのです。

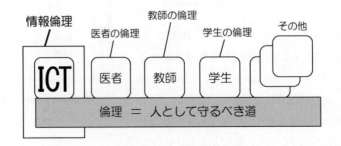

図1.8　情報倫理とはICT使用者の倫理

1.2.2 セキュリティについて知ろう

〈セキュリティとは何か〉

　「セキュリティ」とは、「安全」「防犯」を意味する英語です。家の防犯や警備を担当するホーム・セキュリティ会社はよく知っているでしょう。家と同じように、コンピューター・システムを、災害、不正利用、誤用などから防いだり、最小限に抑えたりするための方策を総称して「コンピューター・セキュリティ」といいます。

　ネットワークの発展によって、コンピューター・ウイルスやスパイウェアなどのマルウェアの被害が深刻な問題になってきました。残念ながらICTの資源を完全に守る方法はありませんが、だからこそ、最新のセキュリティ対策をしていくユーザー側の意識も重要になります。

〈セキュリティは不便?〉

　「セキュリティ」と「利便性」は、相反するものです。防犯のため、たくさんの鍵をつけ頻繁にその鍵を変えたとしたら、泥棒を防ぐはできますが、住んでいる人は大変不便です。不便なだけでなくお金もかかり、時間も労力もかかります。コンピューター・セキュリティも同じです。セキュリティのために何度もパスワードを入力しなければ使えないシステムは、使いづらいだけです。ネットワーク上で情報を盗まれないように暗号化する方法もありますが、暗号化のためにはプログラム開発のお金もかかり、コンピューターの計算時間もメモリの使用量も増加します。

　ここがセキュリティの課題です。なるべく使いやすいシステムでありながら、セキュリティの精度を高める必要があります。家の大きさや財産の量によって金庫の大きさも鍵も変わるのと同様、使用しているシステムに合ったセキュリティ対策をする必要があります。

　2019年7月に起きたセブンペイの事件は、この点が盲点になって起きたと言われています。通常は2段階認証をするべきところ、利用者の利便性を優先して1段階認証を採用したために、第三者がパスワードを忘れたと偽って新たに設定し直し、本人に成りすまして不正利用した事件です。まさに2つ鍵をつけると不便だしお金がかかるから1つだけにしたために、簡単に鍵を壊して泥棒に侵入されたような事例です。泥棒であれば、その家だけが被害にあいますが、セブンペイの場合、不正利用が同時多発し、被害額が数日で5500万円を越え、3カ月で中止になりました。この例の場合、他にも原因となる要素があるようですが、2段階認証さえ怠っていなければ、これだけの被害を防ぐことができたはずです。

図1.8　セキュリティは防犯

〈セキュリティ対策は重要〉

　セキュリティの対策方法は、日々進歩しています。また指定しているシステムによって、適用できるソフトウェアも異なります。自分が使用しているシステムで最新のソフトウェアを調べ、それを導入する必要があります。学校や企業、あるいはマンションのように組織として管理している場合は、個人が勝手に対策を行わずに、管理部門の指示に従う必要があります。

1.2.3 安全に情報化社会を生きる

〈情報化は進行中〉

　情報化の激流は、より速度を上げて現在も進行中です。昨日は安全だったことが、今日は危険になるという現象が日常茶飯事です。たとえてみれば、自宅の前の路地が、ある日突然、高速道路になってしまったような現象です。童謡が流れる間にお年寄りや子供たちが渡った横断歩道はなくなり、眼の前には時速100kmで走る車が通り過ぎます。歩くことも向こう側に渡ることもできません。無理に渡ろうとしたら事故に遭いそうです。そのような想像をしてみると、今の情報化社会の激しい状況が理解できると思います。

　それほど激しい変化の社会で、安全に、そして正しく生きていくには、どうしたらよいのでしょうか。もちろん、情報倫理を守り、セキュリティを万全にすることは基本的なことですが、それだけでは身を守っていけそうにありません。

　皆さんが犯罪の被害に合わないために、また罪を犯さないためには、速度を上げて進行している情報化の波に乗って対応していく必要があります。「"罪を犯す？"私がそんなこと、するわけないじゃない！」心の中でそう考えるかもしれません。「間違ったことさえしなければ大丈夫！」と思うのは当然です。しかし、善意の人が犯罪者になる例は、たくさんあります。たとえば交通事故の多くは、悪意で起こすわけではありませんが、犯罪者になってしまうことがあります。もし、赤信号が"止まれ"を意味することを知らなければ、走ってくる車にぶつかるだけでなく、"赤信号で止まらなかったあなたが悪い"と罰せられます。車社会の中で、車を有意義に使いながら交通事故に遭わないためには、交通ルールを学ぶ必要があります。同じように、高度情報化社会に生きる私たちは、ICTの激流に飲み込まれることなくICTを上手に使いこなして生きていく力をつける必要があるのです。

〈情報化社会で生きる力〉

　激流の中を生きるには、知識や技術だけでなく、さまざまな知恵や工夫が必要になります。この本に、すべてを記述することは不可能ですし、また記述してもすぐに陳腐化してしまいます。ここでは心に刻むべき基本的なことだけに触れておきます。皆さんは、それらを基にして、流れに乗って新しい情報を取り入れながら、自分なりの生きる力をつける必要があります。

　「激流の波に乗る」というと、常に新しい情報を取り入れて古い情報を捨てていくように思うかもしれませんが、そうではありません。古今東西を通じて変わらないことと、時代に合わせて変えていくことを、きちんと区別して生きていく能力を備える必要があります。

　「情報倫理」の項で学んだことを思い出してください。情報倫理とは、本来の「倫理」にICTという道具が関わってきたときに使用する言葉だと学びました。本来の倫理、すなわち「人間として守るべきこと」は、法律に違反するとか、処罰されるとかにかかわらず誰もが守るべき事柄です。「盗む」、「騙す」、「脅す」など、本来の倫理に反することは、1000年前も今も、またどの国でも変わることはありません。**本来の倫理は、「不変」**なのです。

ただし同じ倫理違反でもICTが関わると、影響する結果が桁違いに異なることを覚えておきましょう。2016年、コンビニATMにおいて偽造クレジットカードを使って、14億円の現金がわずか3時間に不正に引き出される事件がありました。「盗む」という倫理違反でも、一人の泥棒では絶対に不可能な盗難です。ICTが関わっただけで被害が想像を絶するほど大きくなります。だからこそ情報倫理に関しては、ICTの進化とともに、皆さんも対策を更新していく必要があるのです。

図1.9　ICTは膨大な被害額を招く

〈ポリシーをもとう〉

　繰り返しになりますが、ICTの進化は激流です。特に多くの人が毎日のように接するSNSの発展はすさまじいものです。昨日の常識は今日の非常識にもなりうるのです。LINEやFB（Facebook）など、気軽に簡単に使えるSNSが原因で、深刻な被害が出ています。ICTという高精度の多機能な道具を持ってしまった現代人として、誰もがしっかりとした心構えをもつ必要があります。

　まず、ICTを使う上での自分なりの「ポリシー」をもちましょう。ポリシーとは、政策、方針などと訳されていますが、要するに、自分が進んでいく方向を決めることです。「路線」や「信条」、「ルール」などと同じような意味と考えてください。自分だけのルールができれば、「だから、○○をする」、「だから○○をしない」という具体的な行動に結びつけることができます。

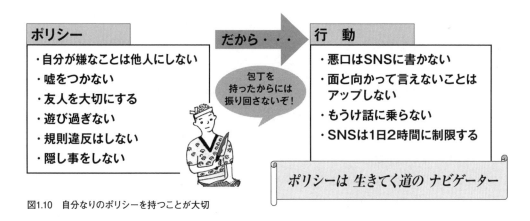

図1.10　自分なりのポリシーを持つことが大切

　たとえば、料理人は包丁を神聖な物として扱い決して武器にはしないというポリシーをもっています。「お酒を飲んだら、絶対に運転しない！」というポリシーを持てば、友人から「運転して！」と依頼されたときにも、きっぱりと断ることができます。単に「飲んだら乗るな！」という標語を知っているのとは大違いです。図1.10のような図式が皆さんの頭の中で描けると、ICTを使う上での心構えができてくるはずです。

1.2.4 SNSとその利用

モモはLINEをお友達とやっているんだね。僕も会社で使っているよ。便利だからね。

そうなの。おしゃべりしているみたいで楽しいの。大統領だってSNSを使っているんだってね！

そうだね、2019年6月にアメリカの大統領がTwitterで呼びかけて、北朝鮮の委員長との会談が実現したのは、驚きだったね。たくさんの人が多くの時間をかけて交渉して実現するようなできごとが、Twitterという道具を使ったらたった1日で実現したんだからね。

〈想像力を働かせよう〉

　LINE、FB、Twitterなど、いろいろな種類のSNSがありますが、皆さんはSNSを使うときに、どのようなことをイメージしていますか？　特に新しくコミュニティに入るときには、たとえば、次のように、不安よりも楽しみが思い浮かぶのではないでしょうか。

・趣味や郷里が同じ人と友達になることができる
・海外の友達ができる
・学校では言えないことでも、友達とおしゃべりができる
・簡単に写真の交換ができる

　その他、まだたくさんの楽しいイメージがあるでしょう。確かにSNSはコミュニケーションをとるための優れた道具です。SNSがなければ、決して出会うことがなかっただろう地球の反対側に住む人と友達になったり、病院で淋しい思いをしながら治療を続けている人でも同世代の人々と話し合えたり、多くのメリットがあります。
　しかし、実際にはSNSが引き起こす事件や事故が多発しているのも事実です。そうした事件に遭遇しないために、いろいろと対策をすることが重要です。具体的な対策については、後の項で触れていきますが、ここでは、すべての皆さんに共通して記憶してほしいことを記述しておきます。それは、人間の想像力が大きな抑止力になる ということです。
　ICTの発展により、AIがさらに高性能になり、人間の行動の多くを代行するようになりました。将棋の名人がAIと勝負したり、会社の受付係がAIになったりしました。また2019年には入社試験の面接に人間の試験官の代わりにAIを使う会社が出てきて話題になりました。このままでは人間の能力を超えたAIが出てくるのではないかと危惧する人もいます。
　しかし、どのようにAIが発展しても人間には及ばない能力があります。たとえば直観やひらめき、そして想像力です。過去のデータの積み重ねから将来を予測することはAIにもできますが、奇想天外なことを想像するのは人間だけです。私達人間は、エジソンでなくても時々突拍子もないことを思

いつき、そこから大きな発見や発明を生みだす力を持っているのです。この想像力だけはAIも代行できません。人間だけが備えたすばらしい能力である想像力を働かせて、ほんの少しイメージをふくらませるだけで、悪い結果が起きる前にそれを避け、多くの事件や事故を防ぐことができるのです。一人ひとりの想像力は、どんなセキュリティや法律よりも、強力な対策になりえるのです。

第六感　人間だけの　得意技

図1.11　想像力で防御できることがある

〈アップするときの場面を想像しよう〉

　SNSに関する事件は、新聞に載らない日がないほど頻発しています。いじめ、炎上、個人情報の流出、数え上げればきりがありません。その原因を解明してみると、多くの場合は「ちょっとしたジョーク」、「そんなつもりじゃなかった」など、悪意がないことから始まる場合が多いのです。悪意がなくても、自殺者が出たり、逮捕者が出たり、廃業や退職に追い込まれたりと、その結果は驚くほど大きな悲劇になることがあるのです。

　想像力を使って想像しましょう。SNSで何かをアップするということは、図1-12のような大勢の人の前で叫んでいるのと同じです。実際には図に描けないほどの人数、世界中の人の前で叫んでいるということをイメージしてください。

　「登録している人しか見ないから！」などと安心してはいけません。芸能人や政治家の秘密のやりとりが公開されるという実例を皆さんも知っているでしょう。それは有名人だけでなく、誰の身にも起こることです。2019年7月、ビッグデータの中から、匿名化されていても個人が特定できることを、英国とベルギーの研究チームが発表しました。断片的な情報から、高い確率で個人を特定できるのです。

図1.12　世界中の人に知らせる内容？

送信キー　世界に広げる　GOサイン

　皆さんは、夕食や旅行の写真、あるいは友人との内輪話や日記を、自宅近くの電信柱や掲示板に貼りつけますか？　ポスターにして駅前に貼りますか？　そういう場に貼れる内容であれば、アップしてよいでしょう。でも"そんなぁ！　恥ずかしい！"と思う内容であればやめましょう。特に感情的な内容は、感情が高まっているときに送信してはいけません。一晩保存してから、翌日に送信するかを判断してください。そのときに判断の基準になるのは自分で決めたポリシーです。

　"旅行の写真なんて誰に見せてもいいから、電信柱に貼ってもいい"と考える人もいるかもしれませんが、写真をアップすることは、自分だけでなく周囲に映っている人々の個人情報をも公開するということです。そこまで想像してみましょう。個人情報保護が叫ばれている現代に、自分だけでなく周囲の友人や知人の個人情報を公開するような行為は慎むべきです。

〈次のステップをイメージしよう〉

SNSだけでなく、メールでもブログでも、ICTを使用して何かをするときには、必ず次のステップをイメージしてください。

・次にどのようなことが起こるか
・それは大事（おおごと）に発展する可能性があるか
・受信した人はどのような気持ちになるか
・受信した人はどのような行動をするか
・周囲にどのような影響を与えるか

図1.13　次のステップを連想する

「どのようなことが起こるか」といわれても、イメージが湧かない人もいるでしょう。その場合、こんなふうにしてみたらどうでしょうか。最初はあなたが発信した相手の顔を思い浮かべます。どういう気持ちで、どんな顔で受け止めるでしょうか。次に、その人の隣にたまたま家族や友人がいたら、どうなるか考えてみましょう。それを聞いた家族はどのような行動に出るでしょうか。もし、その友人が別の友達にメールの内容を転送したら、次に何が起こるでしょうか。連想ゲームのように、さらに次へ次へと連鎖していくと、イメージが湧いてくるものです。

このときに気をつけることがあります。私達人間は、1つの連想が始まると、それが正しいと考え、それ以外のことを連想できなくなる傾向があることです。以下の両面から連想することが必要です。

・楽観的連想：自分にとって都合のよいことを連想する
・悲観的連想：自分にとって都合の悪いことを連想する

たとえば、"その人のために"と思って言った意見は、きっと喜んでくれるに違いないと考え、"言いにくいことを良くいってくれた"→"勇気のある人だ"と連想します（楽観的）。しかし反対に"悪口を言った"→"ひどい人だ"となるかもしれないのです（悲観的）。イメージはよい結果と悪い結果の両方とも想像する習慣をつけると、正しい判断ができると思います。

自分が「送信キー」を押した後のすぐ次のステップを想像すれば避けられたはずのことは、たくさんあります。キーを押すのは簡単ですが、押してしまったら取り消しができないことを、常に忘れないようにして、想像力をフル回転させて、どのような結果が待っているのかをイメージするようにしましょう。

情報化社会に生きる私たちは、常にアンテナを張って、'今の常識'、'今のマナー'に気をつけることが大切です。また同時に「変わらないこと」つまり本来の倫理を忘れてはいけません。常に想像力を働かせて、相手の立場に立ってみることです。"これを受け取った人は、どう思うか"、"これを次に処理する人は？"と考える習慣をつけることで、時代を超えてマナーにかなった行動ができるはずです。一人ひとりのマナーがよくなれば、人間関係が円滑になります。円満な人間関係が築ける社会の中でSNSや電子メールが使われれば、ICTは、人類にとってのすばらしい道具となるはずです。

1.2.5 具体的な対策
〈対策はなぜ必要?〉

　ここでは実例に基づいて、皆さんがとるべき具体的対策を解説していきます。ICTは簡単に使える便利な道具なのに、なぜユーザーである皆さんが対策をしなければならないのか疑問に思う人もいるでしょう。もちろん、政府や警察など公的機関だけでなく民間のセキュリティ会社も、いろいろと工夫して対策を立てています。新たな法律や規則を作ったり、怪しいメールを排除するソフトやウイルスを退治するアンチウイルスソフトなどを開発したり、あらゆる方面から一般ユーザーが被害を受けないように、日夜努力しているのです。

　しかし残念ながら、取り締まる側の技術と新たに生まれる犯罪とのイタチごっこで、規制する法律も法規も追いつかない状態です。車が急に増えた道路に、信号の設置が追いつかないのと同じです。信号のない道路では、そこを渡る一般人自身が、何度も安全を確認する必要があるのと同じことなのです。私たちユーザーが、ICTの激流に飲み込まれないように、自分自身で対策を行う必要があるのです。

図1.14　信号ないなら自分で確認！

〈ICTを使用する上でのセキュリティ対策〉

　ユーザーが行うべき基本的な対策を記述しておきます。

(1) アンチウイルスのソフトウェアを導入する

　　多くの学校では、ウイルスの感染を防止するために、学内でアクセスする全パソコンに導入していますから安心です。しかし皆さんが個人でパソコン、スマホ、タブレットなどを使用する場合は、こうしたソフトウェアを導入する必要があります。自己防衛のために、必ず導入するようにしましょう。

(2) ユーザーIDとパスワードの管理をしっかりする

　　パスワードは家の鍵と同じです。パソコンやタブレットにメモで貼っておくようなことは危険です。また悪用されないためには、定期的に変更する必要があります。

　　フィッシングという詐欺は、銀行や金融機関のホームページにそっくりの画面を送りつけ、システムの故障や保守などの名目で、ユーザーIDやパスワードを入力させる手口で、皆さんの口座からお金を盗むというものです。ユーザーIDやパスワードの入力を要求する画面からリンクするのではなく、新たに自分で銀行のホームページを開いて確認してから、入力するようにしてください。

(3) 怪しいアプリをインストールしない

　　電話帳のデータを抜き取ったり、位置情報を無断で送信したりするような恐ろしいアプリが存在します。たとえば「今日のあなたの運勢を教える」など興味を引く無料アプリがあります。この種のアプリを安易にインストールしないように注意しましょう。

　　万一インストールしてしまい、お金を請求されたり、脅し文句が送られたりした場合は、無視するのが一番です。無視しても続くような場合でも決して要求には応じないで、警察や最寄りの消費生活センターに相談して、被害が大きくなるのを防ぎましょう。

(4) ファイルが添付されているメールに注意する

　メールにウイルスが添付して送られることがあります。知らない人からのメールにファイルが添付されている場合、開くのは止めたほうが安全です。開いたときにウイルスが働き始め、まるで本当の病原菌のように電話帳に記載されているアドレスにウイルスが広がるような事例もあります。知っている人からのメールでも、おかしいな？　と感じたら、メールを開けずに本人に確認してから開けるようにするのが安全です。

(5) 著作権（知的財産権）を侵害しない。

　たとえば、有名な漫画のキャラクターをコピーしてクラブ活動のポスターに利用することは著作権の侵害になります。あるいはインターネットで検索した資料をダウンロードして論文に転記することも不正なことです。自分の研究、勉強の参考資料として、ダウンロードすることは許されますが、それを自分のものとして発信することは不正です。この境界線をきちんと把握しておきましょう。また音楽や映像、写真などにも著作権があります。違法にアップロードされたと知りながら音楽や映像をダウンロードすることも犯罪になりますので注意しましょう。

図1.15　ダウンロードだけでも禁止

(6) スマホやタブレットを紛失しないように注意する

　会社員が社員の個人情報データが入ったカバンを落としたら大変なことになりますが、スマホやタブレットは気軽に持ち歩いていませんか？　実際、スマホを置き忘れたため、データを抜き取られて友人や知り合いに被害を及ぼした事例もあります。スマホやタブレットは、軽く持ちやすい身近な物ですが、重要なデータがぎっしり入っている金庫を背負っているような意識を持って、うっかりミスをしないように気を付けましょう。

軽いけど　中身は重い　スマートフォン

〈SNSを使う上での注意点〉

(1) 面白半分でいたずら投稿をしない

　2016年の熊本地震が起きたとき「動物園からライオンが逃げた」というデマがSNS上で流れました。最初にデマを流した人は、面白半分だったかもしれませんが、冗談では済まされません。家が壊れ、道路が切断され、生命の危険にさらされている人々にとって、どれだけの恐怖を与えたか、その被害は計り知れないものがあります。

(2) チェーン・メールを転送しない。

　「多くの友人にすぐに転送してください」など不特定多数に転送を要求するメールのことを、チェーン・メールといいます。このようなメールは、たとえ善意の内容でも転送してはいけません。鎖のように次々にメールが転送されて、炎上の原因になります。

　たとえば「××病院で、緊急に〇型の血液が必要です。多くの知人に転送してください」など善意のメールだと転送するべきだと思いがちですが、禁止されている行為です。絶対にやめてください。今度は皆さんが、無責任のメールをまき散らす加害者になってしまいます。本当に「助けたい！」と思うなら、××病院に確認することです。多くの場合、そのような事実はなく××病院

に多大な迷惑がかかっているものです。

詳細については、(財) 日本データ通信協会が運営する「迷惑メール相談センター」ホームページ (URL : http://www.dekyo.or.jp/soudan/) で、確認してください。

(3) **仮想の友達は実像でないことを念頭に入れる**

SNS上の友達が100人いても、それは「友」ではありません。友達を作ろうとSNSのコミュニティサイトに登録して凶悪事件に巻き込まれるなど被害にあう事件が多発しています。

確かにSNSで出会って結婚まで発展したという幸せな例もありますが、それはSNSがきっかけとなっただけで、その後、実際に顔と顔をつきあわせて心を通わせた結果です。SNSだけで相手を信頼するのは間違いです。中には"なりすまし"で別人のこともあります。PCの向こう側にいるのは犯罪者かもしれないことを念頭に入れておきましょう。

(4) **SNS上で秘密を保持することは不可能だと考える**

「登録した人だけしか見られないから安心！」と他言無用の内容を気軽に発信する人がいますが、安心の根拠は何でしょうか。昔から「錠前破り」というプロがいて、どんな鍵でも開けることができるそうです。

ICTにおける鍵、つまりパスワード、暗証番号、暗号など、人間が考えた鍵は人間が解読できる と考えてください。

図1.16　どんな鍵でも開けられる

2016年17歳の少年が独学で高校のシステムに侵入し、生徒の情報を流出させる事件がありました。知識と技術があれば、独学でも錠前破りができてしまうことがICTの怖いところです。昔の錠前破りは1つの鍵を開けるだけでしたが、パスワードは解読してしまったら、コピーして複数人が何度でも使用できる結果になります。ネット上では完全な秘密は守れないと考えて行動してください。

(5) **一度アップした情報は消せないことを認識する**

「炎上」という言葉は、まるで火事のように燃え広がっていくことを表しています。

コンビニや有名な飲食店でふざけた行動をアップして炎上する事件が多発しています。またニュースで知った事件を、まるでドラマを見ながら推理するように「あの人が犯人だ」などと根拠のないことを書き込みして炎上し、犯人と同姓同名の人が被害を受けた事例もあります。ちょっとしたいたずら心でアップしても、映像から住所、氏名が判明し、悪質な場合は逮捕され犯罪者となるだけでなく、多額の賠償金を要求され一生を支払い続けることになった例もあります。いたずらでは済まされません。

紙に書いた情報は破ればなくなりますが、SNSにアップした情報は完全に消えることはないと思ってください。一度消去されたと思っていても、どこかに情報が残っていて、忘れた頃に再度炎上する、というような例もあります。だからこそ、最初にアップするときに想像力を働かせて充分に考慮してから行動するべきです。

飛び火した　炎上　誰にも　止められぬ

(6) お金を得る楽な方法はないことを肝に銘じる

「"マネーゲーム"で簡単に収入を得ることができます。」という甘言に乗って、友人をも巻き込んでねずみ講に手を染める例があります。「これは、ねずみ講ではありません。法律に違反していません」などの解説を信用してはいけません。SNSを使って学生が犯罪に引き込まれる事例が報告されています。最近では「ねずみ講」とはいわず「ネットワークビジネス」というカタカナで好印象の言葉を使っている場合もありますので、注意が必要です。

よく知らないことに手を出してはいけません。「ちょっと試しにやってみよう」と軽い気持ちでやり取りしているうちに、「あなたは、すでに共犯者である」と脅されて抜けることができなくなることもあります。

〈ゲームについて考えよう〉

十朗：いいよ、あわててやめなくても！ 別に悪いことしてるんじゃないからね。

桃弓：ゲームって、今みたいに誰かが来るとドキッとしちゃうわ。なんか罪悪感があるのね。

十朗：罪悪感を抱く必要はないよ。ゲームは人間にとって必要なものだからね。

桃弓：えぇ？ 必要なの？

十朗：そうだよ。どんなときにも「遊び」は必要なんだ。戦争中の飢えで苦しんでいるときも、子ども達は外で石けりや鬼ごっこ、大人は将棋や囲碁をしてたそうだよ。かるた、百人一首、チェス、オセロ、野球とか「ゲーム」の種類は数えきれないよ。世界中、昔も今も、老若男女、お金持ちも貧乏人も、誰もがゲームをするのだから、人間にはゲームが必要ってことが分かるじゃない。

桃弓：そうねぇ、ずっと昔から誰でもゲームをしたのね。でも、どうしてかしら？

十朗：人間は機械じゃないからね。ずっと同じことを長く続けていくと、いやになっちゃうよ。それを我慢して続けていくと、疲れて効率が悪くなるんだ。うっかりミスが多くなるよ。精神的に限界がきて病気になる人だっているよ。だから、ちょっと一息いれてホッとする時間が必要なんだ。休憩するだけだと、体は休めても、頭や心は仕事や勉強から離れられないものだけど、ゲームをしているときには、すっかり忘れられるよ。それがゲームの効用なんだ。体も心もリフレッシュできるね。

日ごろからICTに接している私たちは、ゲームについても考える必要があります。今までもテレビ・ゲームやパソコン・ゲームなど、ゲームは常に社会現象として問題になってきましたが、2016年に登場した「ポケモンGo」は、現実の世界の中に仮想のキャラクターを登場させるという新しい発想の

ゲームで、問題や課題も新しい局面を向かえました。ブームはすぐに下火になるかと思われましたが、さらに進化して現代でも人気は上向きです。これから出てくるゲームは、さらに精度を上げ人々を魅了する要素を備えているに違いありません。安全に、そして責任をもって情報化社会を生きていくために、次の要点を参考に自分なりのポリシーを明確にしておくことが大切です。

・道具について考える
　石けりの道具は石ころですから無料ですが、ICTを使うゲームは機器や通信料が必要になります。必要経費を考えて、支払えないほどの浪費をしないように注意します。

・場所について考える
　室外で行うゲームは他人への配慮が必要です。特に歩くなど行動しながら遊ぶ場合は、他人や車にぶつかるなど大きな事故を起こす可能性もあります。

・何人で遊ぶものかを考える
　複数人で競うゲームでは他人を巻き込んでいることを認識しましょう。自分と同じように楽しんでいるのか、付き合いなのかなど、他人の気持ちを感じる推察力が必要です。

・時間がどのくらい必要かを考える
　すぐに終わるものか、時間がかかるものかだけではなく、途中でもすぐに切り上げられるのか、中止しにくいものなのかも考慮しましょう。

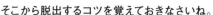

見てみよう 鳥の目 虫の目 自分の目

〈別の観点から見てみよう〉

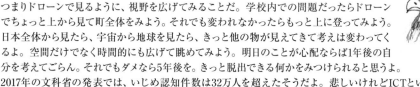

ゲームに夢中になると、「いけない！」と思いながら長々と続けたり、他人に迷惑をかけたりすることってあるよね。普通は、すぐに反省するけど、習慣化すると中毒症状になり悪い結果を引き起こすことがあるんだ。SNS上の悪口で落ち込んだり、反対に自分が正しいと思って他人を追い込んだり、自己嫌悪になったりすることは、注意しないと誰にも起こりうることだからね。
そこから脱出するコツを覚えておきなさいね。

ひとつは鳥の目になること！
つまりドローンで見るように、視野を広げてみることだ。学校内での問題だったらドローンでちょっと上から見て町全体をみよう。それでも変われなかったらもっと上に登ってみよう。日本全体から見たら、宇宙から地球を見たら、きっと他の物が見えてきて考えは変わってくるよ。空間だけでなく時間的にも広げて眺めてみよう。明日のことが心配ならば1年後の自分を考えてごらん。それでもダメなら5年後を。きっと脱出できる何かをみつけられると思うよ。
2017年の文科省の発表では、いじめ認知件数は32万人を超えたそうだよ。悲しいけれどICTという道具が使われていることも多いんだ。いじめの対象になったような時には、鳥の目で見ることが大切だね。

もうひとつは虫の目になること！
つまり虫眼鏡でみるように細部を見ることだよ。人間って、自分と異なる人々をまとめて区別する傾向があるんだよ。たとえば「男は」「女は」「日本人は」「あの学校の人は」ってまとめて悪い評価をしちゃうんだ。それが差別に発展することがあるよ。自分がそんな風に考えそうになったら、虫眼鏡で見よう。蟻の目から見ると砂糖の一粒が大きく見えるのと同じように、そのまとめた中の一人ひとりが見えてくるはずなんだ。親しい友人や家族など大切な人が含まれているかもしれないよ。一人ひとりが見えたら、ひとまとめに「あの連中は・・・」なんて言えなくなるはずだよね。
2019年7月に放火でアニメ会社の社員が多数亡くなるという悲しい事件が起きたね。他にも無差別に人を傷つけるような犯罪が増えているけれど、ひとかたまりではなく、虫の目で見ることができたら、こんなことを防ぐことができると思うよ。

1.3 情報リテラシーの活用

1.3.1 情報リテラシーの活用

〈道具には技が必要〉

第1節で前述したとおり、ICTは人間が発明したすばらしい"道具"です。ここで、道具について考えてみましょう。

名人が作ったすばらしい包丁が、皆さんの目の前にあったら、誰でも美味しい料理ができるのでしょうか。残念ながら、そうはいきません。名人が作った切れ味のよい包丁を、素人が振り回したら、あちこちに切り傷を作ってしまうでしょう。名人が作った包丁を使って料理するのは、やはり名人芸をもつ板前さんやコックさんなのです。彼らには、"腕前"とか"技"といわれる技術があるから、すばらしい包丁を、最大限に有効に使うことが可能になるのです。

図1.17　道具と技が必要

ICTも同様、それを使うには"腕前"が必要です。その"腕前"の部分が、"リテラシー"です。腕前を磨くには知識も必要ですが、時間をかけて何度も練習して技術を習得することが必須です。ICTも同様、基本的なことから勉強し、実際に使用して訓練する必要があります。

包丁は石器時代から使われた歴史的な道具ですが、ICTという道具の歴史は始まったばかりですから、包丁を初めて手にした子供が、とまどいながら使っているのと同じような状態なのです。名人のような技を磨くよりも前に、まず基本的な使い方を学ぶことが必要です。それがリテラシー教育です。

〈「データ」と「情報」〉

桃弓は、行楽弁当開発グループに入り活動を始めました。売れるお弁当を調べるにあたって、顧問の先生から「まず情報を集めましょう」と言われ、先輩から「広範囲にデータを集めよう」と言われました。そこで疑問が生まれました「データ」と「情報」って違うのでしょうか。

普通の会話では同じ意味に使っていることが多いから分かりにくいね。でもICT関連では区別しているから、モモも覚えておいたほうがいいね。

「データ」っていうのは、「事実を客観的に記録した数値や文字」のことだけどそれを何かの目的で分析したり加工したりして、価値ある役立つものにしたのが「情報」なんだ。「データ」は素材となる数字や文字、「情報」は目的に合わせて加工できる材料と考えると分かりやすいと思うよ。

たとえば、冷蔵庫の中には玉ねぎ3個、人参3本、牛肉200g、鶏肉300gなど、いろいろな物が入っているね。それらはまだ目的のない素材だから「データ」だね。モモがカレーライスを作るとしたら、その中から玉ねぎ2個、人参2本、じゃがいも1個、牛肉など、必要な物だけを取り出すでしょ？調理台に出した材料は、目的に合わせて加工するものだね。だから「情報」っていうわけだ。同じ物でも「データ」のときは意味を持っていないけど、目的に合わせて集めたら「情報」とよばれるんだ。

分かったわ！ネットで調べたら、「デパ地下で人気のお弁当のランク」とか「駅弁大会人気ランク」が分かったけど、なんか私たちのプロジェクトに合っていないような気がしていたの。それって「データ」だったのね！それで、学生や先生がたにも意見を聞こうとアンケートを取ることにしたのよ。こうして集めた物も「データ」ね。

それら全部を、プロジェクトの目的に合わせて検討するときに「情報」になるっていうことなのね。目的は去年よりも評判のよい美味しいお弁当を考えることなの！ふふ、お兄ちゃん達の年よりもずっと美味しいのを考えるからね。

ハ、ハ、ハ、まぁ頑張りなさいね。ただ、もう一つ注意しておくことがあるよ。「データ」は必ずしも正しいとは限らないとういこと。時には間違った数字もあるし、中には悪意を持って改ざんされた「データ」もあるんだよ。調理台に並べた材料が腐っていないかを確認するのと同じように、検討する前に「情報」が正しいものかを見極める力が必要なんだよ。

まぁ、一般的には「データ」も「情報」も同じように使われていることが多いから、普段の会話ではあまり意識しなくていいんだよ。こだわりすぎると友達と会話しづらいからね。ICT関連の話の中ではきちんと区別すればよいだけだよ。

1.3.2 情報の取り扱い
〈情報の"取り扱い"の意味を知ろう〉

"情報を取り扱う能力"とは、どんなことを意味するのでしょうか。第1節で、人類は太古の昔から「情報」を持って生き延びてきたことを学習しました。そのときから人間は、どのようにして「情報」を取り扱ってきたのでしょうか。狩猟民族は、自ら歩いて獲物のいる場所を調査しました。農耕民族は、移り変わる季節を経験によって知りました。つまり、調査や経験などによって、情報を「収集」しました。それらの情報は、しっかりと忘れないように頭で記憶し、次の年にも役立てました。記憶しきれないものは、木や石に印をつけて忘れないようにしました。情報を「保管」したのです。ときには間違った情報もあったことでしょう。またある情報が別の情報と合わさって発展することもあったでしょう。それらは、頭の中で試行錯誤しながら、「整理」されました。つまり、頭の中で記憶・加工・整理されました。これら頭の中で行ったことを「処理」という言葉で表します。

人類は群れとなって生きる動物です。当然、お互いに話し合うことによって情報交換が行われたに違いありません。このときに大切なのは、聞き手に分かりやすく情報を説明することでした。つまり、情報の「発信」です。

別の人に情報を伝達し、別の人から情報をもらい、さらに情報は精度の高いものになって、民族全体の財産となってきたわけです。"情報を取り扱う能力"とは、情報の「収集」「処理」「発信」とまとめることができます。

図1.18 情報の取り扱い

〈情報"収集"能力とは何かを知ろう〉

　道具のない時代、情報は人間の目と耳とで収集されました。道具が次々と発明されると、多様な手段で情報が収集されました。電話、新聞、ラジオ、テレビ・・・そして、今ICTを使える時代には、どんな手段で情報を収集できるでしょうか。

　ここでは、楡桃弓になったつもりで考えてみましょう。桃弓は「弁当開発チーム」の一人として、特別に美味しく評判のよいお弁当を考案するために、チームメンバーで話し合い、インターネットを使って人気のお弁当とはどういう物かを調べました。ネットでは、日本の平均的意見としての"好み"が分かり参考にはなりましたが、そのまま我が町の状況に合うとは限らないことに気づき、身近な学生や教職員、町の人々からアンケートを取ることにしました。メンバーでお弁当の食べ歩きもしました。こうして集まった情報から、来年のお弁当の概要が決まったのです。

図1.19　広義の情報収集

　このステップから「情報を収集する能力」に関しても、広義と狭義の両面から捉えることができます。つまり、ICTを駆使して情報収集する（狭義）方法とICTに限定せずにさまざまな手法を使って情報収集する（広義）方法です。

　この本で学習するのは、狭義の「情報リテラシー」ですが、この本が目指しているのは、広義の「情報リテラシー」能力をつけてもらうことです。すなわち、ICTを上手に使うだけでなく、自分の目や耳をフルに使ってほしいのです。同じ情報でも、ときには足を棒にしてあちこちの図書館をめぐって調べたり、友人や知人に直接聞いたりして集めた情報は、インターネットで収集した情報よりも価値がある場合があることを忘れないでください。また、このことは、後述の「処理」「発信」でも同じことがいえます。

　　　　人間の　五感は　優れた　入力装置

（注：五感とは視覚、聴覚、触覚、味覚、嗅覚）

〈情報"処理"能力とは何かを知ろう〉

　「処理」という言葉は、多くの事柄を含んでいます。前頁の図1.18の「処理」の部分だけを取り出して再確認してみましょう。人間の脳の中で行われている情報処理と比べてみると、次のようになります。

・保管：覚える、記憶する
・整理：考える、判断する、決定する、その他

　「記憶する」という点に関しては、人間はずいぶん早い時期から脳だけに頼らず、紙に書くなど外部記憶装置に保管しました。図書館はその代表例です。それに対して、「考える」「判断する」は長い間人間の脳でしかできないものと考えられていました。

　しかし小型でありながら膨大なデータを蓄積できる記憶媒体が開発され、高度なプログラミングが可能になると、人間の「考える」能力に近いことができるようになりました。それを現実化したもの

がAI、人工知能です。AIを搭載することによって、人の感情に反応しているように笑ったり、泣いたり、話したりするコミュニケーション・ロボットが家庭用にも売り出され、自閉症や認知症の治療にも利用されるようになりました。

自力で考えて判断しているように見えますが、AIは蓄積されたデータから結果を出力しているのです。人間は蓄積された経験（データ）だけでなく、それに伴う喜怒哀楽などの感情を加味して判断しています。人間とAIとが共生するためには、この相違点を明確にしていく必要があります。

図1.20　桃弓とアンドロイドの共生

お互いの 違いを知って 共生実現

〈情報"発信"能力とは何かを知ろう〉

「発信」ということは、頭の中にある情報を外に出すということです。すなわち、言葉で話すこと、文字を書くことなど、表現することです。表現方法はいろいろとありますが、一番重要なことは、受け取る相手が理解できるということです。

情報発信に関しては、ICTは非常に優れた能力を発揮します。文書を作成するためにはWordなどワードプロセッサーがあり、計算結果を表にまとめるにはExcelなど表計算ソフトがあり、口頭発表のためにはPowerPointなどスライド作成用にはソフトもあります。作成したものを、実際に発信するには、電子メール、ホームページ作成などの手段があります。

特に情報発信は、ICTの機能を使うことによって、より広くより確実になります。長い歴史のある書籍も、紙という媒体から電子書籍に形式が変わってきています。すでに分野によっては電子書籍のほうが主流になっているのが現実です。

1.3.3　目的意識の重要性を認識しよう
〈何のための情報リテラシーかを考えよう〉

ここでもう一度、何のための情報リテラシーかを考えてみましょう。情報リテラシーを身につけ、ICTを使いこなすことができるということは、皆さんにとっての財産です。ICTに関する「読み書きそろばん」を身につけているのですから、情報化社会において普通の生活ができる基盤ができたということになります。しかし、それだけでは"教養を身につけている"ということでもないし"能力が高まった"ということでもないのです。本当の意味での"リテラシー"は、それを活用する人間の教養、品格というものが備わらなければならないからです。

たとえば、Wordの機能を覚えて多様な操作ができるようになり、サンプルを参考にしながら体裁の整った文書を作成する能力が身についたとしましょう。しかし、自分自身の考えや気持ちをきちんと表現する文章を書けなかったら、あるいは正しい漢字を知らずに変換ミスを見逃すような文章だったら、それは中身がない空っぽの宝石箱を作っているのと同じです。どんなに外側を飾っても、価値あるものは何もありません。

〈目的意識を持とう〉

　イミテーションでない、本当に価値ある宝石を得るには、情報リテラシーを身につけることを「目的」とするのではなく、それを「手段」として、「道具」として使うことです。本当の目的は別にあるはずです。

　この章の最初に、"ICTは道具だ"と、包丁を例にして説明しました。情報リテラシーを身につけたということは、単に包丁の使い方を知ったことと同じです。料理をするには、包丁を使えることは絶対に必要な技術ですが、目的ではありません。料理人が包丁を使うのは、ご馳走を作るのが目的なのです。同じように、情報リテラシーを身につけた皆さんは、最終目標のことを考えなければなりません。

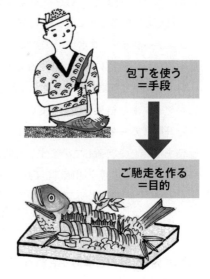

図1.21　目的と手段を区別する

　これから学習するWordは、文書を作成することが目的です。文書を作るには内容や文章力が必要ですが、その点でWordが役立つわけではありません。反対に内容ある文章があれば、Wordによって美しく体裁を整えて印刷することができます。

　Excelは計算し、分析し、意味ある情報として提供するのが目的です。でも計算式を入れるのは人間です。間違った計算式を入れたら、間違った結果が出るだけです。

　PowerPointも同様です。発信したい情報があり、内容を整理してあれば、聞き手にそれを伝え、聞き手が理解し納得し行動できるように支援してくれるツールになります。

　これらのプログラムはすべて、Microsoft Office 2019という統合されたソフトウェアで提供されています。目的に応じて、組み合わせて使えるような機能が備わっています。

　皆さんは、それぞれのプログラムの機能を適切に使用ができるようになる（つまり道具を使いこなせる）ようになると同時に、その目的を達成することができる知識と教養を養う（つまり美味しい料理をつくれる）ことを目指してください。そして、本当の意味でのICT達人になって、これからの情報社会のすばらしい担い手になってください。

1.3.4　プロジェクトで情報リテラシーのスキルを使おう
〈PDCAサイクルを意識しよう〉

　もう少し具体的な目的に合わせて、情報リテラシーの必要性を考えてみましょう。それぞれの場面で、どのようなスキルが役立つか、また反対に情報リテラシーのスキルをもっていなければ、どれだけ不便かを考えることによって、その重要性が理解できるでしょう。

　皆さんは、楡桃弓と同じ「地域活性化プロジェクト」の「行楽弁当開発チーム」のメンバーだと仮定してください。来年度のさくら祭には、今年度よりも販売数を増やすことを目標に活動しています。日頃から"ビジネス感覚を養いなさい"と指導されている先生にPDCAサイクルのステップに沿って実行するようにとアドバイスをもらいました。

〈プロジェクトで行う活動〉

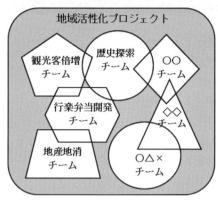

図1.22　プロジェクトの活動

「プロジェクト」とは"大きな目標"を達成するための「計画」のことですが、一般的には、その計画に基づいた「実施」まで含めた意味で使われています。通常、仕事というのは会社であれば部署、学校であれば学部や学科の単位で行われますが、大きな目標というのは、そうした枠組を超えるものです。したがって目標を達成したら終了する、つまり期限が決まっているのが普通です。たとえば、2020年に東京で開催されるオリンピックは、東京という枠を超えて実施する大きなプロジェクトといえます。本書の実習例の「地域活性化」を目標としたプロジェクトは、ひとつの学校で行われるのではなく、地域の行政や会社、商店、地域住民など多くの組織が関係します。年齢も職業も異なる多くの人々が一堂に会しても、大きな目標に向かってスムーズに動くことはできません。実施するべき作業を洗い出して、作業単位にチームを分けます。チームは仕事の内容によって重複する部分も出てきます。また必要に応じて、チームの中にサブチームを作ります。本書の例では、皆さんは「行楽弁当開発チーム」に所属していることになります。

　　プロジェクト　老いも若きも　目的同じ

〈プロジェクトの流れと情報リテラシー〉

　演習例のプロジェクトの流れは、まえがきを参照してください。

　活動の実施には、情報リテラシーのスキルが必須です。たとえば、春の行楽弁当のおかずの組合せについて調査を行うには、どんなスキルが必要でしょうか。インターネットで検索するだけでなく、学生、教職員、近隣住民などにアンケートを取るとしたら、アンケート用紙が必要です。Wordを使えば、見栄えのよいアンケート用紙ができます。アンケートを集めた後は、集計する必要があります。手作業では、膨大なデータを処理するのは大変ですし、間違える可能性もあります。表計算が簡単にできるExcelが必要です。Excelを使えば、集計だけではなく、シミュレーションをしながら、価格や量の適正を知ることもできます。

　また、プロジェクトのリーダーや各チームへの報告も必要になります。レポート作成には、もちろんWordが必要です。またチームだけでなく、生産者や地域住民には説明会を開く必要も出てくるでしょう。その場合は、PowerPointで提示資料を作ってプレゼンテーションをする必要があります。

　こう考えていくと、いろいろな場面でWord、Excel、PowerPointという道具が、皆さんの活動をサポートすることが分かります。具体的な活動例で考えると、これらの道具の使い方を、きちんと学ぶ必要性が納得できると思います。

学習の確認　第1章をふりかえって

情報化社会化社会とリテラシー

情報リテラシー、情報化社会などの言葉の意味を述べる

情報化のメリットとデメリットについて認識する

ICTの使い方によって、その効果が良くも悪くも大きく変わることを認識する

情報倫理とセキュリティ

人間として守るべき倫理感と自分なりのポリシーを持つ

被害者にも加害者にもならないように身を守る方法を知る

SNSを通じて行うコミュニケーションのマナーを守る

情報リテラシーの活用

これからの社会を築く人間としての基本姿勢を築く

PDCAサイクルを理解し、本書の演習の流れを確認する

演習問題

第1章で学んだ事柄について次の（1）から（3）の演習を行ってください。テーマは自由ですが、思いつかない場合は、以下の例をヒントにして決めてください。（4）から（6）は各章を終えてから行ってください。

・情報化社会の注意点	・ICTを利用するメリット/デメリット
・情報倫理と私	・ICT犯罪から身を守るには
・情報の処理とは	・情報収集の方法
・情報リテラシーとは	・ICTと人間の能力
・ゲームの功罪	・AIの活用とメリット
・SNS利用の注意点	・ICTを使用する上でのポリシー

（1）**話し合ってください。**テーマを決めて複数人でグループを組み、話し合いましょう。

2人、3人の友だち同士で行うのもよいでしょう。

自分の経験などを入れて、具体的な話し合いができるように心がけましょう。

（2）**標語を作ってください。**文中では注意してほしいことを5・7・5で標語にしています。

皆さんも自分で標語を作ってお互いに発表してください。

（3）**発表してください。**説明や解説ではなく、自分の考えを入れてください。質問があれば受けましょう。また答えられなかった内容をさらに調べてみましょう。

（4）**Wordを学習した後**に、自分の意見をまとめてレポートを作成してください

（5）**Excelを学習した後**に、Wordで作成したレポートにグラフを入れてください。

（6）**PowerPointを学習した後**に、同じテーマで発表用スライドを作成してください。

第2章

ソフトウェアの基本操作

この章で学ぶこと

　パソコンを利用するには、ハードウェアとソフトウェアが必要になります。このハードウェアとソフトウェアの中核をなし、さまざまなアプリケーションソフトの稼働状況やパソコンの資源を管理するのがオペレーティング・システム（OS）の役割です。第2章の第1節では代表的なオペレーティング・システムであるWindows10の基本的な操作について学びます。

　また、第2節では、Microsoft Office Home & Business 2019の中から、Word、Excel、PowerPointに共通している機能の操作方法について説明しています。

この章のポイント

　Windows10を用いたOSの起動/終了方法から、その他の基本操作について学びます。

　エクスプローラーを使った補助記憶装置の扱い方と作成した文書などの保存方法を学びます。

　ファイル管理の仕組みを理解し、フォルダーやファイルの扱い方を学びます。

　Microsoft IMEを用いた日本語入力の方法を学びます。

この章で学ぶ機能

- ・OSの基本的な役割
- ・エクスプローラーによる資源管理
- ・アプリケーションソフトの共通機能
- ・日本語入力ソフトの使い方

この章を終えると

> オペレーティング・システムの役割を理解し、Windows10の基本的な操作ができるようになります。また、Word、Excel、PowerPointに共通の基本操作ができるようになります。

＊) パソコンのディプレイによっては、スマートフォンのように操作できるタッチ機能に対応したものもありますが、作業を進めるときには、マウス（ノートパソコンでは搭載されているタッチパッド）を用いると効率的です。

　本書では、マウスを用いた操作を基本として説明を進めていきます。

クリック ..... マウスの左ボタン（操作ボタン）を1回押します。

「クリックする」と説明がある場合には、この左クリックを指します。

ドラッグ ..... マウスの左ボタンを押したままマウスを動かします。

右クリック ... マウスの右ボタンを1回押します。

右側のボタンは、メニューを表示させるときに使います。

27

2.1 Windows10の基本操作

2.1.1 Windows10の起動/終了方法

〈起動するには〉

1) 電源をONにする。

電源がONになると右のようなロック画面が表示されます。画面をクリックまたはキーボードの［Enter］キーを押すとサインイン画面が表示されます(Windows10の初期設定の段階で使用するユーザーのユーザー名やパスワードを登録しておく必要があります)。通常、ユーザー名はローカルアカウント(2.1.2項参照)を使用する場合が多いと思われますが、Microsoftアカウント(xxxx@hotmail.com等)を登録しておくと、Windows10ではクラウド環境をサポートしているのでOneDrive(クラウド上のファイルを扱うソフトウェア)などのネットサービスと連携されます。

図2.1

2) ユーザー名とパスワードの入力が許可されると、デスクトップ画面が表示される。

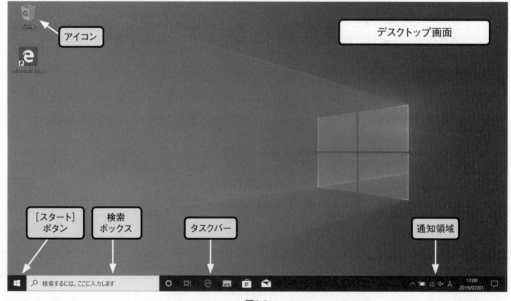

図2.2

前バージョンのWindows8.1では、ユーザー名とパスワードの入力が許可されるとタイルと呼ばれるボタンが並んだスタート画面が表示されていましたが、Windows10では起動後、デスクトップが表示されます。Windows8.1に比べて、起動や作業の再開が早く行えるようになりました。

〈デスクトップ画面の確認〉
　デスクトップ画面は、Windowsを操作するときに使うスペースのことで、その名前のとおり、パソコンで作業をするときの「机の上」になります。終了方法の説明の前に、まずは起動したWindowsのデスクトップ画面と［スタート］メニューを確認してみましょう。

［スタート］ボタン： 		クリックすると［スタート］メニューを呼び出します。
アイコン： 		アプリやファイル、フォルダーなどを絵で表したもので、絵の下に名前が表示されます。
検索ボックス： 		調べたい内容を入力することで、インターネットで情報を検索したり、パソコン内のアプリやファイルを検索したりすることができます。
タスクバー： 		デスクトップ上で作業をしているアプリやフォルダーが表示されます。初期設定では、左から順に［タスクビュー］、［Microsoft Edge］、［エクスプローラー］、［Microsoft Store］、［Mail］のアイコンが表示されています。
通知領域： 		パソコンの動作状態を表すアクションセンター（吹き出しのアイコンをクリックすると詳細が表示される）やネットワークの状態、音量の設定状況を表すアイコンや日付と時刻などが表示されます。

図2.3

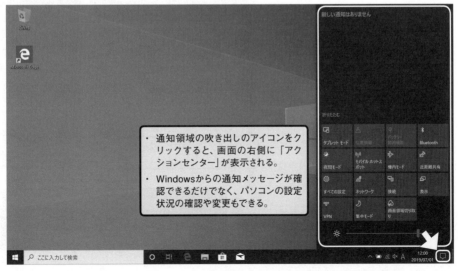

・通知領域の吹き出しのアイコンをクリックすると、画面の右側に「アクションセンター」が表示される。
・Windowsからの通知メッセージが確認できるだけでなく、パソコンの設定状況の確認や変更もできる。

図2.4

第2章　ソフトウェアの基本操作

〈[スタート]メニューを確認してみよう〉

　デスクトップ画面左下の[スタート]ボタンをクリックすると[スタート]メニューを表示させることができます。[スタート]メニューの右側には、Windows8.1の起動時のようなタイルの並んだスタート画面が表示されます。

　[スタート]メニューからは、終了やパソコンの再起動の操作ができます。また、登録されているアプリの起動や設定の変更を行うときも、こちらから選択して行うことができます。[スタート]メニュー左上に配置された[展開] ≡ ボタンをクリックすると、表示が展開されます。現在パソコンにサインインしている「ユーザー名」や左側のアイコンボタンの名称を知ることができます。

図2.5

　スタート画面には、Windowsアプリやwindowsで利用できるサービスがタイルで表示されています。タイルをクリックすることで、アプリを起動することができます。ただし、導入されているすべてのアプリケーションソフト（アプリ）がタイルとして表示されているわけではありません。初期設定で表示されているのは、スタート画面に「ピン留め」されているものだけです。パソコンに搭載されているその他のアプリやプログラムは、タイルの左側に示されている一覧で確認することができます。[スタート]メニューの右横にある[スクロールバー]をクリックしながら上下に動かすことで表示内容を変えることができます。この画面で、「ピン留め」したいアプリのアイコンを右クリックすると、いくつかの処理メニューが表示されます。ここで、[スタート画面にピン留めする/外す]、[タスクバーにピン留めする/外す]、または[アンインストールする]等の処理を選択することができます。

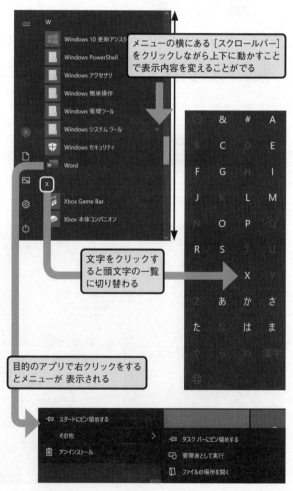

図2.6

30

［スタート画面にピン留めをする］をクリックするとスタート画面上にタイルとして表示されます。再び非表示にする場合はタイルを右クリックし、［スタート画面からピン留めを外す］をクリックします。

また、［タスクバーにピン留めをする］をクリックするとデスクトップ上のタスクバーに表示されます。Word、Excel、PowerPointは、作業をしたいときにすぐに起動できるようスタート画面やタスクバーに「ピン留め」をしておきましょう。下の図は、タスクバーにピン留めをした例です。

図2.7

［スタート］メニューを閉じてデスクトップ画面に戻る場合は、もう一度［スタート］ボタンを押すか、［スタート］メニュー以外の場所をクリックするとデスクトップ画面に戻ります。

〈終了するには〉

Windows 10を終了させるには、次の手順で行います。

1) 起動しているアプリケーションソフトを終了させる（パソコンの終了オプションによっては終了させる必要はありません）。
2) 画面左下の［スタート］ボタンをクリックし、［スタート］メニューを表示させる。
3) ［スタート］メニューの［電源］をクリックすると終了オプション（スリープ、シャットダウン、再起動）が表示される。

・スリープ

終了オプションの［スリープ］を選択すると、起動中のプログラム内容をメモリに保存して、パソコンの消費電力を低電力状態にします。アプリケーションソフトはメモリに保存されていますので、電源は常に供給されていることを忘れないでください。これは、電源を供給し続けないとメモリの内容が消去されるためです。

電気が流れている状態なので［シャットダウン］のつもりで、パソコンのカバー等を開けたり、パーツに触たりすることは大変危険なので、厳禁です。復帰させるには、パソコンの電源ボタンを押してロック画面を表示させ、パスワードを入力すると終了前の状態に素早く戻ります。

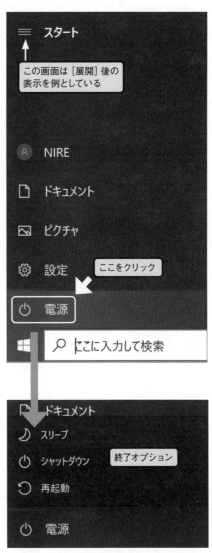

図2.8

なお、スリープへのタイミング時間は、次のような手順で設定変更させることができます。

まず、［スタート］メニューの［設定］ボタンをクリックして、「Windowsの設定」を起動させます。次に［システム］を選択し、切り替わった画面で［電源とスリープ］をクリックします。右側に表示された画面で、スリープ状態になるまでの時間を設定してから、右上の［閉じる］ボタンをクリックします。

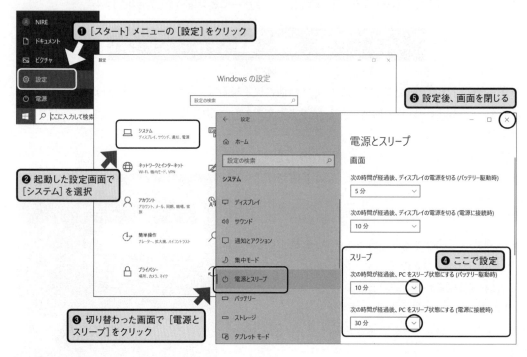

図2.9

・シャットダウン

　終了オプションの［シャットダウン］を選択すると、起動中のアプリケーションソフトをすべて終了させ、さらにWindowsも終了させてから、パソコン本体の電源を完全に切ります（ユーザーが勝手に電源ボタンを押して切ってはいけません）。電源ランプも消灯します。

　再度、パソコンの電源ボタンを押すとロック画面が表示され、パスワードを入力するように要求してきます。画面が立ち上がった段階でも［スリープ］モードのように前回終了直前の状態に戻るわけではありません。

・再起動

　終了オプションの［再起動］を選択すると、アプリケーションソフトやファイル等を保存してパソコンが自動的に終了後、直ちに再起動します。通常の起動時と同様にロック画面が表示されますので、パスワードを入力する必要があります。設定の変更後や新規ソフトウェアの導入等で再起動を要求される場合には、このオプションを選択します。

4）連動して使用している周辺機器（プリンター等）で自動的に電源がオフにならないものについては、ユーザーがオフにする。

〈ロック、サインアウトについて〉
　［スタート］メニューの［電源］ボタンでは、スリープ、シャットダウン、再起動しか選択できませんが、［スタート］メニューのユーザー名をクリックするとロックやサインアウト（従来のログオフ）を行うことができます。

・**ロック**
　［ロック］を選択すると、起動中のアプリケーションソフトやファイル等はそのままの状態にして、一時的に処理を中断させ、ロック画面を表示させます。短時間、席を離れるときなどに使うと便利です。復帰させるには、パスワードを入力するとロック前の状態に素早く戻ります。

図2.10

・**サインアウト**
　［サインアウト］は従来の［ログオフ］機能を引き継いでいます。したがって、起動中のアプリケーションソフトをすべて終了させてから、［サインアウト］を選択します。自動的に電源が切れるわけではありません。復帰させるにはパスワードを入力しますが、［ロック］のように直前の作業状態には戻りません。

・**アカウント設定の変更**
　オプションとして［アカウント設定の変更］も表示されます。これは、ユーザー名と共に表示される画像（図2.14参照）やアカウントの設定を変更するためのものであり、他のオプションのように、パソコンの終了、または、一時的な停止といった機能とは同種のものではありません。

2.1.2　1台のパソコンを複数ユーザーで使用するには

〈ローカルアカウントとMicrosoftアカウントについて〉

　ローカルアカウント、Microsoftアカウント、ユーザーアカウント等、アカウントという言葉が日常的に使われていますが、コンピューターの分野ではコンピューターやネットワーク上で提供されている資源を利用するときに必要となるID（ユーザー名）とパスワードのことをいいます。

　Windows10では、クラウド環境をサポートしています。現在、Microsoft社からはHotmail（従来からあるWebメールサービス）、Outlook.com（Webメールサービス）、OneDrive（旧称SkyDrive、ファイル等を保存できるオンラインストレージサービス）等のソフトウェアが提供されていますが、Microsoftアカウントを使用してサインインすることで、自動的にこれらのWeb関連ソフトウェアに接続されます。

　自動的に接続させる必要がない場合のために、**ローカルアカウント**が用意されています。本章では、ローカルアカウントを利用してパソコンを使用することを前提に述べていきます。

〈ユーザーとユーザーアカウントについて〉

　ユーザーというのは、個々の利用者のことを指しています。コンピューターはカスタマイズといってユーザーがより使いやすく構成等を変更することができます。今日のパソコンは性能も飛躍的に向上し1台を複数のユーザーで使用することができるようになっています。

　1台のパソコンであっても、他のユーザーから影響を受けないように自分自身の好みにカスタマイズしたパソコンを準備し、独自の設定情報を確保しておくために各ユーザーにはユーザーアカウントが用意されています。パソコンを起動し、ユーザー名、パスワードを入力した段階から、全く別の設定がなされているパソコンとして稼働されます。このために、同じパソコンを使用していてもユーザー名が違っていれば他者からファイル等の資源の干渉は避けられます（共有のファイル等も作ることができますが、ここでは省略します）。

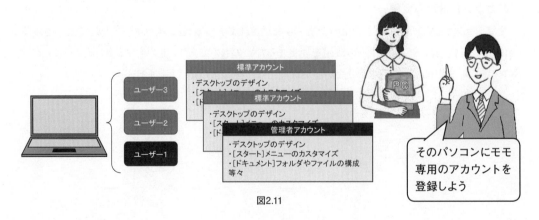

図2.11

ユーザーアカウントには、次のような権限の異なるタイプがあります。

・管理者（Administrator）アカウント

　管理者アカウントは、他のユーザーアカウントの設定が可能なパソコン全体の管理のためのアカウントです。管理者アカウントは、セキュリティの設定の変更、ソフトウェアとハードウェアの導入、およびパソコンのすべてのファイルへのアクセスを行う権限をもっています。Windowsを導入するときには、ユーザーアカウントを作成する必要がありますが、このときのユーザーアカウントが管理者アカウントです。ですから、アプリケーションソフトの導入やセキュリティの設定が可能になるのです。管理者アカウントはすべての権限をもっていますから、パソコンの根幹となるような設定変更以外では使用しないほうが安全といえるでしょう。

・標準アカウント

　標準アカウントを使用すると、パソコンに導入されているほとんどのソフトウェアを使用できますが、ソフトウェアやハードウェアの導入や削除等、または他のユーザーに影響を及ぼすパソコンの設定はできません。標準アカウントを使用している場合、ソフトウェアによっては管理者パスワードを要求される場合があります。

〈新規ユーザーアカウントを登録するには〉

　新規ユーザーアカウントは、管理者アカウントから次の手順で登録することができます。なお、この手順では、Microsoftアカウントを使わないローカルアカウントの登録方法を示しています。

1)［スタート］メニューから、［設定］を選択し、［アカウント］をクリックする。
2)［家族とその他のユーザー］を選択し、右側に表示された画面で［その他のユーザーをこのPCに追加］をクリックする。

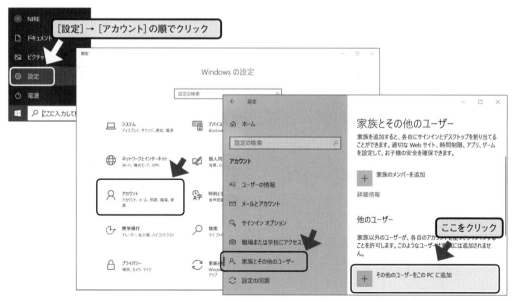

図2.12

3)「このユーザーはどのようにサインインしますか？」の画面が表示される。
4)「このユーザーのサインイン情報がありません」を選択する。
5)「Microsoft アカウントを持たないユーザーを追加する」をクリックする。
6)「このPC用のアカウントの作成」画面が表示されるので、ユーザー名・パスワード（確認入力を含む）・パスワードを忘れた場合の質問と回答を3つ設定し、[次へ] ボタンをクリックする。
7)登録処理が終わったら、設定画面で新しいユーザーが追加されたことを確認する。

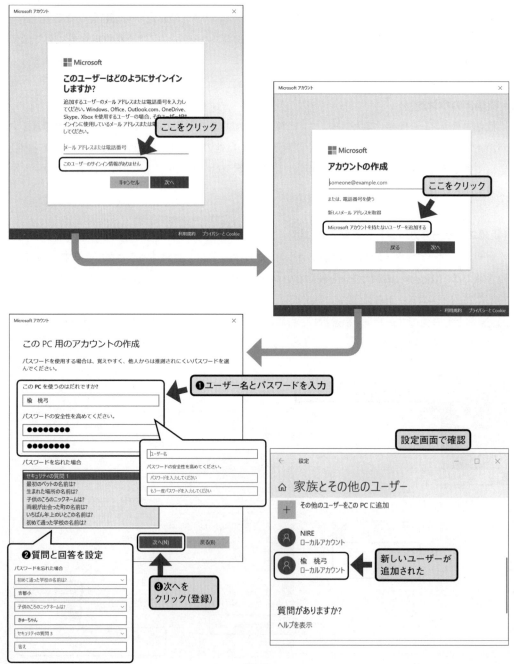

図2.13

〈ユーザーを切り替えるには〉

1）［スタート］メニューを表示し、現在使われているユーザーアカウント名をクリックすると登録されている他のユーザーアカウント名が表示される。
2）切り替えたいユーザー名をクリックする。例としては「NIRE」を取り上げる。
3）パスワード入力画面が表示されるので［パスワード］を入力し、クリックすると新たなデスクトップ画面が表示される。

　［スタート］メニューを表示し、切り替わったユーザー名が表示されていることを確認してください。
　異なったユーザーアカウントによって全く別の環境が提供されます。個人のフォルダーやファイルのみでなく初期画面のデザインからその他の属性まで、それぞれのユーザーによってカスタマイズすることができます。新しいユーザーアカウントの画像を設定したい場合は、［スタート］メニューのユーザー名をクリックし、［アカウント設定の変更］をクリックします。アカウントの設定画面が表示されるので、「自分の画像」の［参照］ボタンから新たに画像を登録することができます。また、この画面から改めて「Microsoft アカウント」に切り替えることも可能です。

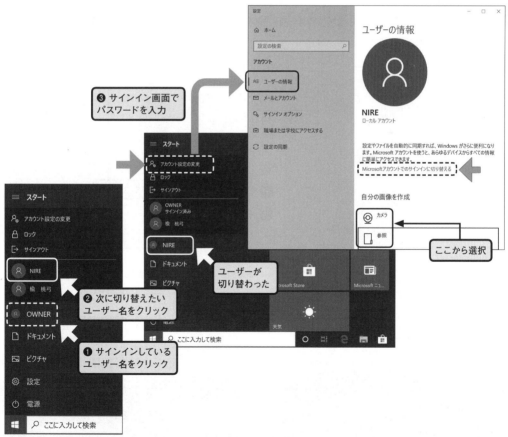

図2.14

登録したアカウントの種類を変更したり、削除したりしたい場合には、管理者（Administrator）アカウントでサインイン後、アカウントの設定画面から行います。

〈ユーザーアカウントの種類を確認・変更するには〉
1）アカウントの設定画面を起動（図2.12の手順を参照）し、ユーザー名が表示されていることを確認する。
　　図2.15の例では、「NIRE」と「楡　桃弓」の2名のユーザーが登録されています。
2）ユーザー名をクリックすると［アカウントの種類の変更］のメニューが表示されるのでクリックする。
3）立ち上がった画面で、アカウントの種類を確認したり変更したりすることができる。

〈ユーザーアカウントを削除するには〉
1）アカウントの設定画面でユーザー名をクリックし、［アカウントの種類の変更］と［削除］メニューを表示させる。
2）［削除］をクリックする。
3）「アカウントとデータを削除しますか？」の画面が表示されるので、注意事項を確認したら、［アカウントとデータの削除］をクリックする。

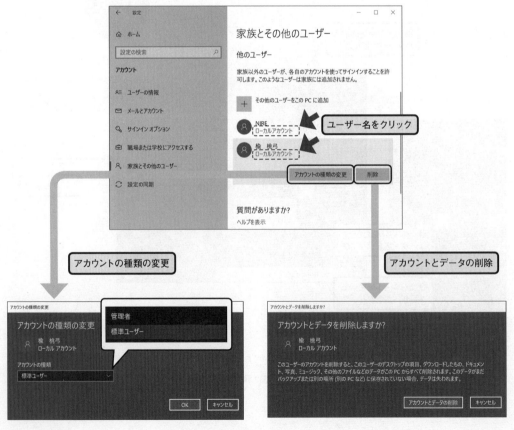

図2.15

2.1.3 Windows10環境での画面設定

〈デスクトップのデザインを変更するには〉

　Windows10には、デスクトップ画面の背景となる写真やイラストをユーザーが好みにあわせてカスタマイズすることができます。

1)［スタート］メニューの［設定］から、［個人用設定］を選択する。
2)「パーソナル設定」画面が起動し、右側に現在のデスクトップのプレビュー画面が表示される。
3)［背景］のメニューを表示させて、「画像」、「単色」、「スライドショー」から選択する。

　ユーザーが作成した写真等を保存しておくことで、好みのデスクトップ画面を作成することができます。［参照］ボタンをクリックし、表示されるファイルの中から選ぶこともできます。この他に、スライドショーを選択することで複数の画像をアニメーションとして表示することも可能です。変更する間隔時間も設定することができます。
　また、個人用設定では、デスクトップの背景以外にも、パソコンをロックするときの画面やスタート画面の設定もできます。

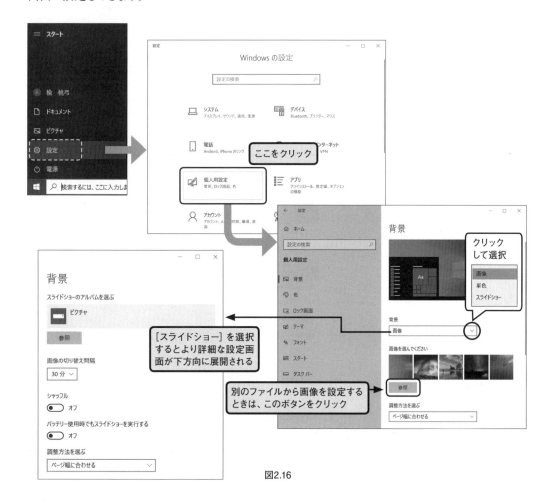

図2.16

2.1.4 情報検索の方法

情報検索が必要な場合、Windows10には、いろいろな検索方法が準備されています。ここでは、代表的な検索方法を紹介します。

〈検索ボックスからの検索〉

Windows10には、Web検索機能とWindowsのヘルプ機能が同時に行える「検索ボックス」が搭載されています。この「検索ボックス」を使うと、パソコン内のファイルを検索したり、Windowsの設定方法を調べたりするだけでなく、インターネット上からの情報も集めることができます。

なお、2019年5月に提供が始まったWindows 10 May 2019 Update（Windowsの更新）以降、検索ボックスと「**Cortana（コルタナ）**」が分離し、別々に表示されるようになりました。

Cortana（コルタナ）：
Windows10から搭載されたパーソナルアシスタント機能のことで、検索ボックスの横に表示されています。音声入力に対応しており、マイク機能を通して話しかけるとインターネットを検索したり、パソコンを操作したりしてくれます。「コルタナさん」と呼びかけ、自由に質問できる便利な機能です。

・アプリ/設定/ファイルの検索

タスクバーの「検索ボックス」をクリックすると検索画面が表示されます。［検索］ボックスには、文字を完全に覚えていなくても、最初の一文字を入力するだけで検索候補を絞り、さらに文字入力数が増えるたびに検索候補がより詳細に絞り込まれていきます。

「アプリ」や「ドキュメント」など調べたい範囲が分かっているときには、上部に表示されるタブをクリックして検索範囲を指定します。なお、検索結果が表示された後でも、タブをクリックすることで検索対象を絞り込むことができます。

また、パソコン内に保存した文書ファイルなどをを検索したいときは［ドキュメント］を選択し、検索ボックスにファイル名（または、ファイル名の一部）を入力することで該当のファイルを検索することができます。

（＊）ファイルとフォルダーについては、2.2.5項を参照。

図2.17

〈保存のときにファイル検索をするには〉

　ファイルを保存する段階で、連続したファイル名や類似のファイル名を付ける場合には、検索機能を使ってファイル名を絞り込むと便利です。

　たとえば、ドキュメントフォルダーの中にファイル名をレポート番号として連続して付けたい場合について説明します。ファイルを保存する際、[名前を付けて保存]の画面で右上に表示される[検索]ボックスをクリックし、検索したい文字を入力します。例では、レポート（略して'レ'だけでも可能）と入力すると、すでにレポートXXとして存在する一覧が表示されます。これを参照しながら、新規のファイル名を入力します。

図2.18

〈エクスプローラー/フォルダー画面からのファイル検索と検索条件の保存〉

　エクスプローラーまたはフォルダー画面からファイルを検索する場合も、先ほどと同じような手順で画面の右側の[（開いている階層やフォルダー名が表示される）の検索]ボックスをクリックし、検索したい文字を入力します。

　また、検索条件は次の手順で保存することもできます。

1)[検索]タブを選択し、リボンから[検索条件を保存]をクリックする。

　なお、[検索]タブは、[検索]ボックスをクリックしたときに自動的に表示されます。

2)[名前を付けて保存]画面の[ファイル名(N)]にファイル名（検索条件で入力した文字が事前に設定されています）を入力し、[保存(S)]ボタンをクリックする。

3)これにより、ユーザー名のフォルダーの中にある[検索]フォルダーに登録される。

図2.19

2.1.5 セキュリティ管理

大型汎用機が全盛の時代でも、人為的なデータの破壊や改ざん等はありましたが、ネットワーク技術の進展と共に普及してきたインターネットを介してのマルウェア（コンピューター・ウイルスや、自動的に設定変更や広告を表示するスパイウェア等の総称）の被害は深刻な問題になっています。以前よりはセキュリティ対策は充実してきましたが、マルウェアからシステム資源を完全に守る方法はありません。コンピューター・ウイルスだけでなく、さまざまな障害からシステム資源を守るためには、絶えず最新のセキュリティ対策を管理/監視していこうとする利用者の意識が最も重要になります。

ここでちょっと調べて考えてみよう！

十朗： 利用者意識をより高めるためにも、セキュリティ対策を怠ったために起きた事件や事例を実際に調べてみてごらん。
最近の事例から、どのような注意喚起がなされているのかについても調べてみるといいよ。
≪第1章を振り返って、対策の必要性について話し合ってみよう！≫
　　　　　　　　　　　　　　　　　　　　1.2.2項、1.2.5項参照

〈セキュリティの現状を確認するには〉

次のような作業手順により、パソコンのセキュリティ状態を確認することができます。この結果を踏まえて、いくつかの対策を講じる必要が出てくる可能性があります。

1）［スタート］メニュー「W」の欄にある［Windows セキュリティ］をクリックする。
2）［セキュリティの概要］画面が起動するので、セキュリティに関する操作の指示を確認する。
3）［セキュリティの概要］上のアイコンをクリックすると詳細画面に切り替わるので、セキュリティ状況の詳細を確認する。

　　　＊アイコンに「！」マークがついている場合、画面に表示されている指示に従ってセキュリティ対策に関する操作を行う。

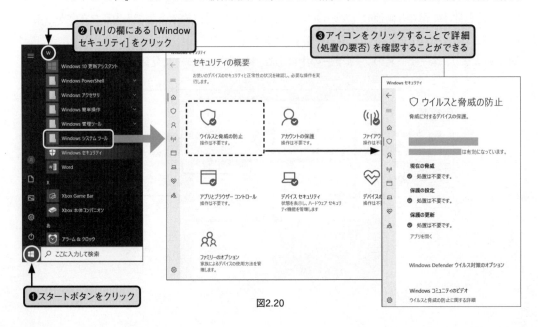

図2.20

パソコンを保護するためには、セキュリティに関するソフトウェアは非常に重要ですので、すべてが［有効］または［OK］になっていなければなりません。学校や企業等のように、組織として使用する場合は、管理部門がシステム運用全般を担当していますので、全体のパソコンのセキュリティ状況を一元的に把握しています。そのような環境下で、個人が新しいパソコンを買った場合は、勝手にウイルス対策やスパイウェア対策を行わずに、必ず管理部門の指示に従う必要があります。また、ネットワークの運用についても標準化がなされていますので、ユーザーの変更には限りがあります。

> **コントロールパネル：**
> ［スタート］メニュー「W」の［Windowsシステムツール］から［コントロールパネル］を選択することができます。Windows10では［設定］アプリが導入され、より簡単にパソコンの各種設定ができるようになりましたが、従来の設定画面に慣れている場合や詳細な設定をしたい場合には、「コントロールパネル」を活用するとよいでしょう。

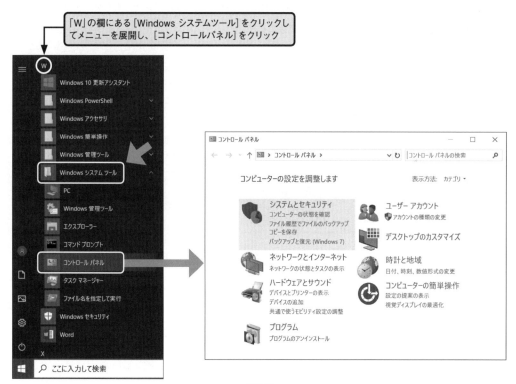

図2.21

2.1.6　バックアップの作成と復元

　パソコンもハードウェアとソフトウェアの構成でできている機能ですから、さまざまな理由によって起動が不可能な状態に陥ることがあります。そのような場合に備えて、重要なファイルはバックアップを作成しておけば、トラブル時の段階までファイルを復元させることができます。

〈バックアップを作成するには〉

1)［スタート］メニューの設定から、［更新とセキュリティ］を選択する。
2)「更新とセキュリティ」画面が表示されたら、左側のメニューから［バックアップ］をクリックする。
3)［ドライブの追加］で、バックアップ用のドライブ名を選ぶ。

　　例では、外付けのハードディスクドライブ（HDD）を選択しています。ドライブの設定が終わると「ファイルのバックアップを自動的に実行」が「ON」の状態の画面に切り替わります。

4)「その他のオプション」をクリックして、「バックアップオプション」画面で、バックアップするファイルやバックアップを実行する頻度を確認し、［今すぐバックアップ］をクリックする。

　　標準の設定では、指定したドライブが接続されているとき、ユーザーフォルダー内のすべてのデータが1時間ごとに自動でバックアップされます。

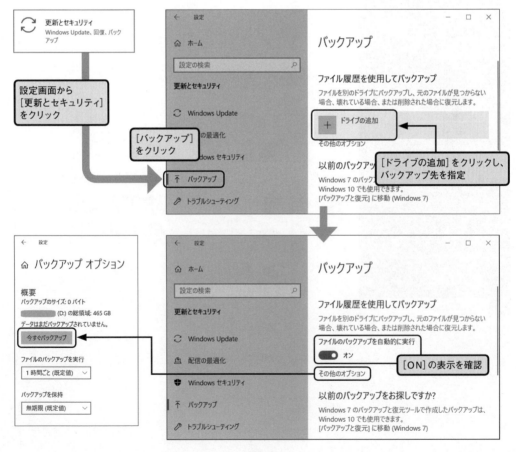

図2.22

〈バックアップの詳細設定〉

　バックアップ対象のフォルダーの確認やバックアップの設定を変更したいときには、「その他のオプション」から詳細な設定ができます。画面のメニューを上から順に紹介します。

・ファイルのバックアップを実行

　バックアップの頻度を最短「10分ごと」から「毎日」まで選択することができます。

・バックアップを保持

　保存されたバックアップの保持期間を「1か月」や「領域が足りなくなるまで」等の設定をすることができます。

・バックアップ対象のフォルダー

　初期設定では、ユーザーフォルダーのみ指定されていますが、たとえばローカルディスク（C:）に保存したフォルダーなどを追加で指定することができます。

・除外するフォルダー

　バックアップの対象から除外するフォルダーを指定することができます。

・別ドライブにバックアップ

　バックアップ先のドライブを指定することができます。例では、リムーバブルディスクとして、外付けのハードディスクドライブ（HDD）を選択していますが、現在使用しているドライブの使用を停止してから、パソコン内のディスク（ローカルディスク等）やクラウド上のネットワークの場所を改めて指定することができます。

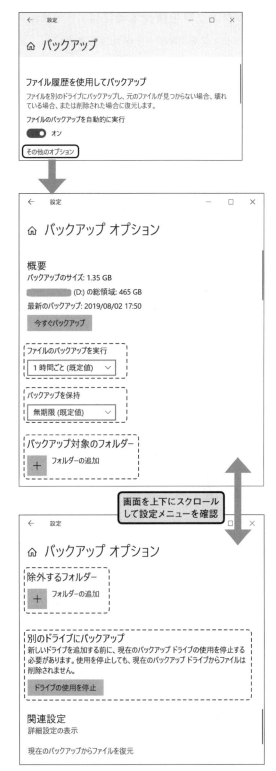

図2.23

〈バックアップを復元するには〉

　ファイルやフォルダーを復元するときに、すでに作成してあるファイルやフォルダーと同名のものが存在している場合には注意が必要です。作業の最後に安全確認のためのメッセージが表示されますが、注意して行わないと、うっかり古い状態に戻してしまいます。

　バックアップファイルやフォルダーを復元するには、バックアップの作業手順とほぼ同様に行います。

1）［スタート］メニューから、［設定］→［更新とセキュリティ］→［バックアップ］と進み、「バックアップオプション」画面を開く。
2）下方向に画面をスクロールし、［現在のバックアップからファイルを復元］をクリックする。
3）「ファイル履歴」画面が表示されるので、復元したいファイルやフォルダーを選択する。

　復元する場所を元の保存先から変更したい場合には、右側の［オプション］ボタンをクリックして表示される［復元場所の選択］から指定します。

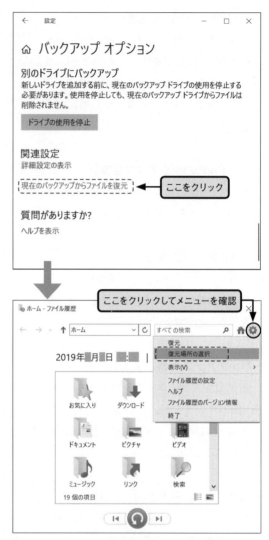

図2.24

　また、エクスプローラーの画面からも履歴を参照し、復元ができます。［ホーム］タブの［開く］から［履歴］をクリックします。
　いずれを選んでも、作業方法は同じです。

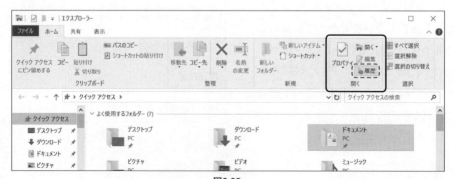

図2.25

【補足】Windows Updateとは

　Windows10に何らかのトラブルが発生した場合には、不具合への対策と修正を行う更新プログラムがインターネット上に公開されます。

　この更新プログラムをダウンロードし、最新のWindows10の状況にするオンラインサポート機能のことをWindows Update（アップデート）通常は自動的に更新されるように設定されています。

　ここでは、設定の確認と実行方法を紹介します。

1）［スタート］メニューから、［設定］画面を表示し、［更新とセキュリティ］を選択する。
2）［更新とセキュリティ］の画面が表示されたら、［Windows Update］をクリックする。
　右側の画面に最終更新日時が表示されるので、Windowsの更新状態を確認します。

図2.26

3）［更新プログラムのチェック］をクリックする。

　最新の更新プログラムがないか確認が開始されます。

図2.27

　図2.26と同様に「最新の状態です。」と表示されたときは右上の［閉じる］ボタンをクリックして、操作を終了します。

図2.28

　更新プログラムがあるときは、［今すぐダウンロードしてインストールする］を選択するとインストールが開始されます。

インストール後、再起動が求められる場合がありますので、画面の指示に従って再起動を行います。

再起動のタイミングは、パソコンの使い方にあわせてカスタマイズすることができます。

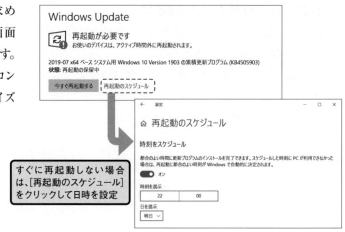

図2.29

「Windows Update」画面には、更新履歴を確認するためのメニューや更新を一時停止するメニューなどが準備されています。また、Windowsの更新時にMicrosoft製品の更新を行うかどうかなど詳細オプションで設定することもできます。

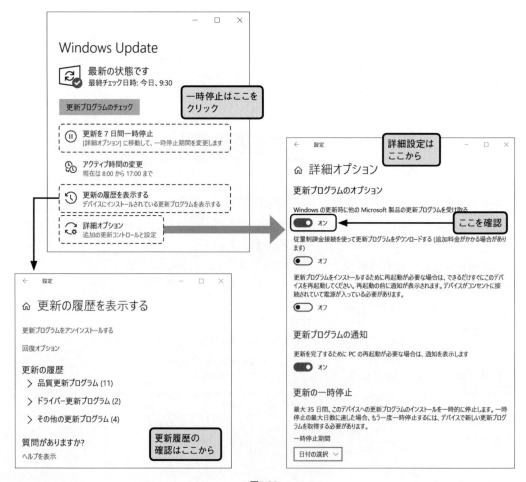

図2.30

2.1.7 ヘルプ機能

パソコン使用中に、操作や何かしらの疑問が生じたときなどには、ヘルプ機能を使うと便利です。ここでは、オンライン上のヘルプ機能の呼び出し方や利用方法について紹介します。

パソコンで作業をしているとき、現在起動しているアプリケーションソフトやエクスプローラーのようなユーティリティに関するヘルプ情報が欲しくなる場合があるでしょう。そのような場合はキーボードの［F1］キーの使い方を理解しておくと便利です。［F1］キーは、アクティブウィンドウに対応したヘルプ画面を表示します。

Windows8.1までは、デスクトップ画面で［F1］キーを押すと「Windowsヘルプとサポート」の画面が表示され、調べたいトピックを探すことができました。また、Windows8.1からはオンライン上からも情報を取得するオンラインヘルプ機能が追加され、Windows10も同様の機能を引き継いでいます。

インターネットに接続されている状態で、Windows10のデスクトップ画面上でキーボードの［F1］キーを押すと、Webブラウザーが起動して、Microsoft社のサポートページ「Windows 10でヘルプを表示する方法」に誘導する画面が表示されます。また、エクスプローラーを起動している状態で［F1］キーを押すと、同様にWebブラウザーが起動して「エクスプローラーに関するヘルプ」の検索結果が表示されますので、知りたい情報のリンク先をクリックしてヘルプを参照することができます。

・Windows10のガイドアプリ「ヒント」

Windows10に搭載の「ヒント」（旧称「Get Started」・「はじめに」）アプリは、新しい機能の概要が動画で説明されるだけでなく、それらの使い方やパソコンの設定方法などのガイドが、項目ごとにまとめられています。Windowsの大型Updateによってガイド内容も更新されますので、図2.31の画面例は最新のものと異なる場合があります。

図2.31

Microsoft サポート

「Microsoftサポート」のトップページには検索ボックスもあり、ヘルプ内容のキーワードを入力して検索ができるようになっています。下部にはMicrosoft製品のアイコンボタンが並んでおり、クリックすると該当製品のヘルプページを開くことができます。

なお、ヘルプやサポート内容は頻繁に更新されていきますので、図2.32の画面例は、最新のものとは異なる場合があります。

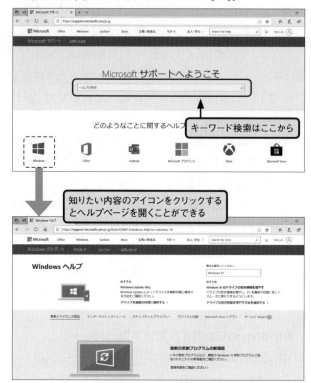

図2.32

・「検索ボックス」の利用

図2.17でも紹介したWindows10の「検索ボックス」は、ヘルプ機能としても利用することができます。

下の図は、タスクバーの検索ボックスを利用して、パソコンにスキャナーを接続するための設定を調べた例です。検索ボックスに「スキャナー」と入力するとすぐに検索結果が表示され、目的の項目に移動することができます。

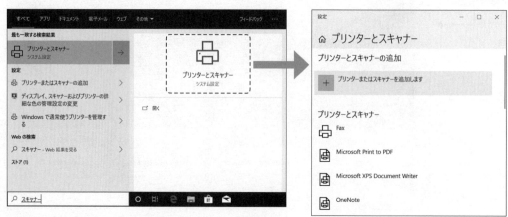

図2.33

2.1 Windows10の基本操作

・**Microsoft Office 2019のヘルプ**

次の2.2節から、Microsoft Office 2019の共通基本操作について説明していきますが、これらのアプリケーションソフトにおけるヘルプ機能の呼び出しも、同様に[F1]キーで行うことができます。

たとえば、デスクトップ上にWord、Excel、PowerPointの3つの画面を同時に表示させていたとします。そこで、Wordに関するヘルプ情報が必要なときは、Word画面のタイトルバーをクリックしてアクティブにし、[F1]キーを押すと[ヘルプ]画面が表示されます。ExcelやPowerPointの画面についても同様のことが行えます。

探している機能を瞬時に見つけ出してくれる[**操作アシスト**]**機能**は、何をしたいのか自由に入力するだけで、機能の候補が絞り込まれ、その表示をクリックするだけで、すぐに実行することができます。

図2.34

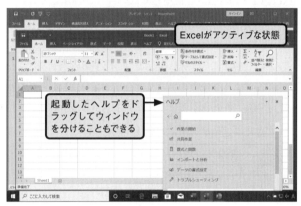

図2.35

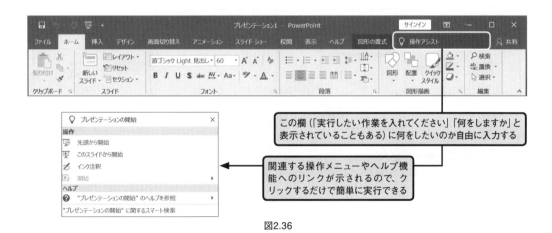

図2.36

2.2 アプリケーションソフトの共通基本操作

2.2.1 統合ソフト（Officeシリーズ）を使用する利点とは

　ご承知のようにOfficeという名前のソフトウェアはありません。OfficeはWordやExcel等を含めたパッケージソフトの商品名です。本書ではMicrosoft Office Home & Business 2019に対応しており、アプリケーションソフトとしてWord、Excel、PowerPointについて説明しています。

　Wordは主に文書処理用に、Excelは表計算用に、PowerPointはプレゼンテーションのスライド作成用に使用される場合が多いと思います。しかし、表計算結果やグラフが多用されている場合などは、Excelで文書を作成したほうが早いかもしれませんし、企画書や提案書等はPowerPointで作成した文書のほうが見やすい場合もあります。また、個人的な'使い慣れ'がありますから、文書作成にExcelやPowerPointを使用してはいけない理由はどこにもありません。しかし、ExcelやPowerPointに比べて文書作成機能が一番豊富なのはWordなのです。同じように表計算にはExcelが、スライド作成にはPowerPointが一番機能が豊富で適しているのです。ですから、これらのアプリケーションソフトの利点をよく理解した上で、作成する資料に適したものを使用してほしいと思います。

　Officeのような複数のアプリケーションソフトからなるパッケージソフトを使う意味はどこにあるのでしょうか。それは、各アプリケーションソフトをリンクして使うことができることではないでしょうか。たとえば、WordとExcelをリンク貼り付けしておくと、Excel上のデータが変更されても、Word文書にすでに貼り付けられた表やグラフが自動的に更新され、Word上でも最新の資料が提供されます。このことは、各アプリケーションソフトのファイル管理でもデータ上の整合性のとれた管理が可能になることを意味します。

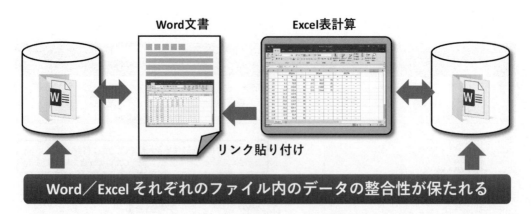

図2.37

このように文書作成はすべてWordだけで行うというのではなく、各アプリケーションソフトの強みを生かして資料を作成し、最終的にWordに貼り付けて文書を完成させるような使い方をすると、より統合ソフトとしてのOfficeの利用価値が高まるのではないでしょうか（PowerPointに関しても、同様にスライド上にExcelの表やグラフを貼ったり、スライドにWordを貼り付けたりすることも可能です）。

リンク貼り付け：

Excelで作成した表やグラフをWordやPowerPointに貼り付けるには、「貼り付け」と「リンク貼り付け」があります。「貼り付け」を使うと、貼られた先のソフトウェアとはリンクされていないため、Excelのデータが変更されても、相手側が自動的に更新されません。このために、毎回貼り直す作業が必要になります。

右の図は、Excelの表をWordに貼り付ける際の、設定（貼り付ける形式を選択している）画面です。

図2.38

2.2.2 アプリケーションソフトの起動/終了方法

〈起動するには〉

パソコンに登録されているアプリケーションソフトを初めて起動するには、［スタート］メニューのアプリ一覧表示の中からアイコンボタンをクリックすることで起動させることができます。

本書で取り上げているWord、Excel、PowerPointは「W」、「E」、「P」の頭文字の項目から見つけることができます（図2.6を参照）。

よく使うアプリは、デスクトップ画面にドラッグ→「リンク」の表示を確認してドロップ（ドラッグの状態からマウスボタンを離す）しておくと、デスクトップ画面にアプリのショートカットアイコンが追加されますので、次回以降の起動が簡単になります。

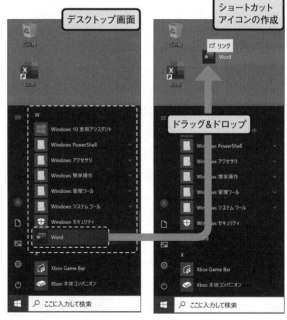

図2.39

また、デスクトップのタスクバーにアイコンとして「ピン留め」しておくと、デスクトップ上で作業をしている場合に便利です。デスクトップのタスクバーに「ピン留め」するには、ピン留めしたいアプリケーション名を右クリックしてメニューを表示させ、[その他]から[タスクバーにピン留めする]をクリックします（図2.5から図2.7も参照）。

　起動するときは、タスクバーのアイコンをクリックします。

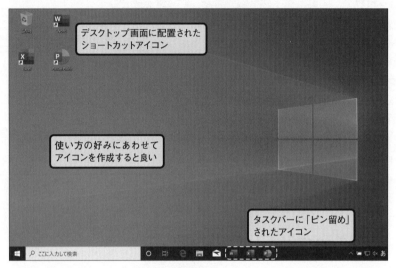

図2.40

〈終了するには〉

　アプリケーションソフトはWindows 10を終了させると自動的に終了しますが、誤作動の危険を避けるためにも、次のいずれかによって正しく終了させる必要があります。

・[閉じる]ボタン ☒ による終了

　[タイトルバー]上の右端の[閉じる]ボタンをクリックします。

・[タイトルバー]上の右クリックメニューによる終了

　[タイトルバー]上にマウスカーソルを移動させて右クリックをすると、プルダウンメニューが表示されます。その中の[閉じる(C)]にマウスをあわせてからクリックします。

　ExcelやPowerPointの終了の場合もアイコンの表示やタイトルバーの色が異なっているだけで、操作方法はまったく同じです。

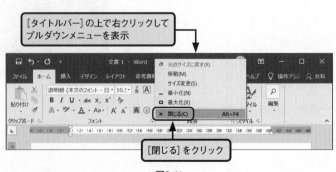

図2.41

・[タスクバー]上に表示されているアイコンボタンによる終了

　起動されているアプリケーションソフトには、ウィンドウが最小化されているとき、画面が非表示になっていますが、[タスクバー]上にアイコンとして残っています。終了させる場合には[タスクバー]上の終了させたいアイコンボタンを右クリックし、ショートカットメニュー（近道を意味し、ワンクリックで目的画面に移動するためのメニュー）を表示させ、[ウィンドウを閉じる]をクリックします。

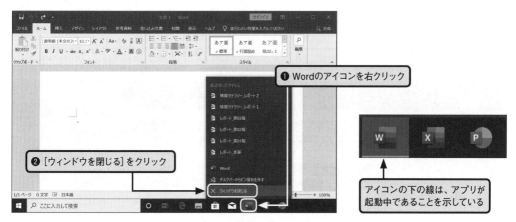

図2.42

　終了処理をする前に保存処理をしていないと、「XXXX（ファイル名を表示）に対する変更を保存しますか？」というメッセージが表示されます。保存するときは[保存(S)]をクリックします。ほとんどできあがった文書を、保存の段階でパソコンが故障した場合や、誤って[保存しない(N)]を押して後悔したことのある人も少なくありません。

　パソコンを使うときは、早めに[名前を付けて保存]をし、作業時には頻繁に上書き保存をする習慣を身につけましょう。

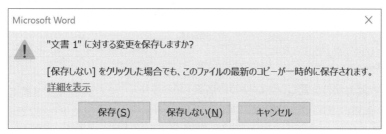

図2.43

2.2.3 アプリケーションソフトの画面操作

〈アプリケーションソフトの各バーとリボンの役割を知ろう〉

　Windows10の下でアプリケーションソフトを実行する場合、それぞれが独立したウィンドウを使って行われます。ここでは、それぞれのウィンドウに共通している代表的なバーの名前と機能について説明します（[タスクバー] はOS（Windows10）のものですが、アプリケーションソフトを操作する上でアプリケーションソフトの各バーとも綿密に関係していますので、同時に説明します）。

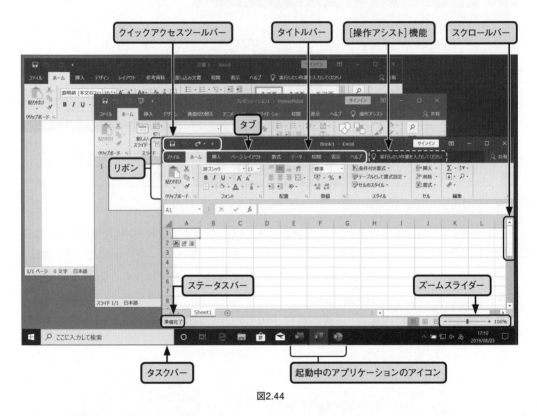

図2.44

・タイトルバー

　ウィンドウの最上端に位置し、ウィンドウの名前（起動されているアプリケーションソフト名やファイル名）が表示されるバーで、右端には [閉じる]、[最大化]、[最小化]、[リボンの表示オプション] ボタンが、また、左端には [クイックアクセスツールバー] が用意されています。

[閉じる] ✕ ボタン：

　ウィンドウを閉じることができます。ただし、アプリケーションソフトのウィンドウの場合は、アプリケーションソフト自体が終了します。

[最大化] ☐ ボタン：

　ウィンドウがデスクトップ全体に拡大表示されます。同時に、ボタンは [元に戻す（縮小）] ボタン ❐ に変わります。❐ ボタンをクリックすると画面を元のサイズに戻すことができます。

[最小化] ボタン：

ウィンドウが最小化されます。画面上からウィンドウが非表示になりますので、利用者にはウィンドウを閉じたように感じられます。しかし、[タスクバー] 上にボタンとして残っており、そのボタンをクリックすることで、以前の活動状態に戻すことができます。

[リボンの表示オプション] ボタン：

リボンの表示状態の設定をすることができます。常にリボンが表示されているときは、[タブとコマンドの表示] に設定されている状態です。この他、[リボンを自動的に非表示にする] と [タブの表示] に切り替えることができます。

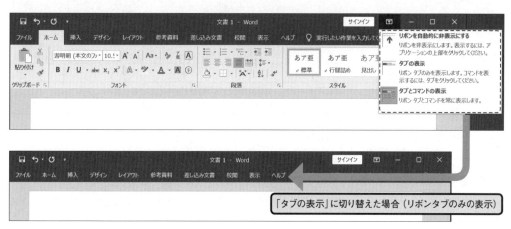

図2.45

[クイックアクセスツールバー]：

利用頻度の高いコマンドボタンを表示しておくと、ワンクリックで実行されますので非常に便利です。表示方法は、[クイックアクセスツールバー] の右端のユーザー設定ボタン をクリックし、プルダウンメニューの中から選択します。最初は [上書き保存]、[元に戻す]、[やり直し（作業状態によっては「繰り返し」表示に切り替わる）] ボタンが表示されています。

・操作アシスト

何をしたいのか自由に入力するだけで、探している機能を瞬時に見つけ出してくれます。機能の候補が表示されると、その表示をクリックするだけで、すぐに実行することができます（図2.36を参照）。

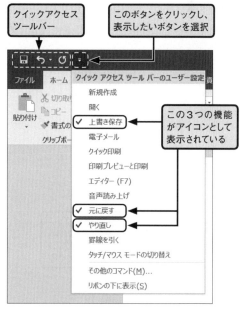

図2.46

・**タブとリボン**

　各タブにはリボンと呼ばれるバーがあり、命令を実行するための［コマンド］ボタンが数多くあります。類似機能をもったコマンドは［グループ］としてまとめられており、さらに各［グループ］には［ダイアログボックス起動ツール］ボタンが用意されています。下の例では［ホーム］タブのリボンで［クリップボード］、［フォント］、［段落］、［スタイル］、［編集］の5つの［グループ］が表示されています。

【補足：タブの種類】パソコンによっては、タッチパネル機能に対応した［描画］タブやそのほかのタブが表示されている場合があります。

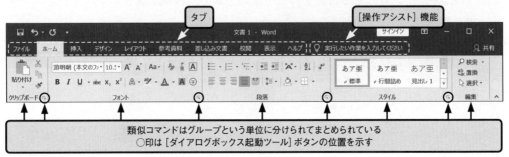

図2.47

　［グループ］によって、さらに詳細な設定ができるように［グループ］欄の右端にダイアログボックスを起動させるためのツールボタンがあります。この［ダイアログボックス起動ツール］ボタンにマウスポインターを置くと、プレビュー画面と共に説明が表示されます。クリックするとダイアログボックスが表示されます。

　たとえば、［ホーム］タブの［フォント］グループの［ダイアログボックス起動ツール］ボタンにマウスポインターを置くと、下図のようなプレビュー画面が表示され、さらにクリックすると、フォントの種類、文字幅やその間隔等をより詳細に設定することのできるダイアログボックスが表示されます。

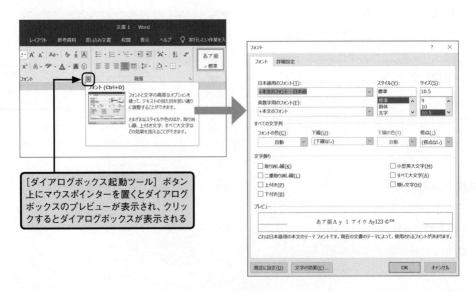

図2.48

2.2 アプリケーションソフトの共通基本操作

・ステータスバー

　[ステータスバー]には、現在、カーソルのある位置情報（ページ数、行数、桁数等）、使用言語、画面表示モード切り替えボタンや画面倍率の拡大や縮小を行う[ズームスライダー]があります。

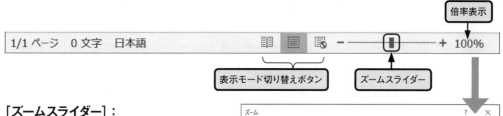

[ズームスライダー]：

　左右にドラッグすることで、画面の倍率を自由に変えることができます。

[倍率表示]：

　数字をクリックすると、[ズーム]ダイアログボックスが表示されます。ここで、[複数ページ(M)]を選択すると1画面に複数ページを表示させることができます。

[表示モード切り替え]：

　表示モード切り替えボタンには、「閲覧モード（全画面で文字を閲覧表示）」、「印刷レイアウト（印刷したときに一番近いレイアウトを表示）」、「Webレイアウト（WebページをWordで作成するときの表示モード）」のボタンが表示されています。通常、Wordなどで文字入力をしているときは「印刷レイアウト」モードになっています。

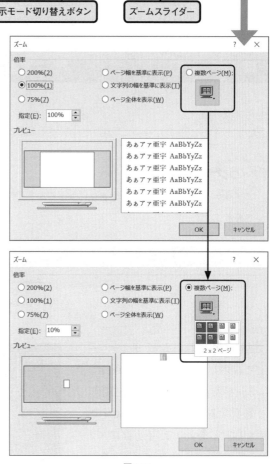

図2.49

図2.50

図2.51

・**タスクバー**

　[タスクバー]はOS（Windows 10）の機能ですが、アプリケーションソフトの各バーとも密接に関係していますので、ここで紹介します。まず、[タスクバー]にアプリケーションソフトのアイコンがピン留めされているか、またはすでに起動されている場合は、そのアプリケーションソフトのアイコンがボタンとして表示されます。

　下図の例では、Wordの文書ファイル、Excelの表計算ファイル、PowerPointのスライドファイルが同時に開かれています。[タスクバー]上のアプリケーションソフトのアイコンボタンをクリックすることによって、各ウィンドウの活動状態を切り替えることができます。

図2.52

[アイコンボタンの表示変え]：

　アプリケーションのアイコンボタンにファイル名やアプリケーションソフト名を同時に表示することができます。

図2.53

　次の方法で行います。タスクバー上で右クリックしてショートカットメニューを表示させます。[設定(T)]を選択するとタスクバーの設定画面が起動しますので、下方向にスクロールして「タスクバーのボタンを結合する」の表示を見つけます。右端の展開ボタンをクリックし、選択項目を表示させてから、[結合しない]を選びます。設定の変更はすぐに反映されます。

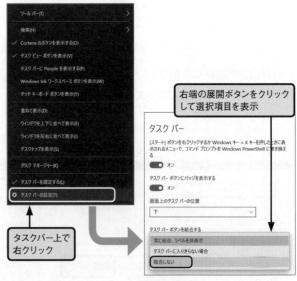

図2.54

［ジャンプリストの活用］：

　タスクバーにすでに表示されているアプリケーションソフトのファイルを開くときは、ジャンプリストを活用すると便利です。

　タスクバーのアイコンボタンを右クリックするとジャンプリストが表示されます。このリストには、最近使われたファイルの一覧が表示されています。アプリケーションソフトは最近稼働されたものなので、記憶域に残っているかもしれません。その場合はファイルをクリックするだけで瞬時に表示されます。

　また、Word等を使って同時に複数の文書を作成している場合は、タスクバーに表示されているアイコンにマウスポインターを置くだけで、同時に開いているファイルの内容が表示されます。そこでクリックした画面がアクティブ画面として切り替わり表示されます。

図2.55

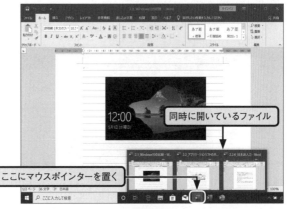

図2.56

【補足】
［タスクビュー］ボタン

　複数のアプリやファイルを開いているときには、タスクバーの［タスクビュー］ボタンを利用すると便利です。

　■ボタンをクリックすると起動中のアプリやファイルが一覧で表示されますので、画面の切り替えを素早く行えます。

図2.57

〈ウィンドウの基本操作を知ろう〉

　ウィンドウの大きさを変えたり、画面上の別の位置に移動させたりすることによって一度に複数のウィンドウの内容を見ることができます。

・ウィンドウの移動

　複数のウィンドウを配置変えすることによって見やすくしたり、他のウィンドウの裏に隠れている情報を見たりする場合には、[タイトルバー]をドラッグするだけでウィンドウ全体を自由に移動させることができます。

・サイズの変更

　マウスポインターをウィンドウの境界線上に合わせると、ポインターの形が両矢印型 ⬄ に変わり、そのままドラッグすると拡大/縮小が自由にできます。位置によって縦幅のみ、横幅のみ、全体のサイズの変更ができます。

図2.58

・**スナップ機能**

マウスポインターの一度の操作だけで、画面のサイズを変更することができます。

[ウィンドウの最大化]：

画面を最大化表示したい場合は、タイトルバーをマウスポインターで上端までドラッグし、ドロップした段階でその画面が最大表示に変わります。タイトルバーをマウスポインターで下にさげると、元の画面の大きさに戻ります。

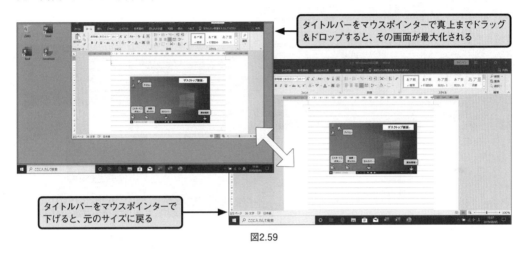

図2.59

[左右にウィンドウを並べる]：

タスクバーをマウスポインターで左側面（または右側面）までドラッグ＆ドロップすると、画面が左側（または右側）半分に表示されます。タスクバーを再度右側（または左側）にドラッグ＆ドロップすることで、元に戻すことができます。

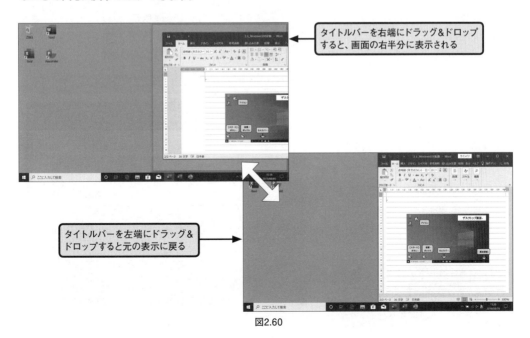

図2.60

・複数画面のクイック整理

1つだけ表示したい画面のタイトルバーにマウスポインターをセットして左右に激しく振ると、その他の画面が瞬時に最小化されますので、デスクトップ上が整理されます（表示されている画面のタイトルバーを再度振ることで元に戻ります）。

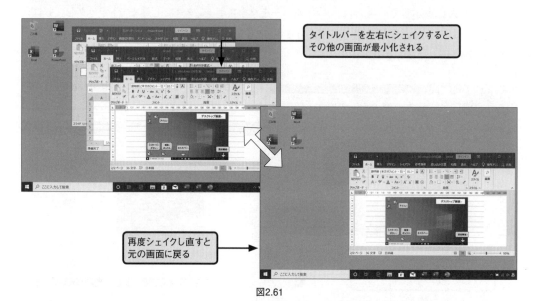

図2.61

・デスクトップ画面のクイック表示

タスクバーの最右端に［デスクトップの表示］ボタンがあります。このボタンをクリックすると表示されているすべての画面が瞬時に最小化されます。

このことでデスクトップ全体が表示されますので、デスクトップ上の他のファイルやフォルダーを探したり、アイコンを使って別のソフトを起動したりすることができます。［デスクトップの表示］ボタンを再度クリックすることによって、画面は元の表示に戻すことができます。

【補足】キーボードの操作でも簡単にデスクトップ画面を表示することができます。［ ⊞ ］＋［D］

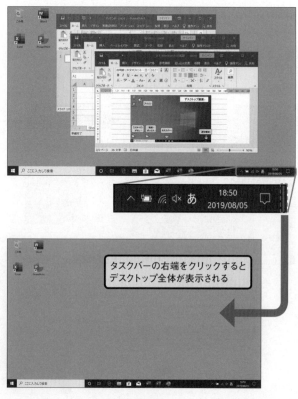

図2.62

2.2.4 補助記憶媒体の扱い方

〈USBメモリの扱い方〉

　USB（Universal Serial Bus）メモリはフラッシュメモリの一種で、記憶容量が大きい割にサイズが小さく取り扱いが簡単なため急速に普及し、現在では代表的な補助記憶媒体となっています。USBメモリはパソコン本体のUSBポートに直接差し込むだけで、直ちに使用できます。

　USBポートに差し込み、タスクバー上の［エクスプローラー］（詳細は、2.2.5項で紹介）ボタンをクリックします。左側のナビゲーションウィンドウに新たに「USBドライブ」の表示が追加されます（パソコンによってはUSBメモリの名称で表示される場合もあります。ここをクリックすると、USBメモリに記憶されているフォルダーやファイルが表示されます。これにより、次節で説明するファイル操作を行うことができます。

　取り外す場合は、タスクバー上の ∧ ボタンをクリックすると隠れているインジケーターが表示されます。ここから［ハードウェアを安全に取り外してメディアを取り出す］アイコンをクリックし、さらに［（接続したUSBメモリの名称）の取り出し］をクリックすると、「ハードウェアの取り外し」のメッセージが表示されます。

　このメッセージを確認してから、USBメモリをポートから引き抜きます。このとき、USBメモリの先端部分を曲げないように丁寧に抜いてください。終了操作を怠っていきなり抜くと故障する可能性がありますので注意が必要です。

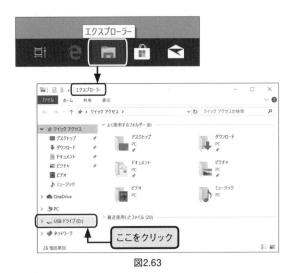

図2.63

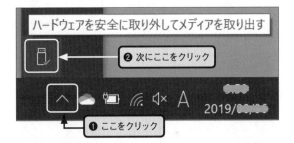

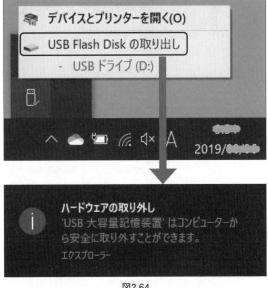

図2.64

2.2.5　フォルダーとファイルの管理

〈フォルダーとファイルの仕組みを知ろう〉

　プログラムやデータはハードディスク（HDD）、CD-R/W、DVD-R/W、USBメモリなどの補助記憶装置に、一つのまとまりとして記憶されています。このまとまりの単位をファイルといい、利用者がプログラムやデータを管理する場合の直接的な対象になります。

　パソコン用OSは、ファイルシステムといわれるファイル管理の機能を備えています。ファイルシステムでは、すべてのファイルはどこかのフォルダーに所属し、階層化されたツリー構造によって管理されています。フォルダーの階層はアドレスバーに表示されています。利用者はこのアドレスバーによってファイルの保存場所を確認することができます。

　ファイルはどのフォルダーにも登録することができますし、ファイル名もファイルシステム全体の中では重複してもかまいません。しかし、同一のフォルダー内での重複は許されません。

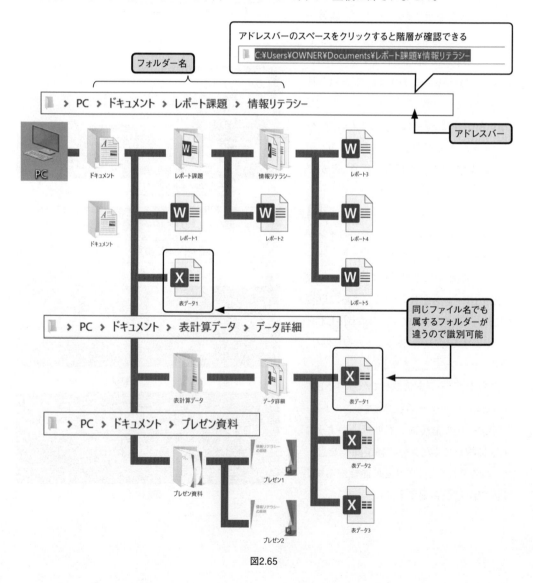

図2.65

2.2　アプリケーションソフトの共通基本操作

フォルダー：
複数のファイルを入れておける保存場所（名前を付けた入れ物のイメージ）のことで、ファイルの整理に利用されます。フォルダーの中にフォルダーを作ることも可能で、フォルダーやファイルを階層で管理することができます。

ファイル：
アプリを構成するプログラムやアプリで作成したデータのことを指します。たとえば、Wordで作成した文書を、名前を付けて保存することでファイルとして管理できるようになります。

〈エクスプローラー（ファイルを操作するアプリ）〉

　前述しましたようにフォルダーやファイルは、どこかの階層に保存して管理されています。しかし、普段使用頻度の高いフォルダーやファイルは階層順に関係なく、素早く引き出したいものです。Windowsでは、フォルダーの管理やファイルのコピーあるいは削除などの操作をするためのアプリとして、エクスプローラーが搭載されています。

　Windows10のエクスプローラーの基本操作は、前バージョンのWindows8.1とほぼ同じですが、［よく使用するフォルダー］や［最近使用したファイル］を表示する「クイックアクセス」機能が追加され、さらに操作しやすくなりました。初期設定では、［PC］フォルダー内の［デスクトップ］、［ダウンロード］、［ドキュメント］、［ピクチャ］（Windowsに標準で設定されている保存先）がナビゲーションウィンドウにピン留めされていますが、自分が使いやすいようにピン留めのフォルダーを追加したり、ピン留めを外したりとカスタマイズすることができます。

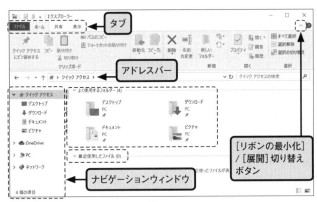

図2.66

〈フォルダーやファイルの表示方法を知ろう〉

　エクスプローラーのタブから［表示］をクリックすると、表示リボンのオプションが表示されます。特大アイコンや詳細など8種類の表示方法が選択できますので、必要と思われるものを選択してください。

　例では［詳細］を表示させています。［詳細］では更新日時、ファイル/フォルダーの区別、種類、サイズ等が表示されます。

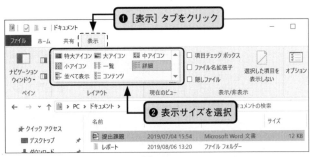

図2.67

67

〈ファイルを保護するには〉

　不要な書き込みからファイルを保護する場合、次の手順でファイルごとに保護することができます。

　ここでは、ファイルに「読み取り専用」属性を設定する方法を紹介します。

1) 保護の対象とするファイルを右クリックし、ショートカットメニューから［プロパティ(R)］をクリック、プロパティ画面を表示させる。

2) ファイルのプロパティ画面より［全般］タブをクリックし、属性の設定で［読み取り専用(R)］のチェックボックスをオンにしてから、［OK］ボタンをクリックする。

〈ファイル名拡張子を表示させるには〉

　ファイルの拡張子を表示させるには、［エクスプローラー］画面の［表示］タブの［ファイル名拡張子］のチェックボックスをクリックし、オンにします。

　これにより、Wordでは「.docx」、Excelでは「.xlsx」、PowerPointでは「.pptx」と表示されるようになります。なお、Office 2003バージョンまではWordの場合、「.doc」であり、その後は最後尾に'x'がつくようになっています（アイコンのデザインも異なる）。

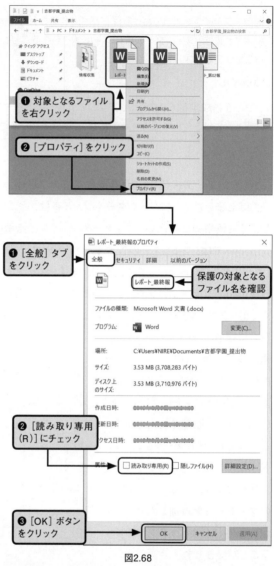

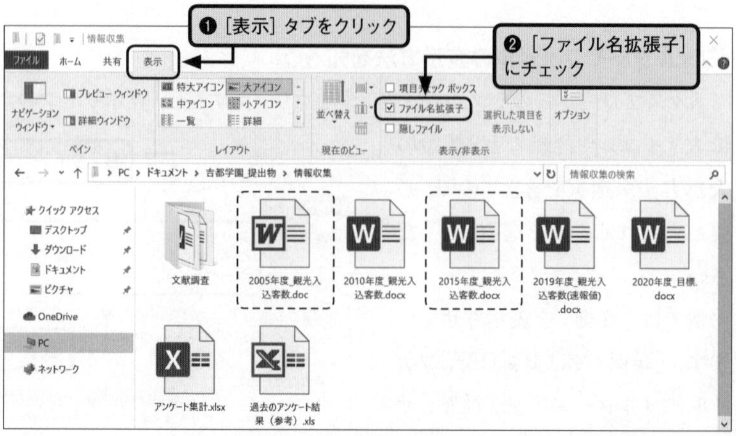

図2.68

図2.69

〈パソコン内のフォルダーやファイルをUSBメモリにコピー/移動するには〉

　パソコン内に保存されている個別のフォルダーやファイルをUSBメモリにコピーまたは移動するには、さまざまな方法がありますが、ここでは次の2種類を紹介します。

・**スナップ機能を使った画面分割を利用した場合**

　コピー（または移動）元と相手先の画面を同時に表示し、直接確認しながら作業をすることができますので、ミスを最小限にすることができます。

　方法は次の手順で行います。

1) コピーまたは移動したいフォルダーやファイルを**右クリック**でコピー先のUSBメモリ（画面の例では(D:)と表示されているドライブ）までドラッグし、相手先の領域でドロップする。
2) ドロップするとダイアログボックスが表示されるので、コピーするか移動するかは［ここにコピー(C)］または［ここに移動(M)］を選択すればよいことになる。

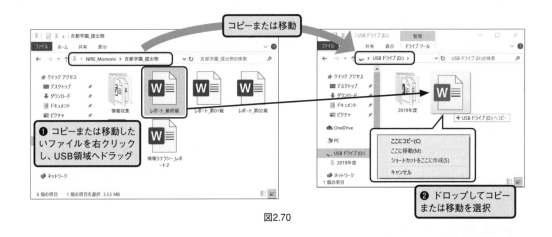

図2.70

・**ナビゲーションウィンドウを使った場合**

1) コピーまたは移動したいファイルを**右クリック**でナビゲーションウィンドウにあるUSBメモリ（画面の例では(D:)と表示されているドライブ）までドラッグし、USBドライブの文字が反転した段階でドロップする。
2) ドロップするとダイアログボックスが表示されるので、コピーもしくは移動の選択ができる。

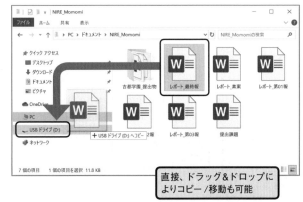

図2.71

> 【補足】マウスの左ボタンを使ってドラッグ&ドロップしてもコピーや移動を行うことができます。ただし、次のようにドライブ間によって機能が変わりますので注意してください。
> **［同じドライブの場合］：**
> 同じドライブ内にあるフォルダー間ではファイルは移動（コピー元には残らない）されます。
> **［異なるドライブの場合］：**
> 異なるドライブ内のフォルダー間では、ファイルはコピー（コピー元にも残る）されます。
> なお、複数のファイルを同時にコピーまたは移動させるには、対象となるファイルを複数選択するときに［Ctrl］キーを押しながらクリックすると一度に処理できます。

〈USBメモリ内を管理しよう〉

　ここではUSBメモリ内の使用状況の把握の仕方、新規フォルダーの作成や、ファイル名の変更、削除の方法を紹介します。

・USBメモリの使用状況

　USBメモリ内部の使用状況は次の手順で把握できます。

1) タスクバーの［エクスプローラー］ボタンをクリックし、ナビゲーションウィンドウから［USBドライブ］を選ぶ。
2) アイコンの表示されていない任意の場所を**右クリック**して、ショートカットメニューを表示し、一番下の［プロパティ］をクリックする。
3) プロパティ画面の［全般］タブをクリックする。

　ここには、USBドライブ（USBメモリ）の使用領域と空き領域が表示されています。空き領域が少なくなっている場合には、USBメモリ内のファイルの整理等が必要となります。使用状況を確認後、［OK］ボタンをクリックします。

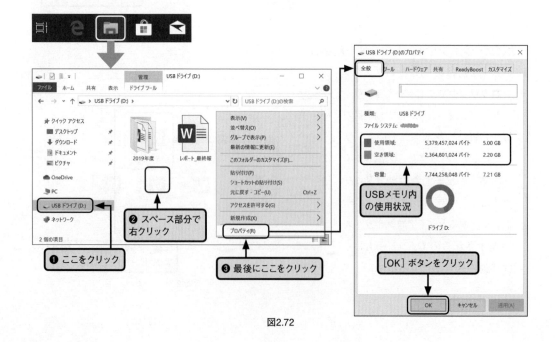

図2.72

・新規フォルダーの作成

USBメモリ内に新しいフォルダーを作成するには、次の手順で行います。

1) タスクバーの［エクスプローラー］ボタンをクリックし、左側のナビゲーションウィンドウから［USBドライブ］（画面の例では(D:)）を選ぶ。
2) アイコンの表示されていない任意の場所を**右クリック**して、ショートカットメニューを表示させる。
3) ショートカットメニューの［新規作成(X)］をクリックし、さらにサブメニューから［フォルダー(F)］をクリックする。
4) この手順により、USB内に「新しいフォルダー」という名前の付いたフォルダーが作成される。
5) フォルダー名を変更するには、次の「ファイル名の変更」を参照（フォルダー名の変更もファイル名の変更と同様の手順で行います）。

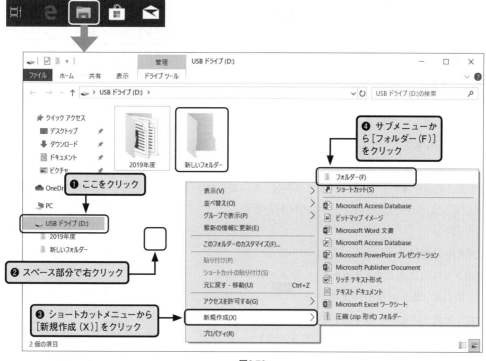

図2.73

図2.74

（＊）なお、エクスプローラーの［ホーム］タブをクリックし、リボンから［新しいフォルダー］ボタンを押しても同様のことができます。その他に［ファイル名の変更］や［削除］ボタンもあります。リボンをよく使用するのであれば、右側のボタンをクリックして常に表示させておくと便利です。

・**ファイル名の変更**

USBメモリ内にあるファイルの名前を変更するには、次の手順で行います。

1) タスクバーの[エクスプローラー]ボタンをクリックし、左側のナビゲーションウィンドウから[USBドライブ](画面の例では(D:))を選ぶ。
2) 名前を変更したいファイルを**右クリック**して、ショートカットメニューを表示させる。
3) ショートカットメニューの[名前の変更(M)]をクリックする。
4) 変更対象となっているファイル名の既存の名前の表示が反転する。[Delete]キーで削除した後、新しいファイル名を入力する。

図2.75

(＊) なお、名前を変更したいファイルを選択後、キーボードの[F2]キーを押すことでもファイル名の表示が反転されて、名前の変更が素早く行えます。

・**ファイルの削除**

USBメモリ内にあるファイルを削除する場合も、基本的な操作はファイル名の変更と同様の手順で行います。

1) 削除したいファイルを右クリックして、ショートカットメニューを表示させる。
2) ショートカットメニューの[削除(D)]をクリックする。
3) [ファイルの削除]の確認ダイアログボックスで削除するファイル名を確認し、[はい(Y)]をクリックする。

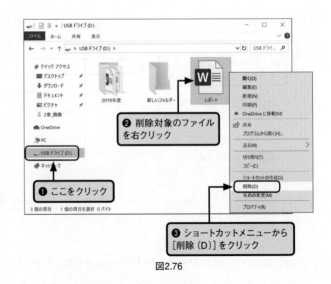

図2.76

前述の方法以外にも、次の3種類の方法も簡単なのでよく使われます。

[**方法1**]：削除したいファイルをクリックした後、キーボードの[Delete]キーを押します。

[**方法2**]：削除したいファイルを[ごみ箱]までドラッグ＆ドロップします。

[**方法3**]：エクスプローラーの[ホーム]タブをクリックし、リボン上の[削除]ボタンをクリックします。なお、ここで「削除の確認の表示」のチェックが入っていれば、ファイルを削除するときに、「このファイルをごみ箱に移動しますか？」のメッセージが表示されるようになります。

図2.77

図2.78

USBメモリのように外部記憶装置の中にあるファイルは、削除処理をすると[ごみ箱]の中には残らず、**完全に削除**されます。しかし、[ドキュメント]フォルダーやその他のローカルディスクのように、コンピューター内部にある記憶装置の中のファイルは、[ごみ箱]に移動されるだけであり、後からも**復活**させることができます。

この違いは、[ファイルの削除]画面のメッセージにも現れています。完全に削除する場合は、「このファイルを完全に削除しますか？」と表示されるのに対して、復活させられる場合には、「このファイルをごみ箱に移動しますか？」という表示がなされます。

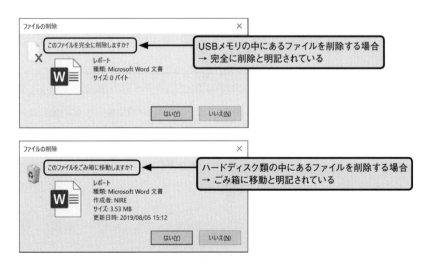

図2.79

〈新規ファイルを保存するには〉

　新規ファイルを保存するには、［ファイル］タブをクリックし、切り替わった画面の左側にあるメニューの中から［名前をつけて保存］を選択していきます。保存画面が表示されたら［このPC］を選択し、［参照］から保存先のフォルダーを指定します（OneDriveを選択するとMicrosoftのクラウド環境に保存することができます）。例では、［ドキュメント］フォルダーの中に作られた「吉都学園_提出課題」のフォルダーを指定しています。

　保存先が決まったら、ファイルの保存形式を確認し、ファイル名を入力してから、最後に［保存(S)］ボタンをクリックします。［ファイルの種類（T）］に［Word文書］が選択されていれば、Word 2019の形式で保存されます。

　図は、Wordを例に手順を示していますが、ExcelやPowerPointでも同じです。

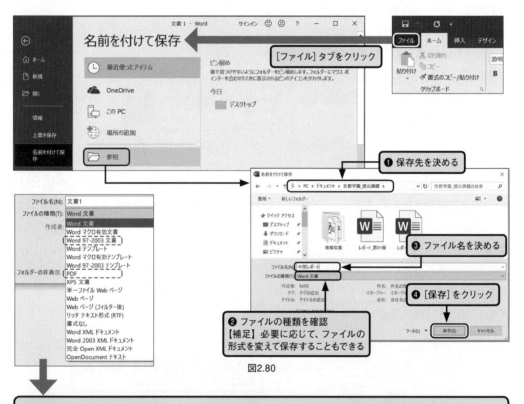

図2.80

【補足】覚えておくと便利なファイルの保存形式「Word 97-2003文書」と「PDF」

Office 2019で作成したファイルですが、異なるOSやOffice 2003以前の作業環境のユーザーには正しく表示されない場合や、閲覧できないこともあります。そのような場合には、ファイル形式を変えて保存し直すことを覚えておくと便利です。
Word 2019で作成した文書をWord 2003のファイル形式で保存する場合には、［ファイルの種類］ボックスを一覧表示させて、［Word97-2003文書］を選びます。これにより、Word 2003と互換性のある形式で保存されます。
また、［ファイルの種類］の一覧から［PDF］を選択すると、作成時のイメージを保った電子文書で保存されますので、相手のOSを問わずにファイルを開くことができます。PDFとは、Portable Document Formatの略で、ファイルの拡張子は「.pdf」と表示されます。

〈既存ファイルを再保存するには〉

　既存ファイルを再保存する場合は、［クイックアクセスツールバー］の［上書き保存］ボタンをクリックすると、すぐに再保存されるので便利です。また、新規ファイルの保存と同様に、［ファイル］タブから［上書き保存］をクリックしても同様に保存することができます。

　パソコン本体や作業環境のトラブル等によって、作業中のファイルが失われる場合があります。自動的に修復される場合もありますが、安全に作業を進めるためには、頻繁に上書き保存を繰り返すことが重要です。

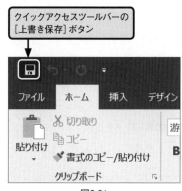

図2.81

〈ファイルを圧縮するには〉

　ファイルを電子メールに添付して送る場合などは、ファイルが大きくなると転送に時間がかかるだけでなく、先方にも迷惑がかかります。そのためにはファイルを圧縮してから送ります。

　次の手順で圧縮（zip形式）ファイルを作ることができます。

1) 圧縮したいファイルを右クリックし、ショートカットメニューを表示させる。
2) ショートカットメニューより［送る(N)］をクリックし、サブメニューより［圧縮(Zip形式)フォルダー］をクリックする。
3) ファイル名と同名の圧縮フォルダーが作られる。この中に圧縮ファイルがある（ファイル単位だけでなく、フォルダー単位でも同様な手順で圧縮することができます）。

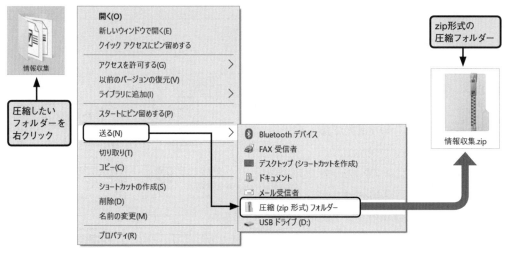

図2.82

〈圧縮ファイルを展開(解凍)するには〉

圧縮(zip形式)されたファイルを元に戻すためには展開する(この作業を「解凍する」と呼ぶこともある)必要があります。方法として次の2通りを紹介します。

[方法1]:

1) 展開したいファイルを右クリックし、ショートカットメニューを表示させる。

2) ショートカットメニューより[すべて展開(T)...]をクリックすると、[圧縮(ZIP形式)フォルダーの展開]ダイアログボックスが表示される。ここで、展開先のフォルダー名を[参照(R)]から指定した後に、[展開(E)]ボタンをクリックする。

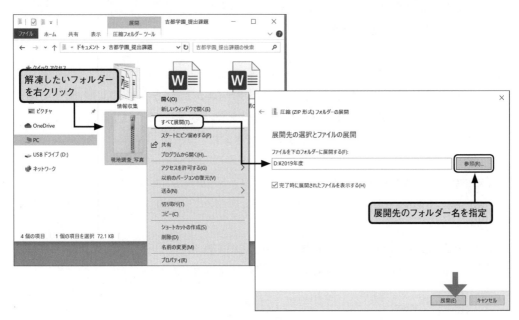

図2.83

[方法2]:

1) 展開したい圧縮フォルダーを選択するとエクスプローラーに[圧縮フォルダーツール]のリボンが表示される。

2) その中の[展開]タブをクリックし、[すべて展開]ボタンをクリックすると[圧縮(ZIP形式)フォルダーの展開]ダイアログボックスが表示される。ここで、展開先のフォルダー名を指定して、[展開(E)]ボタンをクリックする。

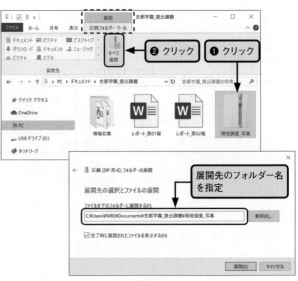

図2.84

2.2.6 日本語入力（Microsoft IME）の基本操作

Windows 10には、日本語文字変換用ソフトとしてMicrosoft IMEが標準で組み込まれています。ここでは、Microsoft IMEの各オプションについて基本的な機能と使い方を学習します。

デスクトップ画面の右下に通知領域があります。その中の［あ］（もしくはアルファベットの［A］が表示されています）のボタンを右クリックすると、Microsoft IMEのオプションリストが表示されます。

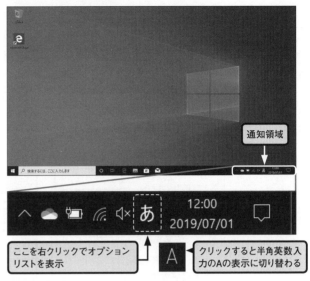

図2.85

〈IMEのオプションとその機能を知ろう〉

IMEのオプションリストには、右図に示したような機能が表示されています。

オプションには［入力モード］、［変換モード］の変換や読み方が分からないときに使う［IMEパッド］、［ユーザー辞書ツール］等、さまざまな機能が用意されています。

ここでは代表的な機能について説明していきます。

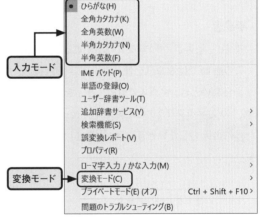

図2.86

〈入力モードを変更するには〉

入力モード（半角/全角、ひらがな、カタカナ、英数字）の変更を行うには、表示されている［入力モード］メニューから使用したい入力モードをクリックします。選択した［入力モード］により、通知領域の中の表示が変わります。

〈変換モードを変更するには〉

［変換モード］をクリックすると［一般］または［無変換］のサブメニューが表示されます。読みを漢字に変換するとき、入力モードで設定された変換を行うか、または、無変換で行うかを指定します。

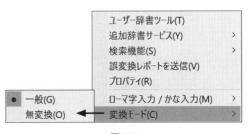

図2.87

77

〈読み方の分からない漢字を入力するには〉

　IMEパッドを使って、読み方の分からない漢字に対して、手書き、文字一覧、ソフトキーボード、総画数、部首などを入力して、目的の漢字を検索することができます。

　IMEのオプションリストの［IMEパッド（P）］をクリックすると、［IMEパッド］画面が表示されます。画面左端に［手書き］、［文字一覧］、［ソフトキーボード］、［総画数］、［部首］による検索ボタンが表示されます。漢字の検索の仕方によって、いずれかを選択します。

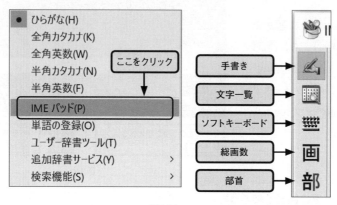

図2.88

・手書き

　まず、［手書き］ボタンをクリックすると［IMEパッド-手書き］画面が表示されます。

　この画面ではマウスを使って手書きで直接入力枠に文字を書きます。たとえば、「楡」の読み方が分からないとき、マウスで直接「楡」をなぞると「楡　ユ　にれ」を検索してくれます。確定するには「楡」の文字をクリックした後で［Enter］ボタンをクリックする必要があります。他の文字を検索するために再入力したいときには、［消去］ボタンをクリックすることで入力枠の文字を消すことができます。

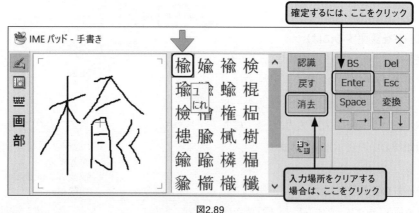

図2.89

2.2 アプリケーションソフトの共通基本操作

・文字一覧

読みから変換できる記号もありますが、変換できない記号等では［文字一覧］を活用すると便利です。該当しそうなカテゴリを選択し、目的の記号を検索します。

たとえば右図のように、［文字カテゴリ］から［その他の数学記号A］を選択すると、通常の文字入力では変換できそうにないような記号を簡単に探すことができます。

また、他言語を入力するときにも非常に便利です。

確定するには［Enter］ボタンをクリックする必要があります。

図2.90

・ソフトキーボード

文字入力するときに、ハードのキーボードではキーボードのレイアウトを変更することができません。直接、ひらがな/カタカナ入力を行うときなどは、ソフトキーボードを利用するとキーボードのレイアウトを変更することができますし、入力もマウスでクリックするだけで済みます。右図では配列の切り替え ▦ ボタンをクリックし、キーボードのレイアウトを［ひらがな/カタカナ（JIS配列）］を選択した例を示しています。漢字変換するには［変換］ボタンをクリックします。

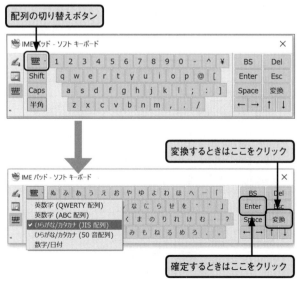

図2.91

・総画数

漢字の総画数を調べて検索する方法です。画面上で総画数を選択し、その中から探します。

例では「楡」を検索するために13画を選択し、検索後［Enter］ボタンをクリックして確定しています。

また、右の検索画面で ボタンを押すと総画数による候補の一覧表示から、下のような詳細画面に切り替えることができ、部首名や読みなども確認できて便利です。

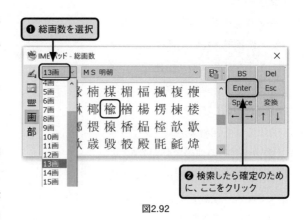

図2.92

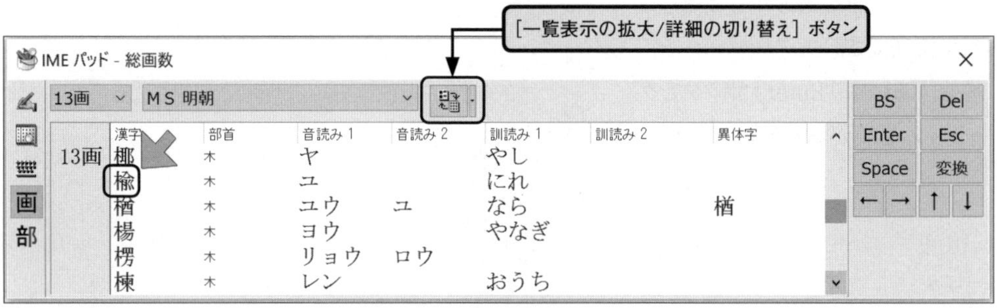

図2.93

・部首

漢字の部首を調べて検索する方法です。画面上で部首の画数と部首を選択し、その中から探します。

例では「楡」を検索するために部首の4画を選択し、検索語［Enter］ボタンをクリックして確定しています。下の図は、検索結果を詳細表示に切り替えた画面で示しています。

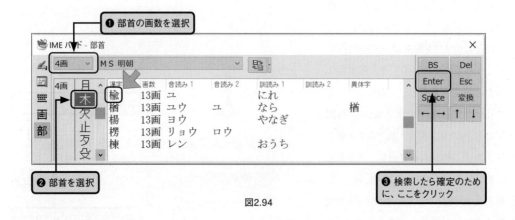

図2.94

2.2 アプリケーションソフトの共通基本操作

〈単語を登録するには〉

よく使う単語などが、辞書に登録されていないと不便な思いをします。ここでは、辞書にない単語の登録方法を学習します。例として、主人公の名前である「桃弓（ももみ）」を登録してみます。

IMEのオプションリストから、［単語の登録（O）］を選択します。表示された［単語の登録］画面の［単語（D）］欄には「桃弓」、［よみ（R）］欄には「ももみ」をそれぞれ入力し、［品詞（P）］では［人名（E）］と［名のみ（F）］をクリックしてチェックを入れ、最後に［登録（A）］ボタンをクリックします。これで、登録作業は終了です。

登録を確認するためには、［ユーザー辞書ツール（T）］をクリックし、［ユーザー辞書ツール］画面によって登録の確認ができます。

なお、登録された単語の変更、削除は［ユーザー辞書ツール］画面の［変更］、［削除］ボタンで行うことができます。

この画面の［登録］ボタンをクリックすると再度、［単語の登録］画面が表示されますので連続的に登録作業が行えます。

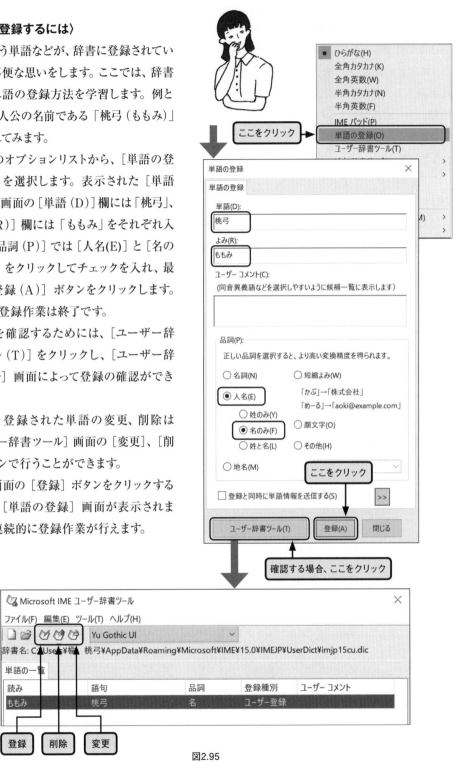

図2.95

また、自身の電子メールアドレスや住所などの連絡先を、たとえば「めーる」や「れんらく」などの単語で［短縮読み（W）］として辞書登録をしておくと、入力ミスの防止にもつながり便利です。

第2章　ソフトウェアの基本操作

〈プロパティで詳細設定をするには〉

　IMEのオプションリストのプロパティを利用すると、ローマ字入力/かな入力、変換条件の設定、和英混在入力、郵便番号辞書や標準拡張辞書の追加登録、オートコレクト（入力間違いしやすいパターンを自動的に訂正する機能）等、さまざまな設定を行うことができます。

　ここでは、ローマ字入力/かな入力と和英混在入力について紹介します。

　［プロパティ］をクリックし、［Microsoft IMEの設定］画面で［詳細設定（A）］ボタンをクリックします。表示された［Microsoft IMEの詳細設定］画面上には、いくつかのタブが用意されていますので必要に応じて選択してください。

　たとえば［全体］タブでは、文字入力の設定（ローマ字入力か、かな入力か）、句読点、記号、スペース、テンキーからの入力の扱い方を設定することができます。また、［和英混在入力］では、入力される文字列によって、変換後の入力モードを設定することができます。

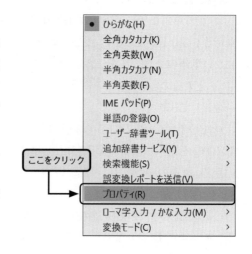

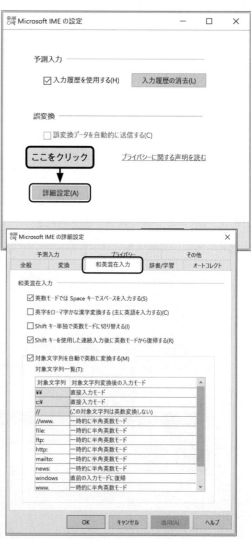

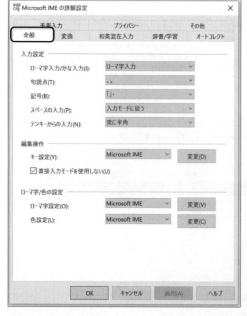

図2.96

〈日本語文字の入力をしてみよう〉
・漢字入力

　ここでは、漢字入力を学びます。例として、[かんじにゅうりょくのれんしゅう]と入力してみます。ローマ字入力でも、かな入力でも、入力された文字は「全角ひらがな」で表示されます。まだ変換も確定も行っていないので、下線が付加されています。

　次に、[変換]キー(または[スペース]キー)を押すと、いくつかの文節に分けて変換されていることが分かります。例では、「漢字」、「入力の」、「練習」の3文節に分かれています。さらに、[変換]キーを押すと太字線の文節(例では「漢字」)の候補一覧が表示されます。変換の対象となる文節は、[→]や[←]キーで選択することができます。文節の区切りを変更する場合は、[Shift]キーを押しながら[→]や[←]キーで長さを調整し、再度[変換]キーを押します。すべてが正しく変換できたら、[Enter]キーを押します。

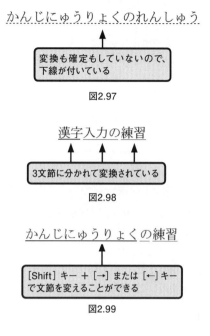

図2.97

図2.98

図2.99

・記号の変換

　「○」、「■」、「△」などの記号は、漢字の候補一覧に登録されています。ですから、ひらがなで「まる」、「しかく」、「さんかく」と入力し[変換]キーを押して希望の記号を選択し、[Enter]キーを押します。

　また、「☆(ほし)」、「℡(でんわ)」、「〒(ゆうびん)」なども同様にひらがな入力と変換により求めることができます。

　「¥ $ ¢ £」などの単位を入力する場合は、「たんい」と入力します。同様に、「╋ ┳ ┻ ┓」のような罫線文字を入力する場合も、「けいせん」と入力し、変換すると求められます。それでも検索できない場合は、前述のIMEパッドの[文字一覧]を使用すれば見つかります。

図2.100

・カタカナ入力

　カタカナ文字を入力するには、IMEのオプションリストの[入力モード]を全角または半角のカタカナに変更して行います。デスクトップ右下の通知領域上の[入力モード]表示が「カ」に変わります。

・英数字入力

　英数字を入力するには、IMEのオプションリストの[入力モード]を全角または半角の英数に変更して行います。デスクトップ右下の通知領域上の[入力モード]表示が「A」に変わります。

第2章	ソフトウェアの基本操作

【補足1】ひらがなモードからのカタカナや英数字への変換（ファンクションキーの利用）

漢字変換のように、ひらがな入力からカタカナや英数字に変換することもできます。

ひらがなからカタカナへの変換は、ひらがな入力後、全角カナ（全角カタカナ）は [F7] キー、半角カナ（半角カタカナ）は [F8] キーを押します。同様に、英数字に変換する場合は、ひらがな入力後、[F9] キーで全角英数字、[F10] キーで半角英数字に変換できます。

また、カタカナ入力からひらがなに変換したいときには、[F6] キーを押すと簡単に変換できます。

F7	：全角カナ
F8	：半角カナ
F9	：全角英数
F10	：半角英数
F6	：ひらがな （カタカナ入力時）

図2.101

【補足2】候補一覧の表示切り替え

Microsoft IMEでは、変換候補一覧の表示方法を切り替えることができます。これにより、一度に多くの文字を見ることができるようになり、検索がより素早く行えます。なお、表示の変更は[表示切り替え]ボタンだけでなく、[Tab] キーを使用しても同様のことが行えます。

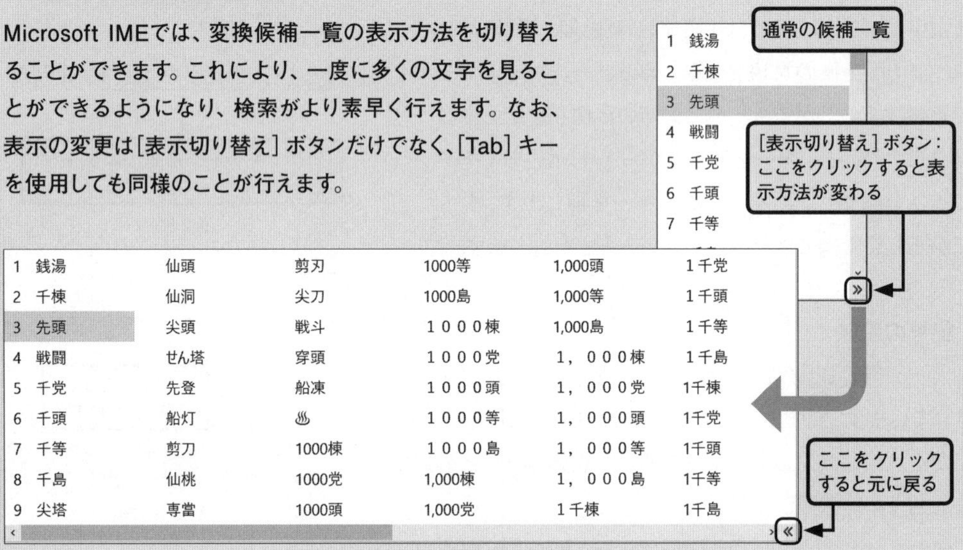

通常の候補一覧

1	銭湯
2	千棟
3	先頭
4	戦闘
5	千党
6	千頭
7	千等

[表示切り替え] ボタン：
ここをクリックすると表示方法が変わる

1	銭湯	仙頭	剪刃	1000等	1,000頭	1千党
2	千棟	仙洞	尖刀	1000島	1,000等	1千頭
3	先頭	尖頭	戦斗	１０００棟	1,000島	1千等
4	戦闘	せん塔	穿頭	１０００党	１，０００棟	1千島
5	千党	先登	船凍	１０００頭	１，０００党	1千棟
6	千頭	船灯	⚊	１０００等	１，０００頭	1千党
7	千等	剪刀	1000棟	１０００島	１，０００等	1千頭
8	千島	仙桃	1000党	1,000棟	１，０００島	1千等
9	尖塔	専當	1000頭	1,000党	１千棟	1千島

ここをクリックすると元に戻る

図2.102

【補足3】便利な入力方法（ショートカットキーの利用）

コピーや貼り付けなどのショートカットキーを利用すると、文字列などを簡単に再表示させることができます。下図のような文章を入力するときの手順を次のページで説明します。

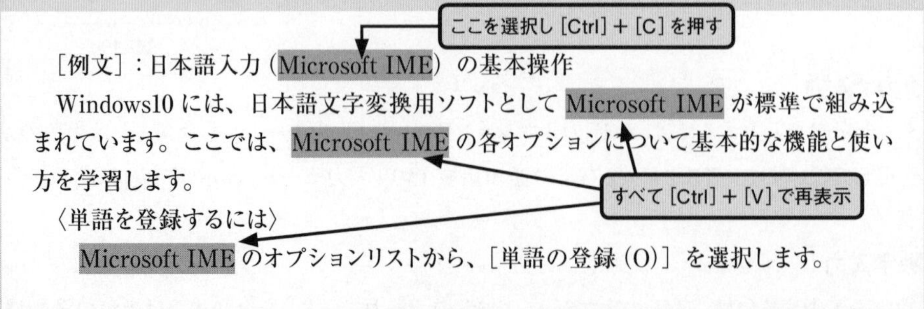

ここを選択し [Ctrl] + [C] を押す

［例文］：日本語入力（Microsoft IME）の基本操作

Windows10 には、日本語文字変換用ソフトとして Microsoft IME が標準で組み込まれています。ここでは、Microsoft IME の各オプションについて基本的な機能と使い方を学習します。

〈単語を登録するには〉

Microsoft IME のオプションリストから、［単語の登録 (O)］を選択します。

すべて [Ctrl] + [V] で再表示

図2.103

例文の中には「Microsoft IME」という文字が4箇所ありますが、次の方法を活用すると入力作業が素早くできます。
① 最初の「Microsoft IME」をマウス操作で範囲を指定し、キーボードの［Ctrl］キーを押しながら［C］を押します。これで、一時的に記憶されます。
② 入力したい場所にマウスポインターを移動し、キーボードの［Ctrl］キーを押しながら［V］を押すと、記憶されている文字列が表示されます。
※この機能は、Word、Excel、PowerPointのすべてに使用できます。

〈印刷をしてみよう〉

一番簡単なファイルの印刷方法は、印刷したいファイルを直接右クリックし、プルダウンメニューを表示させ、そこから［印刷(P)］をクリックします。これにより、プリンターソフト用の画面が表示されます。

印刷する前に、詳細な設定の確認や変更を行う場合には、次の方法で行うことができます。ここでは、Wordの印刷方法を例に説明します（ExcelやPowerPointも基本的には同様ですが、それぞれのアプリケーションソフトの機能に違いがあるので、独自の設定方法があります）。

図2.104

［ファイル］タブをクリックし、左側のメニューから［印刷］を選択すると、印刷時に必要な部数指定、印刷用紙サイズや印刷方法等のオプションが設定できるメニューが提供されます。

また、画面右側には印刷対象のプレビューが表示されます。プレビューの表示内容は、下に表示されているページ番号のものですので、ページ番号を変更することで、すべての内容を事前に確認することができます。

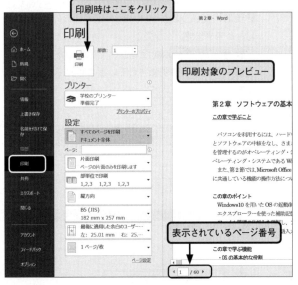

図2.105

コラム：Office 2019とOffice 365の違い

　Microsoft Officeシリーズには、本書で紹介している永続ライセンス型のOffice 2019のほかにOffice 365と呼ばれるサブスクリプションサービス（月もしくは年単位でアプリを使用する権利を支払うことで常に最新ツールが提供されるサービス）があります。
この2つの違いを述べる前に、Officeのバージョンを確認する手順を示しておきます。
1) Office アプリケーションのいずれかを開き、左側メニューの[アカウント]を選ぶ。
下の例では、Excelを起動しています。
2) 製品情報が表示されるので使用しているOfficeの製品名とバージョン情報を確認する。
　比較のため、右側にはOffice 365の画面例を示しています。また、この画面中央の［更新オプション］ボタンからは、Officeの更新情報を確認することができます。

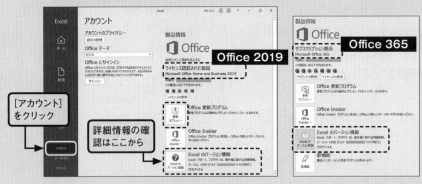

図2.106

　Office 2019は、発売した時点のOffice 365の機能をまとめたもので、Word、Excel、PowerPointの基本操作に違いはありません。大きく違うのは、契約形態です。Office 2019は、料金の支払いを済ませてから初期設定を行うことで、追加料金なしで永続的に使用できる製品です。購入後も不具合やセキュリティに関する更新プログラムは適用されますが、新機能が追加されることはありません。Office 365は、月もしくは年単位の契約料金を継続的に支払うことで、セキュリティ面だけでなく、最新の機能や新しいツールを入手することができます。
　参考までにExcel画面を並べて比較したものを示します。Office 365は、新しい機能が配信されれば順次更新されていきますので、下の画面例は最新のものとは異なる場合があります。

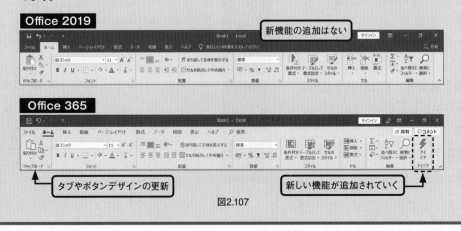

図2.107

第**3**章

Wordによる文書処理

この章で学ぶこと

　Microsoft Officeで文書作成機能を備えているソフトウェアが、Wordです。私たちの生活の中で、学校に提出するレポートやビジネスでやり取りをする書類など、文書は身近に扱うものです。Wordを使用すると、この文書を効率的に作成することができます。たとえば、表や図などを差し込んだ分かりやすい文書の作成が、容易に行うことができます。

　本章では、「レポート」の作成を題材にして、Wordの基本操作を学習します。この基本操作をマスターすれば、数十ページに及ぶ研究論文の作成などにも活用することができます。

この章のポイント

文書作成について ……………………	文書とは何かを学び、レポート作成の手順と文章を書く要点について学びます。
Wordの基本操作……………………	Wordの画面の基本について学びます。
演習「レポート」について…………	「レポート」の構成を理解し、Wordのページ設定を学びます。
「1ページ目」の作成………………	文章の入力と編集方法の基本について学びます。
「2ページ目」の作成………………	SmartArtを利用した図の作成と表の挿入について学びます。
「3ページ目」の作成………………	図形描画機能を学びます。
「4ページ目」の作成………………	数式作成と段組みについて学びます。

この章で学ぶ機能

・**文字書式** …………………………	文字フォント、文字サイズ
・**段落書式** …………………………	インデント（右揃え、中央揃え、字下げ）とタブスタイルの作成・変更・適用、箇条書き・番号付け
・**ページ書式** ………………………	ヘッダー・フッター、脚注、段組み
・**表の挿入** …………………………	表の作成と編集（表の列幅変更、列幅の最適化）
・**図形の挿入** ………………………	図形の作成と編集、描画キャンバス
・**SmartArtグラフィックの利用**	説明図の典型的なスタイルの利用と編集
・**数式** ………………………………	数式の記述

この章を終えると

Wordを使って、読みやすい文書を効率的に作成することができるようになります。

3.1 文書作成について

3.1.1 文書について

〈文書とは〉

　文書とは、文章主体の書類のことをいい、紙に文字で記録されたものを指します。情報機器の発展・普及と共に、文書はワープロ（ワードプロセッサー）を用いて作成されるのが一般的となりました。ISO9000*では、文書とは「情報およびそれを保持する媒体」と定義し、コンピューターで作成・記録された文書ファイル一般のことを指します。これらをまとめると、文書とは、「情報を伝達するための文章主体の記録（媒体）」であると、現代的に表現することができます。

　もともと、ワープロはタイプライターが発展した活字印字システムでしたが、現在では、その機能をコンピューター上で実現したソフトウェア（プログラム）として活用されています。ちなみに、文章の装飾機能をもたないテキスト編集機能中心のソフトウェアは、テキストエディターと呼ばれます。

　Microsoft Officeのアプリケーションソフトでは、Wordがワープロソフトの役割を果たします。Wordは利用者も多く、その利用者の意見を反映しながら改良され続け、現在のワープロソフトの事実上の標準となっています。

〈理想的な文書〉

　文書の目的は情報伝達ですので、理想的な文書は、伝えたい情報が正しく相手に伝わるものでなければなりません。そのためには、読み手に誤解を生じさせない文章を書くことも大事ですし、文字だけでは伝わりにくい情報を図や表などを効果的に活用する工夫も必要となります。

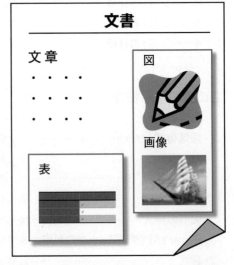

　Wordには、文字に対する活字印刷上の機能だけではなく、図や表などを作成し、それらを見やすくするための編集・装飾機能も備わっています。

　Microsoft Officeのアプリケーションソフトには、表の作成や表中に用いる数値を計算する機能に長けているExcelもあります。ソフトウェアには、それぞれの長所がありますが、他のソフトウェアで作成した図や表なども、Wordの中に挿入することが可能です。これらの機能を効果的に活用して、理想的な文書を作成することを目指してください。

　コンピューターの発展とともに、さまざまな機能がこれからも加わっていくことと思いますが、どれほど機能が発達しても、それらを使うのは皆さん自身です。また、そのような機能を駆使して作成された文書を読むのは私たち人間です。これからますます、コンピューターは発展・改良されていきますが、情報伝達を必要とする私たち自身が、文章に

＊ ISO9000シリーズとは、ISO（国際標準化機構）による品質マネジメントシステムに関する規格の総称です．その中核をなす規格はISO9001で、関連の規格が9000番台である物が中心になっているので、まとめてISO9000シリーズと呼ばれています．

ついての教養を深めることが、理想的な文書を作成するための根幹となります。多くの文章（文書）を読み、それらの良さを理解し、自分のものとできるようになりたいものです。

3.1.2 レポート作成の手順

文書には、官公庁などが作成する法律や契約が文書に記録される公文書（こうぶんしょ）や、個人の間でやり取りされる契約書や手紙などの私文書（しぶんしょ）、書籍、雑誌、新聞など紙媒体のものから、Webページや電子書籍やソースコード（コンピュータを動かす指令）など電子媒体のものまで多岐にわたります。

本章では、皆さんがさまざまな場面で作成することになるレポートの作成を課題例として、Wordの機能を学習していきます。ここでは、レポート作成の手順を示しておきます。今後の参考としてください。

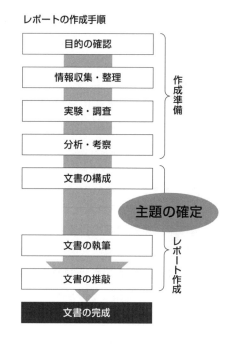

1) 目的の確認：実験や調査をする目的を明確にします。
2) 情報の収集・整理：実験や調査の方法や過去の実験や調査の結果を事前に調べておきます。
3) 実験・調査の実施と分析：実際に実験や調査を行い、その結果を分析します。
4) 分析結果の考察：実験や調査の結果や分析に対する評価を行います。
5) レポートの構成・執筆：主題を確定し、実験や調査の方法と結果、その考察をまとめます。
6) 推敲：主題が正確に伝えられているかどうかを検討します。

3.1.3 文章を書く要点

文章は、文書の大半を占めることになります。文書の中心となる要素ですので、正確に情報を伝えるものでなければなりません。そのためには、何度も文章を書き、他者からの批評を聞く機会を経験することが大事です。でも、次の要点を押さえておくだけでも、読み手が理解しやすい文章に近付くことができます。

1) 形式の統一：見出しや文体を揃える。
2) 明解な文章：単文、箇条書きの利用。句読点や修飾語の位置。
3) 視覚的情報：図や表の作成。
4) 校閲：読み返して間違いを確認する。

> **メモ：「文体」について**
>
> 文体には、語尾が「です・ます」で終わる敬体と、「だ・である」で終わる常体とがあります。本書では「敬体」を採用していますが、レポートなどでは、「常体」を用いるのが一般的です。

1) と3) については、本書での「レポート」の作成例をとおして、学んでいくことができます。2) と4) については、何度も繰り返して文章を作成していくうちに、身につけていくことができるでしょう。ただ、自分で書いた文章は、なかなか間違いに気付きにくいものです。できれば、誰かに読んで批評を聞いてみることをお勧めします。また、最低限、文字入力の間違いや表記ゆれは避けたいものです。ワープロソフトのチェック機能 (p.107のポイント参照) なども活用して、文章校正を行うとよいでしょう。以下に、2) についての例をいくつか示しておきます。

〈明解な文章作成のポイント〉

　明解な文章とは、読み手に誤解を生じさせない文章を指します。読み手に誤解を生じさせないためには、単文で表現することで、主語と述語の対応を明確にすることが基本です。たとえば、以下の文章を読んでみてください。

私たち行楽弁当開発チームは、秋の試作弁当に対して皆さまから頂いたご意見を参考に、来年の春の行楽弁当の構成・価格・商品名を決定するためのチームミーティングを重ねた結果、次の9種類の行楽弁当を販売することに決めましたので、これまでご協力いただいた地域の方々へ試食会を開催する運びとなりました。

　上の文章は4行に渡っていますが、たったの一文 (143文字もあるのに) で構成されています。このように、一文が長すぎると、主語と述語の対応が分かりにくくなり、読み手は何度も読み返すことになりかねませんし、場合によっては誤解に気付かないまま、次の文へ読み進めてしまう恐れがあります。

　上の文章で一番主張したいことは、「地域の方々への試食会のお知らせ」ですね。単文で表現すると、「行楽弁当開発チームは、開発にご協力いただいた地域の方々へ試食会を開催します」となります。そのほかの情報は、「行楽弁当開発の流れ」と「行楽弁当開発にあたって決定したこと」です。これらの情報は、試食会への参加に興味をもってもらうために必要と考えるなら、案内文に記載してもよいのですが、一番主張したいことがあいまいになってしまうような文章は避けたいものです。

　一般的には、一番主張したいことを文章の先頭に配置し、それを補足する文は後回しにします。そうすることで、読み手に誤解を生じさせることなく、補助的な情報の位置付けも分かりやすく伝えることができます。箇条書きなども利用するとよいでしょう。

　明解な文章を作成するためのもう一つのポイントは、句読点や修飾語の位置に注意を払うことです。句読点は、文章を声に出して読むときに、調子を整える箇所に対応します。ですから、句読点の間隔が長い文は、長ゼリフを一息で読んでいるようなものです。ベテランの俳優さんでもなければ、見ていてハラハラするだけで、セリフを聞いていてもその内容は、まったく頭の中に入ってきませんね。自分で書いた文章は、音読して確認すると良いでしょう。

　また、句読点や修飾語の位置が変わるだけで、文章の意味が変わってくることがあります。裏を返せば、句読点がなければ、2通りの解釈ができる文章になってしまうのです。たとえば、

　　　　　ニュートンは、木から落下するリンゴを観察した。
なら、よく耳にするニュートンの場面を思い浮かべますが、
　　　　　ニュートンは木から、落下するリンゴを観察した。
とすると、ニュートンは木の上から観察しているようにも受け取ることができます。また、

　　　　　木から落下するリンゴをニュートンは観察した。
と修飾語の位置を変更しても文章に誤解は生じませんが、句読点のない文（長ゼリフ）になってしまいますし、主語の登場が遅く、主張したいことが読み手に伝わりにくくなってしまいます。

　文学作品では、さまざまな表現法を用いて、読み手の興味を引き付けたりしますが、皆さんが学校や会社で作成する文書は、「読み手に誤解を生じさせない明解な文章」であることが基本です。なるべく短い単文で、正しい句読点と修飾語の位置となっているかを確認するようにしましょう。

〈捏造（ねつぞう）と剽窃（ひょうせつ）〉

　本節を終えるにあたって、皆さんに気を付けてほしいことが一点あります。学校や会社などに提出する文書には、作成者の責任が生じるということです。

　見出しにある1つ目の「捏造」の意味は分かりますよね。事実に基づいていない内容を記述して、その文書を提出してしまうと、犯罪となってしまう場合があります。法律に抵触しない場合でも、皆さん自身の信用を、自らおとしめてしまう行為です。

　レポート課題の提出期日が迫っても、安易な考えを抱かないようにしましょう。「レポート作成の手順」で示したように、文書を執筆する前の「作成準備」も、文書作成のための重要な手続きです。提出期日に向けて入念な作成計画を立て、文書を執筆前の準備も怠らないようにしましょう。

　皆さんは、もう1つの「剽窃」という言葉を聞いたことはありますか。剽窃とは、
　　「不適切な方法で、他人の書いた文章を写す行為」
を指します。『ううーん。分かりにくい。Webで調べてみるか。・・・いい表現があったぞ。では、改めて、剽窃とは、
　　「○○○などのように、○○○する行為」
である』と、調べた結果をそのまま書き写してしまうと、剽窃行為に該当してしまいます。

　文書を提出すると「作成者の責任が生じる」と述べましたが、責任の発生と同時に、その文書に対する権利を作成者が持つことになります。著作権などの知的財産権は会社や出版社など譲渡されている場合もありますが、「文書作成に対する貢献」は作成者に帰属されます。

　現代のように、インターネットでの検索が当たり前になった世の中では、あらゆる著作物に触れる機会が増えています。それらWeb上の著作物にも、「作成者の権利」が発生していることに注意する必要があります。情報機器の発達した現在では、Web上でさまざまな著作物に触れる機会が増えています。文章のみならず、図や画像、動画、音楽なども著作物です。それらすべてのものに「作成者の権利」が付帯し、それらを保護するための法律が適用されることを理解しておきましょう。

　「レポート作成の手順」には、「情報の収集や整理」が含まれています。関連する過去の成果を調

査して、自分が発表する成果との関係を示すことが大事だからです。でも、調査した過去の成果の一部を利用する場合には、その参考元をはっきりと示す必要があります。また、文章の途中で、過去の著作物の表現を引用する場合にも、その引用元を明確に示す必要があります。出典を明記せずに、自分の文章の一部に借用してしまったり、自分の成果の一部と誤解されるような表現をしてしまうと「剽窃行為」とみなされます。文書を作成するときには、注意しましょう。

参考にしたものを示す方法は、研究分野ごとに慣例があり、文書を公表する出版社やWebサイトで決められている場合がほとんどです。皆さんが文書を発表する場面ごとに、参考にしたものを記載する方法を確認するようにしましょう。

※メモ： 「出典の記載」について

出典の記載方法（項目の順序や書体など）については、文書の掲載元ごとに定められています。記載する項目は、以下の情報が一般的です。
- 書籍：著者名・タイトル・出版社・出版年
- 論文：著者名・タイトル・掲載誌・掲載ページ・発行年
- webページ：著者名・タイトル・URL・アクセス年月日

 ここでちょっと調べて考えてみよう！

桃弓：今日のリテラシーで、「捏造と剽窃」について勉強したわ。

十朗：前に、著作権について学んでいたね。たとえ文章の一部であっても、元の文章を書いた人の著作権を考えておく必要があるんだ。

桃弓：でも、出典を明記すれば大丈夫なんだよね。

十朗：そうだね。じゃあ、誰が書いたかわからないけど、ネットでいい文章を見つけたとき、桃弓はどうする？

桃弓：ううん・・・

≪第1章を振り返るなどして、どうすればよいかグループで話し合ってみよう！≫

第3章1節をふりかえって

学習の確認

●文書について
  1. 文書とは、文章主体の記録である。
  2. 図や表などを利用して、伝えたい情報を正しく相手に伝わるように作成すべきである。
●レポート作成の手順
  1. 準備段階の作業も重要である。
     目的の確認、情報収集・整理、実験・調査の実施と分析・考察
  2. 執筆前に主題を確認し、何度も推敲すること。
●文章を書く要点
  形式を統一し、明解な文章作成に努める。

文書が「情報を伝達するための文章主体の記録」であることを理解し、レポート作成の基本を学習しました。

演習問題 1

下の文章は、「情報リテラシー」の講義後に学生が書いた「講義の感想文」です。本節の内容を参考にして、「明解な文章」となるように推敲してください。

　著作権についての話を聞いて、コピペって簡単にできるので便利だと思っていたけど、ちゃんと考えないといけない問題だとわかった。レポートを書くときなんかは、ネットで探すと参考になるようなページがいっぱいあって便利だから、コピペして使ってたけど、それが不正行為として処罰されちゃうこともあるって聞いてびっくりだった。確かに自分が頑張って書いたレポートを友達が勝手にコピペして、さも自分が書いたかのように先生に提出したら頭にくるだろうなと思った。今まで、レポートを書くときは自分の考えだけではあんまり書くことがなくて困ってたけど、ネットの情報も正しいものばかりではないという話もなるほどと思った。だから本をたくさん読まなければいけないと思いました。先生が他の人が書いた論文や本の内容を自分のレポート内に書くときには、ちゃんと引用ってわかるようにしなさいって言ってたので、そうしようと思った。でも直接引用とか間接引用とか、出典の書き方とか正直めんどくさいなって思う。

93

3.2 Wordの基本操作

コンピューター上に表示されるWordの画面を確認しながら、Wordを使用した文書作成の手順を学習しましょう。

3.2.1 Wordの初期画面

Wordを起動すると、図3.1のような画面が表示され、さまざまなテンプレート（文書のひな型）が用意されていることが分かります。ここでは、Wordの基本的な操作を学ぶために、先頭にある「白紙の文書」を選択（クリック）します。

図3.1

すると、図3.2のように、これから文書を作成する画面に切り替わります。画面の各部分の名称を記載しておきますので、これから学ぶ操作の説明の参考にしてください。

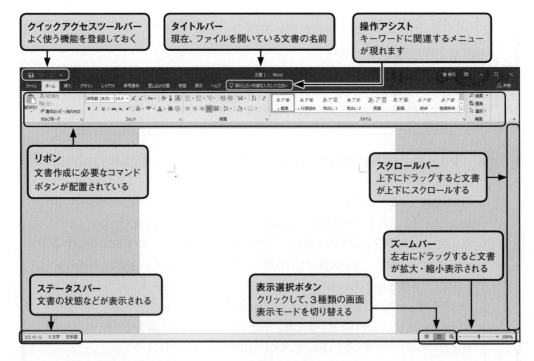

図3.2

3.2.2 Wordのリボンとタブ

〈Wordのリボン〉

　前章で、リボンの概要が紹介されています。実際は、アプリケーションソフトにより、その構成内容が異なります。ここでは、Wordの代表的なリボンについて見ていきます。

　実生活でも、文章を書くときは机の上に筆記用具やノートや辞書を、絵を描くときには絵の具や画用紙などを、工作をするときにはハサミやのりや模造紙などを準備することでしょう。さらに、このような作業をよくする人は、机の引き出しに、これらの道具を同時に使用するもの同士を近くに整理していることでしょう。

　このような整理の仕方は、コンピューターのアプリケーションソフトでも同様です。起動したソフトウェアごとに、よく用いられるコマンド類がグループ化されて整理されています。

　Wordのリボンでは、文書作成や文書処理に必要な機能が、それを使用する場面を想定して、リボンにまとめられています。

　図3.3のように、リボンは、タブ、グループ、コマンドボタンの3要素から構成されています。

〈Wordのタブ〉

　Wordのリボンには、文書作成や文書処理の場面を想定した9つのタブが、標準的に準備されています。文書作成時に使用する文字の書体や文章のスタイルを決める［ホーム］タブに始まり、図や表の作成時の操作をまとめた［挿入］タブに続きます。この9つのタブ以外にも、操作の内容に応じて、追加のタブが表示されます。

　本章の課題である「レポート」作成を通して、リボン上のタブにある機能を体験していきます。その結果、文書作成で使用する基本的なボタンの位置を自然と覚え、その機能を身につけていくことができます。

　タブをクリックすると、タブが切り替わり、リボンの内容が変化します（図3.4）。Wordの操作

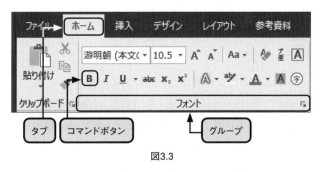

図3.3

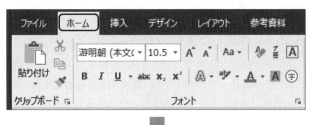

図3.4

に慣れてくれば、現在表示されているタブに使用したい機能が見当たらないとき、タブを切り替えながら目的とする機能を探し出すようになっていきます。

3.2.3 Wordを使って文書を作成する手順

ここでは、文書を作成するときの大まかな流れを紹介します。次節から、実際にWordを使用して、これらの操作を学習します。

1) 文書全体の設定：用紙の大きさなどの文書全体に関わる操作（3.3節）
2) 文章の入力：文字を入力する操作（3.4節）
3) 文章の編集：文字の強調や見出しなどの操作（3.4節、3.7節）
4) 図や表の挿入：文章を補足する図や表に関する操作（3.5節、3.6節）
5) 文書の体裁の整形：文書のページ番号など、最終調整をする操作（3.6節）
6) 文書の保存：作成した文書を保存し、印刷を行う操作（2章）

以上が、文書を作成するときの大まかな流れです。本章の課題の「レポート作成」も、同様の手順で進めていきます。上の括弧にある節で、対応する操作の詳細を学習していきます。

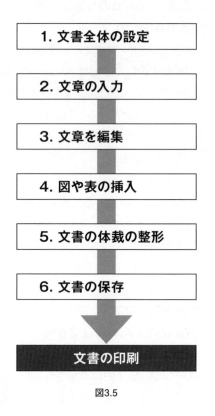

図3.5

3.2.4 作成した文書の保存について

文書の作成中は、必ず「ファイル」を保存しましょう。特に、文書の体裁の整形や推敲を行うときには、その前後でファイル名を一部変更して保存しておくと良いでしょう。なぜなら、文書の体裁は、その目的に応じて元に戻したくなる場合もありますし、推敲を重ねるうちに、以前の表現を参考にしたくなる場合も出てきます。最近のパソコンの保存領域（ファイル容量）は十分に確保されていますので、一つの作業が終わるごとに「文書を保存する」ことをお勧めします。

この習慣を身に付けておくことで、操作を間違えたときなどに、文書を失ってしまう危険性を防ぐことができます。たった一つのキータッチミスから、「すべての作業をはじめからやり直さなくてはならない」といった事態は避けたいものです。

次節の学習から、さっそく「文書の保存」を行ってください。「文書の保存」と「文書の印刷」の操作については、第2章の「2.2 アプリケーションソフトの共通基本操作」に説明があります。

3.3 演習「レポート」について

　Wordのさまざまな機能を使う練習を、実際のレポートを作成しながら体験していきます。作成する「レポート」は、ページごとにWordの代表的な機能を使用していく構成になっています。

3.3.1 「レポート」の構成

　これから作成する「レポート」は、次のような4ページで構成されています。
　　1ページ目：文章を入力・編集するときに、基本となる機能を学習します。
　　2ページ目：情報を視覚的に表現するためのSmartArtグラフィック機能と情報を整理するための表の作成法を学習します。
　　3ページ目：主に、自由に図を描画する方法について学習します。
　　4ページ目：主に、数式を入力する方法について学習します。

　作成する「レポート」のページごとに、これ以降の節は進んでいきます（図3.6）。そして、各節の最初の項では、それぞれの節で使用するWordの機能を紹介しています。実際にWordを使いながら、これらの操作を身につけていってください。

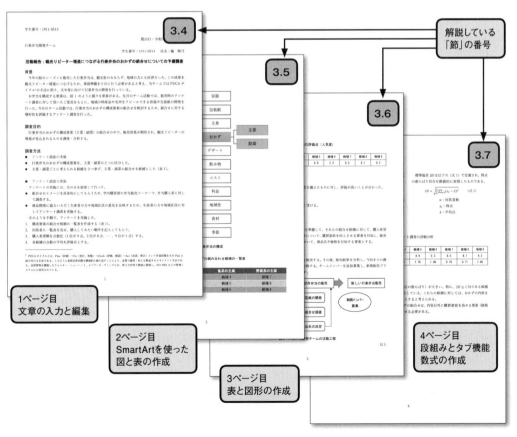

図3.6

１ページ目

学生番号：1911-0513

提出日：令和元年 6 月 30 日

行楽弁当開発チーム

学生番号：1911-0513　　氏名：楡　桃弓

活動報告：観光リピーター増進につながる行楽弁当のおかずの組合せについての予備調査

背景

　今年の桜のシーズンに販売した行楽弁当は、観光客のみならず、地域の方にも好評だった。この成果を観光リピーター増進につなげるため、事前準備を十分に行う必要があると考え、当チームでは PDCA サイクル[1]の手法に則り、次年度に向けて行楽弁当の開発を行っている。

　お弁当を構成する要素は、図 1 のように様々な要素がある。先月のチーム活動では、販売時のアンケート調査に対して頂いたご意見をもとに、地域の特産品や名所をアピールできる容器や包装紙の開発を行った。今月のチーム活動では、行楽弁当のおかずの構成要素の組合せを検討するため、組合せに対する嗜好性を評価するアンケート調査を行った。

調査目的

　行楽弁当のおかずの構成要素（主菜・副菜）の組合せの中で、販売効果が期待され、観光リピーターの増進が見込まれるものを調査・分析する。

調査方法

- ■　アンケート調査の準備
- ●　行楽弁当のおかずの構成要素を、主菜・副菜の 2 つに区分した。
- ●　主菜・副菜ごとに考えられる候補を 3 つ挙げ、主菜・副菜の組合せを候補とした（表 1）。

- ■　アンケート調査の実施
　アンケートの実施には、次の点を留意して行った。
- ●　組合せのイメージを具体的にしてもらうため、学内購買部の弁当販売コーナーで、弁当購入者に対して調査する。
- ●　商品開発に協力いただく生産者の方や地域住民の意見を反映するため、生産者の方や地域住民に対してアンケート調査を実施する。
　次のような手順で、アンケートを実施した。
1. 構成要素の組合せ候補の一覧表を作成する（表 1）。
2. 回答者に一覧表を見せ、購入してみたい順序を記入してもらう。
3. 購入希望順を点数化（1 位が 9 点、2 位が 8 点、…、9 位が 1 点）する。
4. 各候補の点数の平均を評価点とする。

---

[1] PDCA サイクルとは、Plan（計画）→Do（実行、実施）→Check（評価、確認）→Act（改善、修正）という作業段階を次の Plan に結び付ける手法である。このように業務改善活動を継続的に繰り返すことにより、品質の維持・向上を推進するマネジメント手法である。品質管理を構築したウォルター・シューハート、エドワーズ・デミングらが、第 2 次世界大戦後に提唱し、ISO 9001 などの管理システムにも採用されている。

1

図3.7

2ページ目 (☞色は口絵1ページ参照)

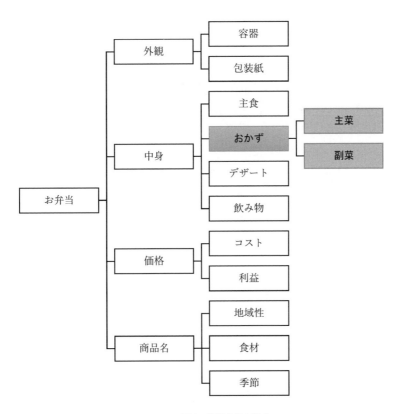

図1 行楽弁当の構成

表1 行楽弁当のおかずの組み合わせ候補の一覧表

	肉系の主菜	魚系の主菜	野菜系の主菜
季節物の副菜	候補1	候補4	候補7
和風の副菜	候補2	候補5	候補8
洋風の副菜	候補3	候補6	候補9

図3.8

3ページ目 （☞色は口絵2ページ参照）

学生番号：1911-0513

調査結果と分析

■ アンケートの集計結果

各候補の評価点を以下の表2にまとめる。

表2　組合せ候補の評価点（人気度）

組合せ候補	候補1	候補2	候補3	候補4	候補5	候補6	候補7	候補8	候補9
評価点	3.2	5.3	3.7	2.8	4.9	2.3	8.5	8.1	6.2

■ 分析結果

準備する行楽弁当の候補として、次のような要素を備えたものに対し、評価が高いことが分かった。
- 健康志向の「野菜系」の主菜であること。
- 副菜については、「和風」の評価が高い。
- 「季節物」の副菜は、主菜の要素の影響を強く受ける。

考察と今後の展望

■ 改善点

今回、行楽弁当の主菜と副菜ごとに3つの特徴を準備して、それらの組合せ候補に対して、購入希望順を点数化して分析を行った。評価点の低い組合せについて、購買意欲を向上させる要素を付加し、販売効果を上げるべきであると考えた。今後の活動において、商品名や価格を付加する要素とする。

■ 今後の活動

価格と商品名を決定し、秋の学園祭で試作弁当を販売する。その後、販売結果を分析し、今回までの調査報告と合わせて、次年度の春の行楽弁当販売に反映する。チームメンバーを追加募集し、新規販売プランを策定する。本チームの活動工程を、図2に示す。

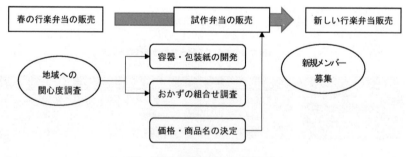

図2　行楽弁当開発チームの活動工程

以上

図3.9

3.3 演習「レポート」について

4ページ目

学生番号：1911-0513

追記
■ アンケート調査の詳細分析

今回、アンケート調査において、各候補の点数の平均を評価点とした。集計内容を詳細に分析すると、分散の大きい候補も存在した。

分散の大きい候補は、本調査で用いた項目で、おかずの内容を具体的にイメージした人は高評価を与えたが、おかずの内容をイメージしなかった人は低評価を与えたと考えられる。

そこで、アンケート調査の詳細分析を行うため、標準偏差を追加した集計結果を再掲する（表 3）。

標準偏差 SD は以下の（式 1）で定義され、得点の散らばり具合を数値的に表現したものである。

$$SD = \sqrt{\frac{1}{n}\sum_{i=1}^{n}(x_i - \bar{x})^2} \qquad (\text{式 1})$$

n：回答者数
x_i：得点
$\bar{x}$：平均点

表 3　アンケート調査の詳細分析

組合せ候補	候補 1	候補 2	候補 3	候補 4	候補 5	候補 6	候補 7	候補 8	候補 9
評価点	3.2	5.3	3.7	2.8	4.9	2.3	8.5	8.1	6.2
標準偏差	1.70	1.76	1.61	1.45	1.76	1.46	0.76	0.71	1.60

■ 得点の散らばり具合についての考察

予想通り、評価点の低い候補は、標準偏差（得点の散らばり）が大きい。特に、$SD \geq 1.70$である候補 1、2、5 は、様々な得点をつけた人がいることを示している。これらの候補に対しては、おかずの内容をイメージしやすい商品名をつければ、評価点が向上すると考えられる。

一方で、評価点が低く、標準偏差の小さいおかずの組合せは、内容以外に購買意欲を高める要素（価格や商品名）を付加することで、販売効果を向上させる必要がある。

参考：調査人数（計 418 人）
● 学校の購買部での調査：342 人
● 特産品の生産者への調査：17 人
● 地域住民への調査：59 人

4

図3.10

3.3.2 「レポート」のページ設定

本章で作成する「レポート」の概要は、イメージできましたか？次節以降、この「レポート」をページごとに作成していきますが、その前に、用紙の大きさや文字を書き進める方向（縦書きか横書きか）などのレポート全体の書式形式を定める必要があります。本項では、各ページの作成に入る前に、文書全体の準備をしておきます。

新規文書をオープンしてください（参照：「3.2 Wordの基本操作」）。

〈ページ書式の設定〉

用紙のサイズや余白の設定など、文書全体に共通する書式を設定します。Wordの通常の表示は印刷時の仕上がりを想定したもの（印刷レイアウト）になっていますので、文書作成の開始時に全体の設定をしておくと、仕上がりを確認しながら作業を進めることができます。このため、文書作成途中でも設定を変更することができますが、文書作成の最初に設定することを勧めます。

Wordのリボンの中から［レイアウト］のタブを選択し、次のようにページ書式を設定します。

文字列の方向：横書き
余白　　　　：やや狭い（上下は25.4mm、左右は19.05mm）【この内側に文書が印刷されます】
印刷の向き　：縦【用紙の方向】
サイズ　　　：A4【用紙の寸法の国際規格に基づいた大きさ】

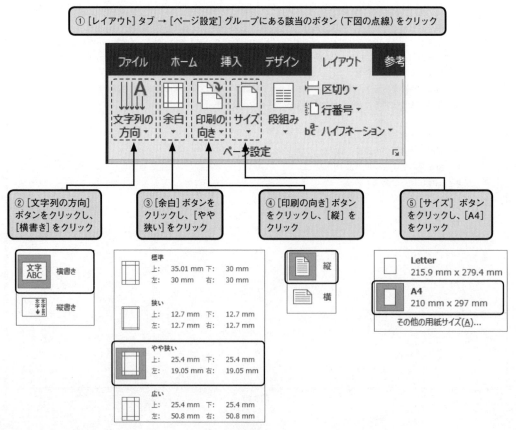

図3.11

3.3 演習「レポート」について

　これで、ページ書式の設定は完了しました。内容を確認してみましょう。［レイアウト］のタブの中の、［ページ設定］グループの右下の矢印をクリックします。すると、［ページ設定］ダイアログボックスが表示されます。ダイアログボックス内のタブをクリックして、先ほどの設定が適用されていることを確認しましょう。確認後、［キャンセル］ボタンをクリックしてください。

　［文字数と行数］タブ　：文字列の方向
　［余白］タブ　　　　　：上下左右の余白と印刷の向き
　［用紙］タブ　　　　　：用紙サイズ

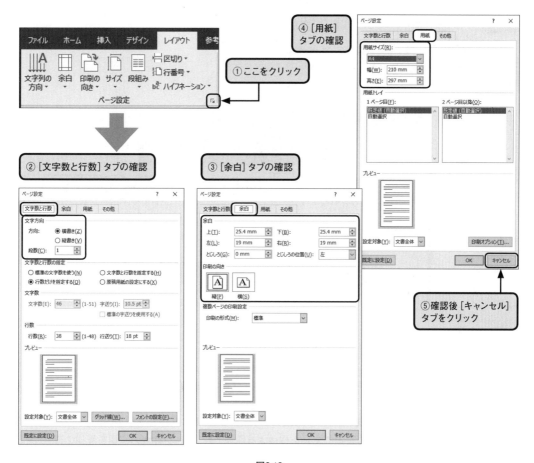

図3.12

ヒント！　ボタンの機能が分からないとき

ボタンの上にカーソルを置くと、ボタンの機能と説明が表示されます。それでも見慣れない機能であれば、パソコンがインターネットに接続されていれば、下にある［詳細情報］を押すと、その機能の詳細の説明が表示されます。

103

〈文字フォントの設定〉

　Wordの文字フォントの基本設定は「游明朝」、文字サイズは「10.5ポイント」となっています。文字フォントの確認をしましょう。

① ［ホーム］タブに表示されているフォントを確認。
② ［フォント］グループの左上の窓の右側の▼をクリックし、「游明朝」であることを確認。
③ さらに、右側の窓で、文字サイズが「10.5pt」であることを確認。

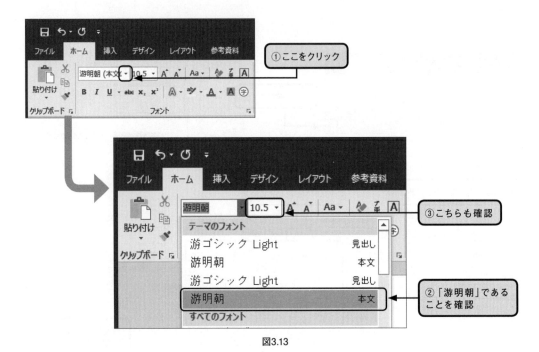

図3.13

> **ポイント ➡ ページレイアウトの設定は、文書作成の最初で行う**
>
> 　ここで行った文書全体の書式設定（用紙サイズ、余白など）は、文書作成のなるべく早い段階で行いましょう。標準の設定で文書を作成する場合でも、ページ書式の確認を最初に行う習慣をつけましょう。

> **ポイント ➡ 文字書式は［ホーム］タブ、ページ書式は［レイアウト］タブ**
>
> 　フォントの種類や大きさなど、文字自体に関わる設定は、［ホーム］タブのボタンで行います。文字の色や下線などの装飾も、［ホーム］タブの［フォント］グループの中にあります。
> 　文書全体の設定に関わる編集ボタンは［レイアウト］タブにあります。本節で用いた機能以外のものは、本章の後半で解説します。

3.4 「1ページ目」を作成しよう

3.4.1 「1ページ目」で使用するWordの機能

「1ページ目」では、文書を作成するときの基本的な機能を学習します。

ⓐ 文章の入力

ⓑ 文章の編集（1）：文字の配置、箇条書きと番号付け、インデントの設定

ⓒ 文章の編集（2）：「スタイル」の適用

ⓓ 脚注の挿入

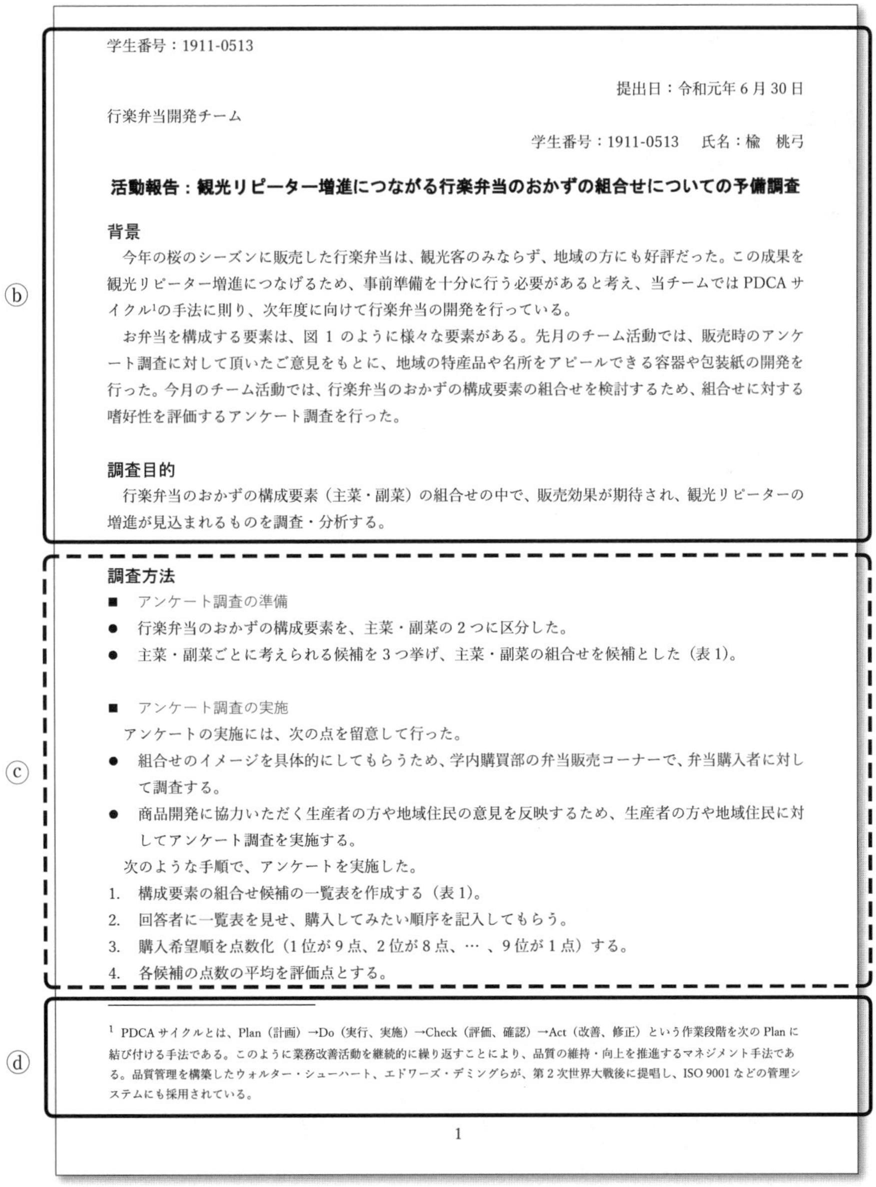

学生番号：1911-0513

提出日：令和元年 6 月 30 日

行楽弁当開発チーム

学生番号：1911-0513　　氏名：楡 桃弓

活動報告：観光リピーター増進につながる行楽弁当のおかずの組合せについての予備調査

背景

　今年の桜のシーズンに販売した行楽弁当は、観光客のみならず、地域の方にも好評だった。この成果を観光リピーター増進につなげるため、事前準備を十分に行う必要があると考え、当チームでは PDCA サイクル[1]の手法に則り、次年度に向けて行楽弁当の開発を行っている。

　お弁当を構成する要素は、図 1 のように様々な要素がある。先月のチーム活動では、販売時のアンケート調査に対して頂いたご意見をもとに、地域の特産品や名所をアピールできる容器や包装紙の開発を行った。今月のチーム活動では、行楽弁当のおかずの構成要素の組合せを検討するため、組合せに対する嗜好性を評価するアンケート調査を行った。

調査目的

　行楽弁当のおかずの構成要素（主菜・副菜）の組合せの中で、販売効果が期待され、観光リピーターの増進が見込まれるものを調査・分析する。

調査方法

■　アンケート調査の準備

●　行楽弁当のおかずの構成要素を、主菜・副菜の 2 つに区分した。

●　主菜・副菜ごとに考えられる候補を 3 つ挙げ、主菜・副菜の組合せを候補とした（表 1）。

■　アンケート調査の実施

　アンケートの実施には、次の点を留意して行った。

●　組合せのイメージを具体的にしてもらうため、学内購買部の弁当販売コーナーで、弁当購入者に対して調査する。

●　商品開発に協力いただく生産者の方や地域住民の意見を反映するため、生産者の方や地域住民に対してアンケート調査を実施する。

　次のような手順で、アンケートを実施した。

1.　構成要素の組合せ候補の一覧表を作成する（表 1）。

2.　回答者に一覧表を見せ、購入してみたい順序を記入してもらう。

3.　購入希望順を点数化（1 位が 9 点、2 位が 8 点、…、9 位が 1 点）する。

4.　各候補の点数の平均を評価点とする。

---

[1] PDCA サイクルとは、Plan（計画）→Do（実行、実施）→Check（評価、確認）→Act（改善、修正）という作業段階を次の Plan に結び付ける手法である。このように業務改善活動を継続的に繰り返すことにより、品質の維持・向上を推進するマネジメント手法である。品質管理を構築したウォルター・シューハート、エドワーズ・デミングらが、第 2 次世界大戦後に提唱し、ISO 9001 などの管理システムにも採用されている。

1

図3.14

3.4.2　文章の入力

　それでは、文章の入力を始めましょう。文章の体裁を整えながら入力していくよりも、ある程度、文字を入力した後で、まとめて体裁を整えるほうが効率的ですし、文書全体の体裁も統一されます。

　それでは、1ページ目の文字を最後まで入力しましょう。文字入力の際には、次のことに注意してください。

- ・文字フォントが「游明朝」、文字サイズが「10.5ポイント」となっているかを、［ホーム］タブで確認してから入力します。
- ・段落単位で（文章の区切りごとに）文字を入力し、［Enter］キーを押します。［Enter］キーを押すと文が改行され、文末に改行マーク「↵」が表示されます。
- ・上から7行目にある「PDCAサイクル」の後ろにある「1」と、1ページ目の最後にある「1 PDCA…」の文章（脚注）は、この時点では入力しなくてもかまいません（図3.14 参照）。

〈入力文章の確認〉

　文書の入力例は、図3.15です。文字が正しく入力されていることと、［Enter］キーが所定の位置に入っていることを確認したら、文書を保存してください。

提出日：令和元年6月30日↵
行楽弁当開発チーム↵
学生番号：1911-0513・□氏名：楡口桃弓↵
活動報告：観光リピーター増進につながる行楽弁当のおかずの組合せについての予備調査↵
背景↵
今年の桜のシーズンに販売した行楽弁当は、観光客のみならず、地域の方にも好評だった。
この成果を観光リピーター増進につなげるため、事前準備を十分に行う必要があると考え、
当チームではPDCAサイクル・の手法に則り、次年度に向けて行楽弁当の開発を行っている。↵
お弁当を構成する要素は、図1のように様々な要素がある。先月のチーム活動では、販売
時のアンケート調査に対して頂いたご意見をもとに、地域の特産品や名所をアピールでき
る容器や包装紙の開発を行った。今月のチーム活動では、行楽弁当のおかずの構成要素の
組合せを検討するため、組合せに対する嗜好性を評価するアンケート調査を行った。↵
↵
調査目的↵
行楽弁当のおかずの構成要素（主菜・副菜）の組合せの中で、販売効果が期待され、観光
リピーターの増進が見込まれるものを調査・分析する。↵
↵
調査方法↵
アンケート調査の準備↵
行楽弁当のおかずの構成要素を、主菜・副菜の2つに区分した。↵
主菜・副菜ごとに考えられる候補を3つ挙げ、主菜・副菜の組合せを候補とした（表1）。↵
↵
アンケート調査の実施↵
アンケートの実施には、次の点を留意して行った。↵
組合せのイメージを具体的にしてもらうため、学内購買部の弁当販売コーナーで、弁当購
入者に対して調査する。↵
商品開発に協力いただく生産者の方や地域住民の意見を反映するため、生産者の方や地域
住民に対してアンケート調査を実施する。↵
次のような手順で、アンケートを実施した。↵
構成要素の組合せ候補の一覧表を作成する（表1）。↵
回答者に一覧表を見せ、購入してみたい順序を記入してもらう。↵
購入希望順を点数化（1位が9点、2位が8点、…、9位が1点）する。↵
各候補の点数の平均を評価点とする。↵

図3.15

〈編集記号の表示〉

　図3.15中にある文末の改行マーク「↵」は、パソコンの画面上では表示されますが、実際には印刷されません。改行マークのように、印刷はされませんが、文書の体裁を画面上に表示する記号が、Wordにはいくつか用意されています。

　このような［編集記号］を表示するときは、［ホーム］タブの［段落］グループにある［編集記号の表示／非表示］ボタンをクリックします。画面に、何か変化は起こりませんでしたか？

図3.16

　そうです。空白スペースを空けていた箇所に、白抜きの四角記号「□」が現れましたね。これから、Wordのさまざまな編集機能を使用すると、それらを文書のどの部分に用いたか確認しながら、文書の体裁を整える必要を感じることでしょう。そのような時には、［編集記号］を表示した状態で編集作業を行ってください。もう一度、［編集記号の表示／非表示］ボタンをクリックすると、［編集記号］を非表示にした状態に戻すことができます。

　以下に、主な編集記号をまとめておきます。

記号	記号の名称	記号の意味
↵	改行記号	段落の終了を表す
・	半角スペース記号	半角空白を表す
□	全角スペース記号	全角空白を表す
→	タブ記号	［Tab］キー（文字揃え）が押された位置を表す
⚓	アンカー記号	図や図形が配置されている位置を表す

> **ポイント ➡ Wordにおける段落とは**
>
> 編集記号の「↵」を改行記号と呼びましたが、Wordにおいて、前の改行記号の次の文字から、次の改行記号までの文章を「段落」と定義します。当然、箇条書きなどで、1文ごとに［Enter］キーを押した場合、1文ごとが段落となります。
> これは、Wordの文書編集の基本単位を、「段落」と表現していることに対応しています。3.4.6項で、文書構造を反映したスタイル設定を行う際に、この考え方の理由が分かることでしょう。段落を変えずに改行するときは、［Shift］キーを押したまま、［Enter］キーを押します。そうすると、文末には「↓」が表示され、文が改行されます。これを「強制改行」と呼びます。

> **ポイント ➡ 赤と青の波線**
>
> Wordで文章を入力していると、入力した文字列の下に赤や青の波線が表示される場合があります。これらの波線は、Wordの［スペルチェックと文章校正］機能が自動で働き、入力ミスやスペルミスを赤の波線で、文法の誤りや表記ゆれを青の波線で知らせてくれます。
> 波線の上で右クリックすると、文章校正のヒントが表示されます。これらの波線も、編集記号と同様、印刷はされないWordの画面上だけでの表示です。
> ※「表記ゆれ」…同じ語句に異なる漢字を用いるなど、文書上で統一されていない表記のこと。

3.4.3 文書の編集

入力した1ページ目の編集をする前に、基本的な編集機能を紹介しておきます。

〈文字列や行の選択〉

　単語や文の一部（文字列）を選択するときには、マウスによる操作と、矢印キーによる操作があります。選択を解除したい場合は、選択していない任意の部分を［左クリック］してください。

- マウスで選択範囲をドラッグ：任意の長さの文字列が選択されます。
- マウスを単語内でダブルクリック：単語が選択されます。
- マウスを3回クリック：段落が選択されます。
- 矢印キーによる操作：［Shift］キーを押しながら、［→］や［←］キーを何回か押すと、カーソルが移動した範囲を選択できます。

　マウスポインタを左の余白部分に移動すると、矢印型のポインタに変化します。この状態で、［左クリック］するとその行が選択され、［左ドラッグ］すると対応する複数行が選択されます。また、矢印型ポインタの状態で、マウスを3回クリックすると文書全体が選択されます。

　この他にも、［Shift］キーや［Ctrl］キーなどとマウス操作の組合せで、さまざまな選択範囲の指定の方法があります。基本操作をマスターしたら、自分自身にとって使いやすい操作を少しずつ覚えていきましょう。

〈誤った操作を取り消す〉

　これから編集操作を練習していきますが、間違った操作を行ってしまう場合があります。そのような場合、誤った操作をする前の状態に戻す機能も、Wordには備わっています。クイックアクセスツールバーの［元に戻す］ボタンをクリックすると、直前の操作をする前の状態に戻ります。また、その隣の［やり直し］ボタンをクリックすると、取り消した操作をやり直すことができます。

　直前の操作は、その都度変化しますので、これらのボタンにマウスポインタを重ねたときに、表示される「元に戻す　○○○」や「やり直し　○○○」の後半の機能説明を確認することも大切です。これらの操作は、キー操作を行うこともでき、それぞれ「［Ctrl］キー+［Z］」や「［Ctrl］+［Y］」で行うことができます。

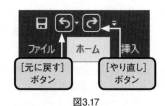

図3.17

> **ポイント　文字の置換機能**
>
> 　表記ゆれを統一したり、異なる表記にまとめて変更したりする場合に、Wordの「置換」機能が便利です。［ホーム］タブの一番右にある［編集］グループにある［置換］をクリックすると、［検索と置換］ダイアログボックスが表示されます。
> 　このダイアログボックス内で、［検索する文字列］の欄に、変更前の文字表記を入力し、［置換後の文字列］の欄に、変更後の表記を入力した後に、［すべてを置換］をクリックすると、文書内の文字列の表記を一斉に変更することができます。

3.4 「1ページ目」を作成しよう

〈1ページ目の編集〉

　Word内での編集操作は、入力した文章をどのような書式で印刷するかを定めるための作業で、「文書をどのように見せると情報を正しく、分かりやすく伝えられるか」を考える工程です。

　タイトルや見出しをはっきりとさせるためには、それらの文字のフォントやサイズを変更する必要がありますし、長い文章の部分では、図や表を挿入することで、文章理解の助けとすることができます。

　文書作成に慣れてくると、これらの編集作業を行いながら、文章の修正も同時に行い、文書の「推敲」作業も同時進行するようになります。これがワープロソフトの利点ですが、そのようにして作成した文書でも、完成後に何度も見直したり、他者からのアドバイスを受けたりすることは大切です。

　書式を定める編集方法は、大きく、2つの方法に分かれます。1つ目の方法が一般的ですが、レポートや論文などの長い文書に対しては、下の2つ目の方法も便利です。この方法では、スタイルを整理して、文書の体裁を整えることができるからです。

1) 文書の文字や段落を選択しながら、[ホーム] タブの [フォント] グループの機能を用いる。
　　・タイトル部分
　　・「背景」と「調査目的」部分
　　に適用します。

2) 文書の段落ごとに、[ホーム] タブの [スタイル] グループの書式を反映する。
　　・「調査方法」部分
　　に適用します。

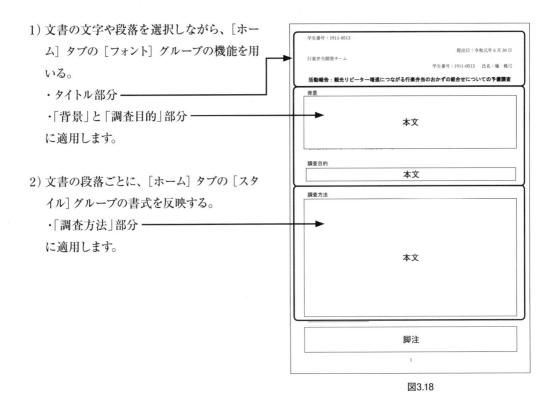

図3.18

> **メモ： 書式の種類**
>
> 　文書の体裁を編集する際に、機能が反映する部分の大きさに合わせて、書式の種類があります。
> ・段落書式　：[段落] グループのインデントや配置などは、その段落全体に反映されます。
> ・文字書式　：[フォント] グループの機能は、選択した文字列のみに反映されます。
> ・ページ書式：用紙サイズやヘッダー、フッターなどは、ページ単位で設定が反映されます。

3.4.4 「タイトル」部分の編集

レポートの「タイトル」部分を、右図のように編集しましょう。

提出日：令和元年6月30日
行楽弁当開発チーム
学生番号：1911-0513　氏名：楡　桃弓
活動報告：観光リピーター増進につながる行楽弁当のおかずの組合せについての予備調査

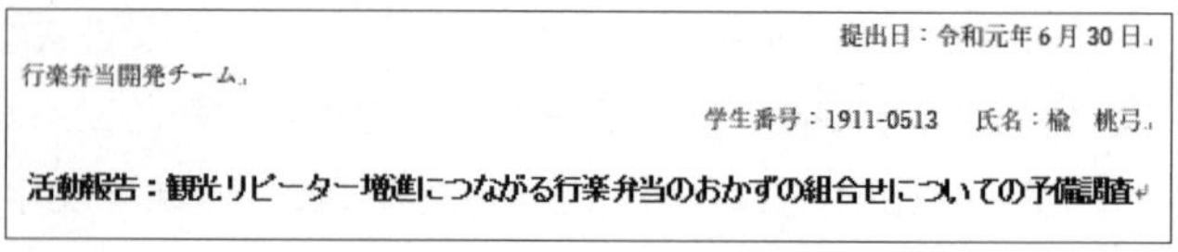

図3.19

〈文字列の配置の変更〉

［ホーム］タブの［段落］グループの機能を用います。

① 1行目の任意の場所をクリックし、［右揃え］ボタンをクリック

② 3行目の任意の場所をクリックし、［右揃え］ボタンをクリック

③ 4行目の任意の場所をクリックし、［中央揃え］ボタンをクリック

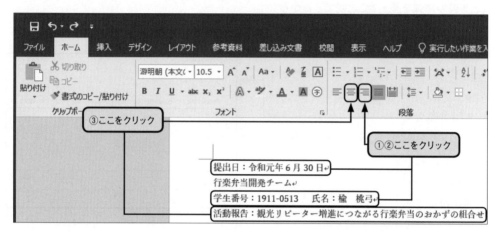

図3.20

ポイント 「左揃え」と「両端揃え」の違い

本書などの印刷文書の右端に注目してください。右端まで文章が続いている箇所では、定規を当てると、まっすぐに文字が揃っていませんか。文章中に、全角の文字（漢字や平仮名）と半角の文字（数字やアルファベット）が混ざっていると、当然、1行に入る文字数が変わってきます。このときに、句読点の後のスペースなどを調整して、文書の右端を自動で揃える体裁を「両端揃え」と言います。

これに対して、「左揃え」は、文字の間隔や句読点の後のスペースを一定に保ち、行ごとに異なる文字数となっても、文書の右側を揃えない文書体裁を指します。この書式は、原稿用紙などと同様、上下の文字がきっちりと揃う体裁を採用しています。英文を書くときに、この書式が用いられる場合があります。

3.4 「1ページ目」を作成しよう

〈タイトルの強調〉

主に、[ホーム]タブの[フォント]グループの機能を用います。

① 4行目全体を選択
② グループの先頭の[フォント]の右側の「▼」をクリックし、[MS ゴシック]を選択
③ 文字フォントの右隣の[フォントサイズ]の右側の「▼」をクリックし、[12]を選択
④ 文字フォントの下の[太字](B)をクリック
⑤ [段落]グループの[行と段落の間隔]をクリックし、[段落前に間隔を追加]を選択
⑥ [段落]グループの[行と段落の間隔]をクリックし、[段落後に間隔を追加]を選択

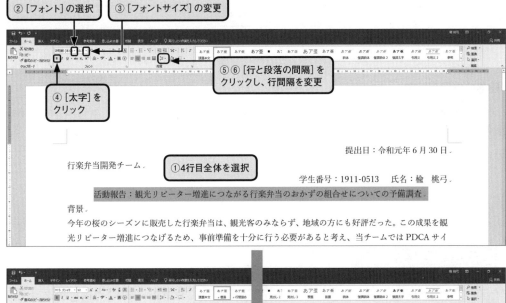
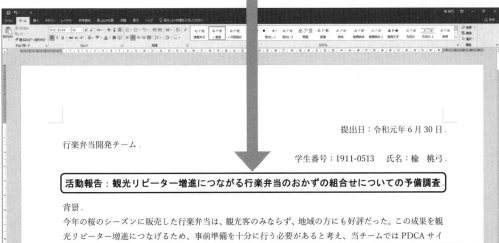

図3.21

これで、タイトル部分の編集ができました。編集後のタイトル部分を確認してください。

111

3.4.5 「背景」と「調査目的」の段落部分の編集

1ページ目のタイトルの次の部分は、見出しと文章の構造になっています。以下では、「背景」の部分に対する編集操作を説明していますが、「調査目的」の部分にも、同じ操作を行ってください。2通りの方法が示されている部分は、それぞれの段落で異なる操作を行って、同じ仕上がりになるかどうか確認してみてください。

〈見出しの設定〉

タイトルの強調とほぼ同じ操作を行います。5行目「背景」を選択し、文字書式を「MS ゴシック、12ポイント」にします。

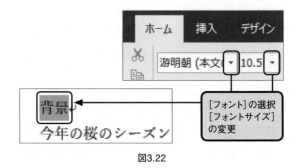

図3.22

〈段落の先頭の設定〉

段落の初めは、1文字分右にすることが、文章作成の習慣です。この「字下げ」を設定するときは、全角スペースで行うのではなく、インデントを調整することで設定します。

1)インデントマーカーを使う方法

　①［表示］タブの［表示］グループ内にある［ルーラー］をクリック
　② 対象の段落の任意の場所をクリック
　③ マウスで、右に1文字分ドラッグし、所定の位置でマウスを離す

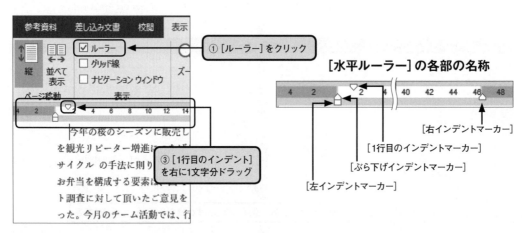

図3.23

> ✦メモ：「ルーラー」とは
>
> リボンの下に水平ルーラー、画面の左側に垂直ルーラーがあります。これらは、文書内の文字列、図や表などの要素を整列するために使用します。ルーラーをドラッグすることで、ページ余白の変更や左右のインデント幅(文頭や文末の余白)を容易に変更することができます。

2）［段落］ダイアログボックスを使う方法
　①［レイアウト］タブの［段落］グループの右下のボタンをクリック
　② 表示された［段落］ダイアログボックスの［インデントと行間隔］タブをクリック
　③ 第2項目の［インデント］の「最初の行」の欄で、「字下げ」を選択
　④「幅」の欄で、「1字」を選択
　⑤［OK］ボタンをクリック

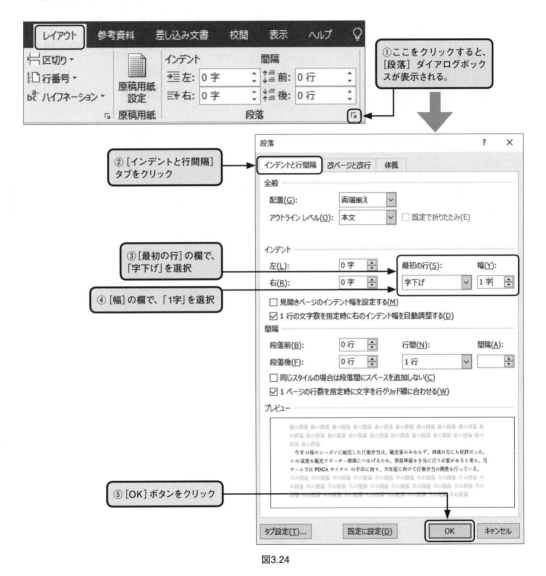

図3.24

　ここで、いったん文書の保存をしておきましょう。［ファイル］タブにある［上書き保存］をクリックしてファイルを更新してよいですし、［名前を付けて保存］を選択して、バックアップファイルを残しておいてもよいでしょう。
　3.2節の最後でも述べましたが、文書の編集中は、前の状態に戻したくなる場合もあります。作業が一段落するごとに、文書を保存する習慣をつけましょう。

3.4.6 「調査方法」部分の編集

1ページ目の残りの部分は、文書の構造が少し複雑になっています。このようなときは、ここまで行ってきたような「文書の文字や段落を選択しながら、編集機能を用いる」方法よりも、「文書の段落ごとに、スタイルの書式を反映する」方法が便利です。改めて、Wordの「スタイル」機能について学習しましょう。

〈文書の構造〉

「スタイル」機能の操作の説明に入る前に、「文書の構造」について理解しておく必要があります。文書の構造は、「階層構造」をとるものが一般的です。

本書を例にすると、現在、皆さんが読まれている「3.4.6『調査方法』部分の編集」は、「第3章 Wordによる文書処理」の「3.4『1ページ目』を作成しよう」の中の6番目の項です。つまり、本書は「章 → 節 → 項 → … 」といった「階層構造」をとっています。

本来、文章を書くときは、このような階層構造を先に定め、内容を正確に伝えるための順序を考えてから、本文を書き始めます。このように文章の構成を考える作業を、「章立て」を定めるといいます。レポートは、本書ほどの分量はありませんので、章や節を定める必要はありませんが、見出しの番号付けを行うと、相手に伝わりやすいものになります。

今作成しているレポート課題は、番号付けを行っていませんが、「背景」、「調査目的」、「調査方法」、「調査結果と分析」、「考察と今後の展望」が、第1階層の見出しになっています。

ここで編集している「調査方法」の部分には、「アンケート調査の準備」と「アンケート調査の実施」という第2階層があります。

このように、いくつかの階層構造がある文書は、「スタイル」機能を用いて編集すると、同じ階層には同じ書式を設定することが容易になります。

図3.25

〈スタイル機能〉

「スタイル」とは、文書の階層に合わせた書式をあらかじめ設定しておく機能です。「スタイル」機能は、［フォント］グループと［段落］グループで設定する書式をまとめて設定し、繰り返して使うことができます。たとえば、文書の見出しなど、何度も同じ設定を繰り返すような書式設定には、この「スタイル」機能を活用するとよいでしょう。

前項でも、「背景」と「調査目的」の部分に同じ書式設定を行いましたね。「調査目的」の部分で同じ編集作業を繰り返すとき、「背景」のときに行った操作を覚えていたでしょうか。「背景」の書式設定を何回も確認し直しながら、「調査目的」の部分の書式設定を行ったという人もいることでしょう。これが、文書内の離れた部分の作業であるとか、何日か経った後の作業であるとかを想像するとどうでしょう。「スタイル」機能の便利さがイメージできますね。

では、Wordに備わっている「スタイル」を見てみましょう。［ホーム］タブの［スタイル］グループの窓の中の書式に、マウスポインタを移動させてみてください。現在編集中の段落の書式に変化が起こります。これらが、あらかじめWordが提供している「スタイル」です。この一覧を表示させる場合は、窓の右横の矢印ボタンをクリックしてみてください。

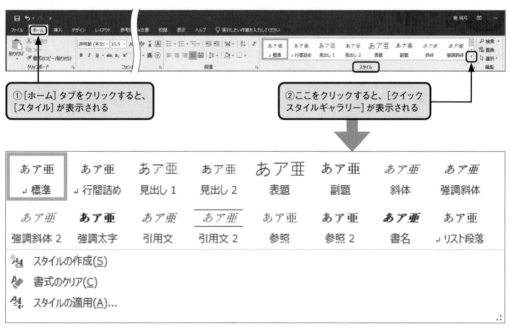

図3.26

これから、Wordに備わっている「スタイル」を利用して、「レポート」の編集を行っていきます。「レポート」の文書構造との対応は、以下のとおりです。

・第1階層の見出しには、標準で提供されている「見出し1」を変更して適用します。
・第2階層の見出しには、標準で提供されている「見出し2」を変更して適用します。
・課題本文には、新しいスタイルを作成して適用します。

〈スタイルの利用〉

それではWordの「スタイル」機能を利用して、「調査方法」部分の書式を編集してみましょう。
① 「調査方法」の行にカーソルを移動
② ［ホーム］タブの［スタイル］グループの［見出し1］をクリック

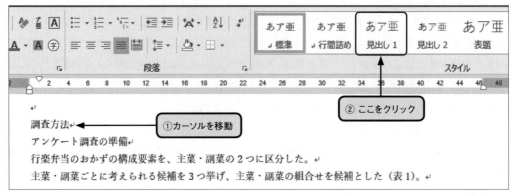

図3.27

「調査方法」の見出しはどのように変化しましたか。これまで編集してきた「背景」や「調査目的」とは異なる書式ですね。これは、Wordに標準で提供されている「見出し1」の書式が、私たちの書式と異なることが原因です。そこで、標準で提供されている「見出し1」の書式を変更してみましょう。

〈スタイルの変更〉

標準で提供されている「見出し1」を、第1階層の見出しに用いるスタイルに変更します。
① ［ホーム］タブの［スタイル］グループの［見出し1］を右クリック
② ［変更］をクリック → ［スタイルの変更］ダイアログボックスが表示
③ ［書式］をクリックし、［MS ゴシック］を選択
④ ［OK］ボタンをクリック

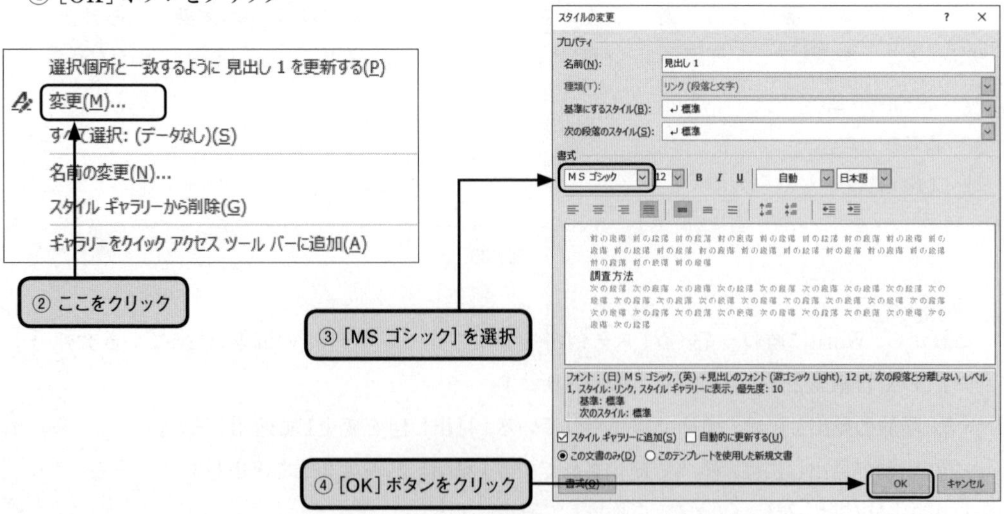

図3.28

それでは、第1階層の見出しに、変更した「見出し1」を適用します。
① 「調査方法」の行にカーソルを移動
② ［ホーム］タブの［スタイル］グループの［見出し1］をクリック
これで、「背景」や「調査目的」と同じ書式設定にすることができましたね。確認してください。

ポイント ➡ 「標準」スタイルは変更しない

［スタイルの変更］ダイアログボックス内で、基本となるスタイルが「標準」となっています。したがって、Wordで提供されている「標準」スタイルの書式を変更すると、すべてのスタイルに影響を及ぼしてしまいます。
ですので、本文の書式設定を変更したい場合でも、元々の「標準」スタイルを変更することなく、新しいスタイルを作成するほうが安全です。本書の「レポート」課題でも、課題本文に対するスタイル設定は、新しいスタイルを用意して、それを適用します。

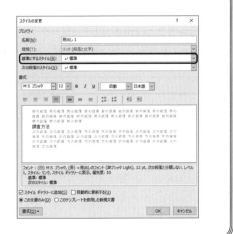

※メモ： 操作は1通りではない

本書では、パソコンを扱う初心者にとって、なるべく分かりやすい操作法を順に学んでいきます。そのため、一度学んだ操作法と同じ結果になる操作法を改めて学習することがあります。つまり、同じ編集結果になる操作法を複数学びます。これは、皆さん自身で、「使い勝手の良いWordの操作法」を身につけてほしいからです。
また、これまでにパソコンをある程度使ったことのある人も、必ず、本書で紹介している操作法を一度は体験してみてください。自分の慣れた操作法が、一見、一番早く目的のものを作成できるように感じますが、実際には、もっと効率の良い操作法もあります。パソコンの使い初めに覚えたものほど、このような傾向があります。
パソコン操作にある程度慣れたときこそ、新しい操作法を習得する機会です。かつては諦めた操作法が、パソコン操作に慣れたおかげで、容易に学べるようになっているかもしれません。ぜひ、本書で紹介している操作法を、すべて試してみてください。

※メモ： Wordの操作は使って慣れる

パソコン操作に慣れれば慣れるほど、さまざまな操作法を習得しやすくなります。本書で扱う「レポート」課題以外にも、「演習問題」で取り上げる操作法を体験してみてください。また、紹介程度にとどめている機能なども、どんどん試してみてください。

〈第2階層の見出しの編集〉

標準で提供されている「見出し2」を、第2階層の見出しに用いるスタイルに変更します。

① [ホーム] タブの [スタイル] グループの [見出し2] を右クリック

② [変更] をクリック → [スタイルの変更] ダイアログボックスが表示

③ 左下の [書式] ボタンをクリック

④ [箇条書きと段落番号] をクリック → [箇条書きと段落番号] ダイアログボックスが表示

⑤ [箇条書き] タブをクリック

⑥ 3つ目の行頭文字をクリック

⑦ [箇条書きと段落番号] ダイアログボックスの [OK] ボタンをクリック

⑧ [スタイルの変更] ダイアログボックスの [OK] ボタンをクリック

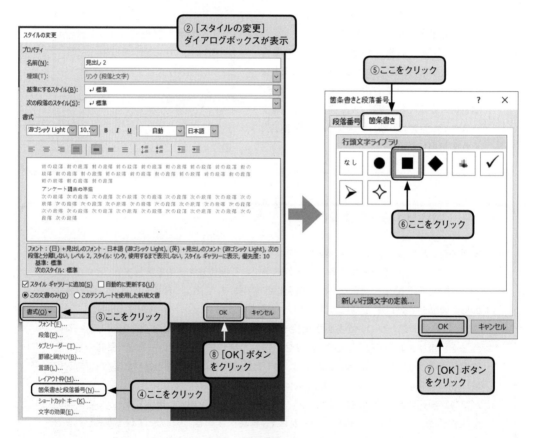

図3.29

それでは、第2階層の見出しに、変更した「見出し2」を適用します。

①「アンケート調査の準備」の行にカーソルを移動

② [ホーム] タブの [スタイル] グループの [見出し2] をクリック

③「アンケート調査の実施」の行にカーソルを移動し、同じ操作を繰り返す

このように、同じ書式設定を繰り返して適用する場合には、適用したい書式を [クイックスタイルギャラリー] にあらかじめ登録しておくと、それを選択するだけで編集作業が完了します。

3.4 「1ページ目」を作成しよう

〈新規スタイルの作成〉

　課題本文に用いる新しいスタイルを作成します。スタイルを作成する方法には、
1) 新規スタイルの書式設定を行って、新しいスタイルを作成する
2) 書式変更した段落を利用して、新しいスタイルを登録する

の2種類があります。本書では、2) の方法を説明します。この方法は、変更後の書式設定を確認してから新しいスタイルを登録することになります。書式設定を考えながら適用するときには、こちらの方法が扱いやすいことでしょう。

　① すでに書式設定を行っている「今年の桜のシーズンに販売した…」の任意の範囲をドラッグ
　② ［スタイル］グループの窓の右下矢印をクリック
　③ ［スタイルの作成］をクリック
　④ ［名前］に「課題本文」と入力し、［OK］ボタンをクリック → ［クイックスタイルギャリー］に反映される
　⑤ スタイルを設定する範囲をドラッグし、［課題本文］をクリック

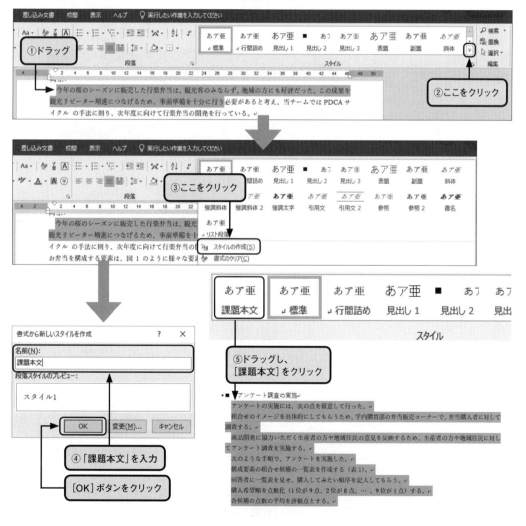

図3.30

〈箇条書きと番号付けの設定〉

「アンケート調査の準備」と「アンケート調査の実施」の本文の一部に「箇条書き」の設定を、「実施手順」に「番号付け」の設定を行います。

・箇条書きの設定

①「行楽弁当」から「とした（表1）。」までをドラッグ

②［ホーム］タブの［段落］グループの［箇条書き］ボタンの右横の「▼」をクリック

③［行頭文字ライブラリ］から［黒丸の10pt］をクリック

④「アンケート調査の実施」の一部に、同じ操作を繰り返す

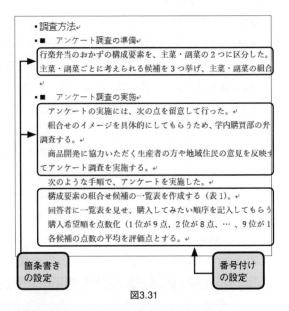

図3.31

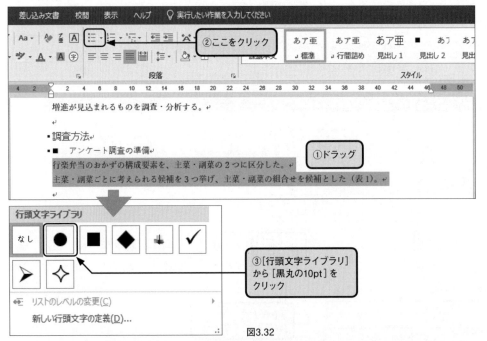

図3.32

> **メモ：［行頭文字ライブラリ］への［黒丸］の表示**
>
> ［行頭文字ライブラリ］に［黒丸］が表示されない場合は、以下のようにすると、［行頭文字ライブラリ］に［黒丸］が追加されます。
> ①［新しい行頭文字の定義］をクリックし、ダイアログボックス内の［記号］をクリック
> ②［記号と特殊文字］大ログボックス内の［黒丸］を選択し、［OK］ボタンをクリック

・番号付けの設定

①「構成要素の」から「評価点とする。」までをドラッグ

②［ホーム］タブの［段落］グループの［番号付け］ボタンの右横の「▼」をクリック

③［番号ライブラリ］から2つ目の［番号の整列：左］をクリック

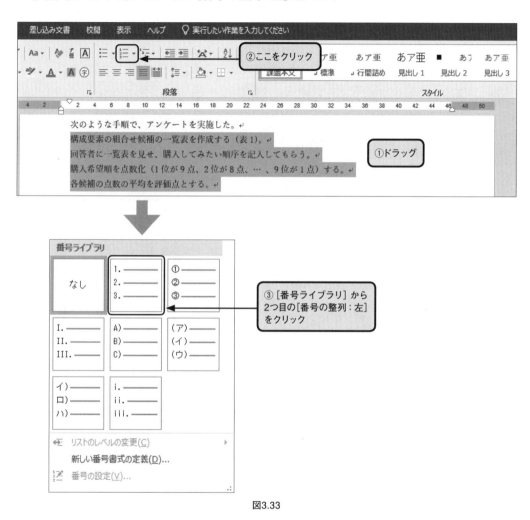

図3.33

これで、「箇条書き」と「番号付け」の設定が完了しました。

> **メモ： 箇条書きと番号付け**
>
> 行頭に記号をつけるのが「箇条書き」で、連続した数字やアルファベットをつけるのが「番号付け」です。「箇条書き」や「番号付け」の設定は、段落に対して設定でき、文字に対しては設定できません。このように、編集対象に合わせて、タブのグループは区分されています。

3.4.7　文書の確認

ここまで、「レポート」の階層構造に合わせた「スタイル」を適用して、1ページ目の書式設定を行ってきました。これらの編集作業の確認を行う場合には、Wordの［ナビゲーションウィンドウ］を利用すると、文書の階層構造を把握しながら、目的の位置（ページ）へ素早く移動することが容易になります。

〈ナビゲーションウィンドウの表示〉

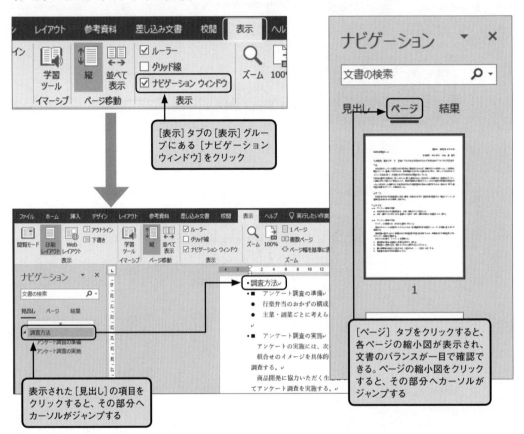

図3.34

このようにして［ナビゲーションウィンドウ］を表示すると、前項で設定した［見出し］が列挙されていますね。スタイルを用いて文書を編集しておけば、この画面で、文書構造を把握することが容易になります。また、［ナビゲーションウィンドウ］内の項目をクリックすると、文書中のその場所へジャンプすることができ、文書の校閲（推敲）作業にも役立ちます。

次に、［ナビゲーションウィンドウ］内の［ページ］タブをクリックしてみましょう。レポートのそれぞれのページの様子が、一目瞭然です。ページ内での「図」や「表」の大きさや配置などのバランスを確認するときに役立ちます。

3.4 「1ページ目」を作成しよう

〈「背景」と「調査目的」のスタイルを設定する〉

　［ナビゲーションウィンドウ］が表示されたとき、「背景」と「調査目的」の項目がないことに気付きましたか。この理由は、これらの項目の書式設定を行ったときは、「スタイル」を用いずに、編集作業をしたからです。これらの項目を表示させるために、1ページ目に戻って、「背景」と「調査目的」の見出しに「スタイル」を設定しましょう。

　①「背景」の行にカーソルを移動
　②［ホーム］タブの［スタイル］グループの［見出し1］をクリック → ［ナビゲーションウィンドウ］に「背景」が表示される
　③「背景」の次の行から「調査目的」の前の行までを選択し、［課題本文］を適用する
　④「調査目的」の項目に、同じ操作を繰り返す

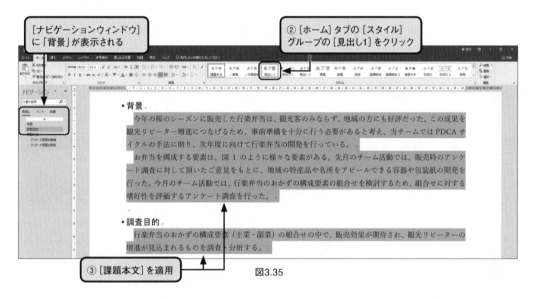

図3.35

〈改ページをする〉

　2ページ目以降を準備しておきましょう。
　①ページを変えたい場所にカーソルを移動
　②［レイアウト］タブの［区切り］の［改ページ］をクリック → ［改ページ］のマークが入り、自動的に次ページ目が追加されます

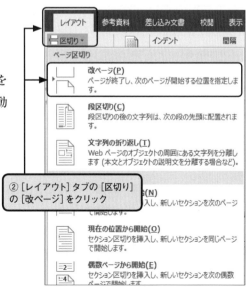

図3.36

123

3.4.8　脚注の挿入

脚注とは、語句や文章の意味の補足的説明で、本文の枠外に記載された短文をいいます。一般的には、文章中の説明したい箇所に特定の記号を付け加え、ページ下の欄外や文書の末尾に説明となる記述を添える形式をとります。

〈脚注の挿入〉

「レポート」課題の1ページ目の下に、脚注を挿入しましょう。

① 脚注を挿入する語句「PDCAサイクル」のすぐ後ろにカーソルを合わせる

② [参考資料] タブの [脚注] グループにある [脚注の挿入] をクリック → 語句の後ろに脚注番号が挿入され、脚注エリアがページ下に表示され、カーソルが移動

③ 文字書式を「8ポイント」に設定

④ 脚注エリアに、説明の文章を入力 → 脚注番号（記号）を削除すれば、脚注エリアは自動的に削除されます

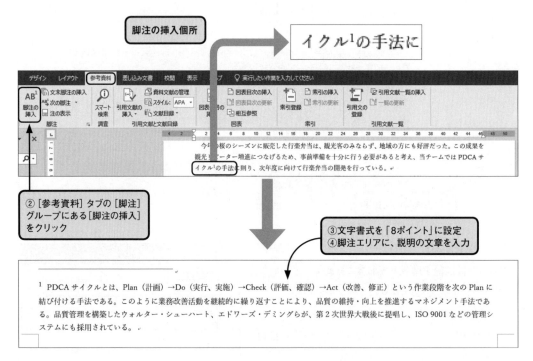

図3.37

これで、「1ページ目」の作成は終了しました。文書を保存しましょう。

第3章4節をふりかえって

学習の確認

● Word文書の作成手順
 1. 最初に文章の入力を行い、文書の編集は後から行う。
 2. 本文以外の部分（脚注）は、本文の編集後に挿入する。

● 文書の編集
 1. 書式設定の操作手順には、次の二つの方法がある。
  ・[ホーム] タブにあるボタンを使い、文書の文字、段落ごとに書式を設定する。
  ・[スタイル] を使い、文書構造に従って書式を設定する。
   作成する文書の形式や形態にあわせて、編集方法を選択するとよい。
 2. 文書の体裁を表す「書式」には、さまざまな要素が含まれている。
  ・「ページ書式」、「段落書式」、「文字書式」を学習した。
  ・[スタイル] は、これらの書式の組合せを統合的に指定・登録する機能である。

● 脚注の作成

> Wordを使った文書作成の基本を理解し、文書構造を反映した書式設定を行うことができましたか。

演習問題2

アンケート調査への依頼文なども、Wordを用いて作成することができます。本節までの学習を振り返って、以下の「アンケート調査への依頼文」を編集してみてください。作成した依頼文は、「演習問題2」として保存しておきましょう。

平成28年6月30日
地域活性化プロジェクト「行楽弁当開発チーム」
行楽弁当の「おかずの組合せ」に対する購買意欲調査
学園祭での試作弁当を検討するにあたって、「おかずの組合せ」に対する購買意欲を調査したいと考えています。
ご多用中、恐れ入りますが、アンケートへのご協力をお願いいたします。
アンケート実施期間：7月10日～7月31日（学校の購買部の営業時間）
連絡先：楡（090-XXXX-1111）
以上

3.5 「2ページ目」を作成しよう

3.5.1 「2ページ目」で使用するWordの機能 （☞口絵1ページ参照）

「2ページ目」では、文章の内容を分かり易く伝えるための視覚的な表現機能を学習します。

　　ⓐSmartArtグラフィック機能：典型的な説明図形の作成と編集

　　ⓑ表ツール機能：項目の整理とデザインの変更

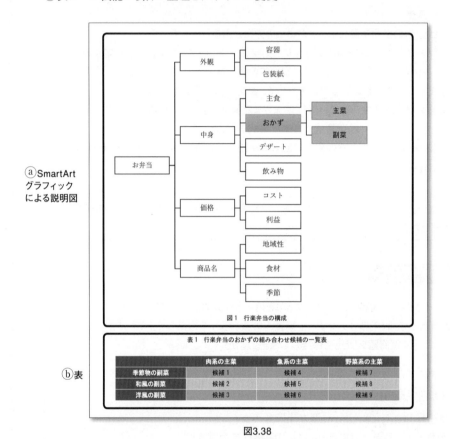

図3.38

　図や表には必ず参照番号とタイトルをつけるようにしましょう。また、図のタイトルは図の下に、表のタイトルは表の上につけるのが一般的です。

> **※メモ：　表ツールの使い分け**
>
> 　WordにもExcelにも、表を作成する機能があります。それぞれのアプリケーションソフトの特性を生かして、
> 　　・さまざまな書式を使った表の作成はWord
> 　　・さまざまな計算やグラフと連動させる場合はExcel
> と考えるとよいでしょう。

3.5.2 図の作成（1）

Wordで図を描く方法は、
1）SmartArtグラフィックを利用する方法
2）Wordの図形を利用する方法
の2通りあります。本節では、1）の方法で図を描く方法を学習します。2）の方法は、次節「3.6.3」で学習します。

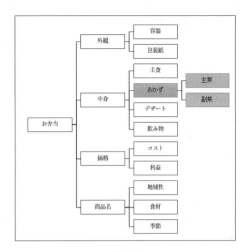

〈SmartArtグラフィック機能〉

物事の手順や組織の構造などを説明する図は、典型的なスタイルのものなら、Wordが準備しています。この図を活用すると、手早く、分かりやすい文書を作成することができます。SmartArt機能

図3.39

を使って、課題「レポート」の2ページ目の図（右上図）を作成しましょう。

①挿入する場所（2ページ目の2行目あたり）をクリック
②[挿入]タブ内の[図]のグループにある[SmartArt]ボタンをクリック → [SmartArtグラフィックの選択]ダイアログボックスが表示されます
③ダイアログボックス左側のグループの中の[階層構造]をクリック
④中央に表示された図の8番目の[水平方向の組織図]をクリック
⑤[OK]ボタンをクリック

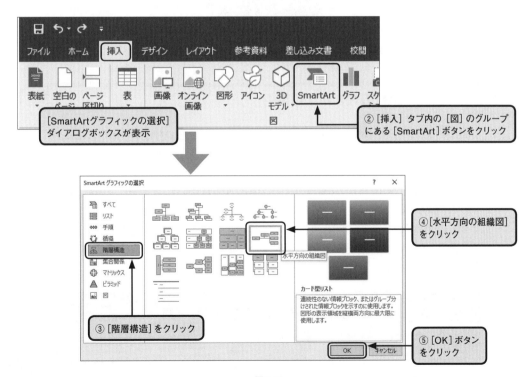

図3.40

〈SmartArtグラフィックの編集〉

挿入したSmartArtグラフィックの大まかな操作を挙げておきます。

①図の選択 → 白い枠で囲まれる
②横にはみ出した図をクリックし、削除する

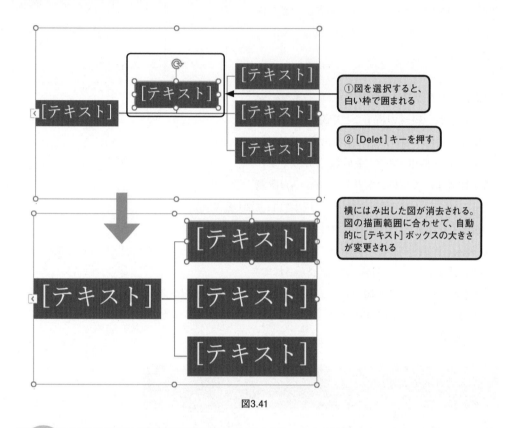

図3.41

> **ヒント!** **SmartArtの大まかな編集**
>
> SmartArtグラフィックは複数の図形から構成されています。一つひとつの図形の上でクリックすると、その図形が選択され、それらの図形の隙間（空白部分）でクリックすると、SmartArtグラフィック全体が選択されます。
> 全体を選択した状態で、外枠の8箇所の白丸にカーソルを合わせることで矢印が表示されますので、その方向にドラッグすると、SmartArtグラフィック全体の大きさを調節することができます。あるいは、全体を選択したときに現れる［SmartArtツール］タブ内の［書式］タブの最後の［サイズ］ボタンを用いて編集することも可能です。それでは、［高さ］に、「160mm」を入力してみましょう。

〈図形の編集〉

　それでは、準備した［水平方向の組織図］を利用して、「レポート」課題の2ページ目にある行楽弁当の構成要素を整理した図を作成しましょう。

① 図の選択（白い枠で囲まれる） → マウスポインタの形状が矢印に変わる
② 図の左側の矢印ボタンをクリック → ［テキストウィンドウ］が表示される
③ ［テキストウィンドウ］内の上から2番目の［テキスト］をクリックし、［Enter］キーを押す → テキストボックスが追加される
④ ［SmartArtツール］タブ内の［デザイン］タブをクリック
⑤ ［グラフィックの作成］グループにある［レベル下げ］をクリック → 追加行のレベルが下がる
⑥ 追加行で［Enter］キーを押す → 同じレベルの行が追加される
⑦ 同様の作業を繰り返し、図3.38のⓐになるよう必要なテキストボックスを準備する
⑧ ［テキストウィンドウ］内のテキストボックスに、図3.38のⓐのように文字を入力する

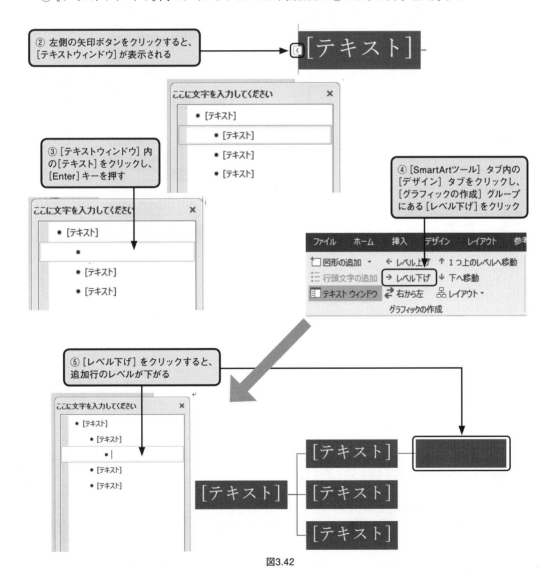

図3.42

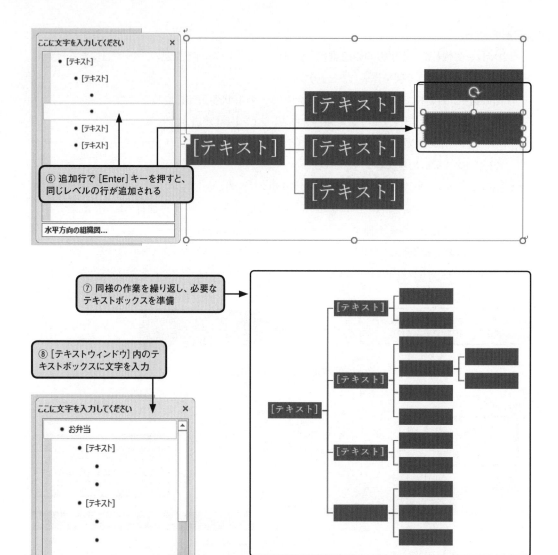

図3.43

　図形をクリックし、図形の中に直接文字を入力することもできます。また、図形内の文字書式を編集することもできます。

> **メモ： レポートの「図」や「表」はシンプルに**
>
> 　レポートなどの文書は、白黒（モノクロ）で印刷されることを前提に、過度な装飾は行わずに、シンプルに仕上げることが基本です。場合によっては、カラー印刷した文書を提出することも可能ですが、この場合でも、強調したい部分だけ強調する程度にとどめておきましょう。

3.5 「2ページ目」を作成しよう

〈図形全体のデザイン編集〉

　SmartArtグラフィックを利用する場合、全体のデザインを統一的に変更できる利点があります。ここでは、階層構造を反映したデザインに変更してみましょう。

① ［SmartArt ツール］タブ内の［デザイン］タブをクリック
② ［色の変更］ボタンをクリック
③ ［ベーシック］の［枠線のみ - 濃色1］をクリック → 全体のデザインが、一斉に変更される
④ ［ホーム］タブをクリックして、［フォントサイズ］を「12pt」に変更 → 全体の文字サイズが、一斉に変更される

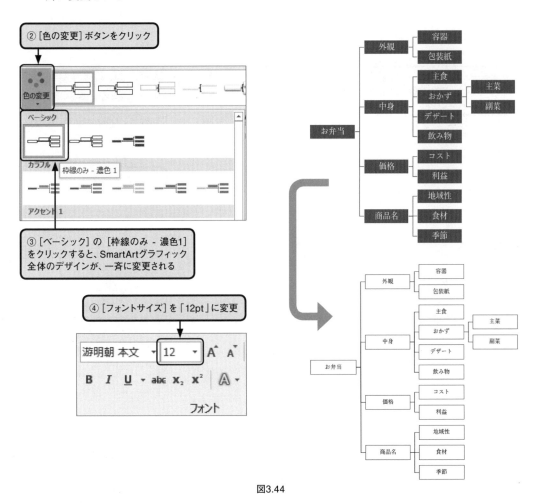

図3.44

> **メモ： SmartArtの視覚的スタイル**
>
> レポートなどの文書ではあまり用いませんが、Wordを用いて、掲示する広告やポスターなどは、視覚的に強調された図を用いると効果的です。この場合も、全体のデザインを統一的に変更するなら、［SmartArtのスタイル］の窓の中にあるテンプレートを利用すると、作成が容易に行えます。

〈個別の図形のデザイン編集〉

　SmartArtの個別の図形のデザインを編集します。個別の図形の編集には、［SmartArt ツール］タブ内の［書式］タブにある機能を用います。本書で扱う「レポート」では、「おかずの組合せ」がテーマとなりますので、関連する図形を強調する編集を行います。

1) Wordが提供するデザインを利用する方法

　①「おかず」と書かれた図形の任意の場所をクリック

　②［SmartArt ツール］タブ内の［書式］タブにある［図形のスタイル］の窓の右下のボタンをクリック

　③［テーマスタイル］の［パステル – オレンジ、アクセント2］をクリック →「おかず」と書かれた図形のデザインが変更される

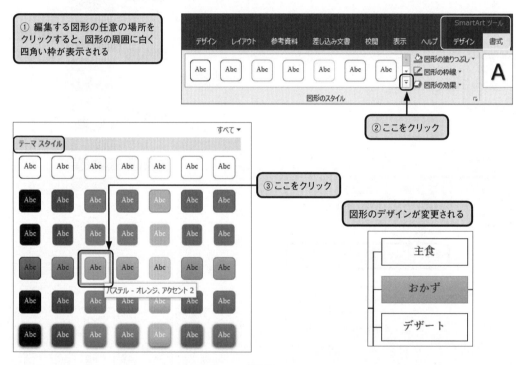

図3.45

> ※メモ： **SmartArtの図形の形の変更など**
>
> 　［SmartArt ツール］タブ内の［書式］タブの最初のグループ［図形］にあるボタンは、個々の図形の形を変更したいときに用います。
>
>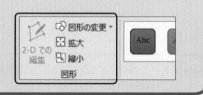

2）図形の色を個別に編集する方法
　①「主菜」と書かれた図形の任意の場所をクリック
　②［SmartArt ツール］タブ内の［書式］タブにある［図形のスタイル］の［図形の塗りつぶし］ボタンをクリック
　③［標準の色］の［オレンジ］をクリック →「主菜」と書かれた図形の色が変更される
　④［SmartArt ツール］タブ内の［書式］タブにある［図形のスタイル］の［図形の枠線］ボタンをクリック
　⑤［テーマの色］の［オレンジ、アクセント2］をクリック →「主菜」と書かれた図形の枠線の色が変更される
　⑥「副菜」と書かれた図形の任意の場所をクリック
　⑦［SmartArt ツール］タブ内の［書式］タブにある［図形のスタイル］の［図形の塗りつぶし］ボタンの絵と、［図形の枠線］ボタンの絵をクリック →「副菜」と書かれた図形の色と枠線の色が、「主菜」の図形と同じように変更される

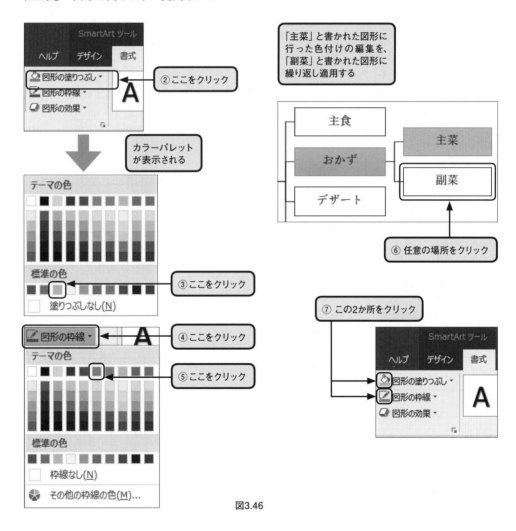

図3.46

2) 図形内の文字を強調する方法
　①［テキストウィンドウ］を表示（p.129参照）
　②「おかず」から「副菜」までをドラッグ
　　→［ミニツールバー］が表示される
　③［フォント］から「MS ゴシック」を選択

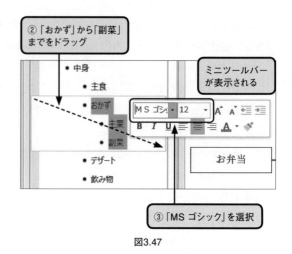

図3.47

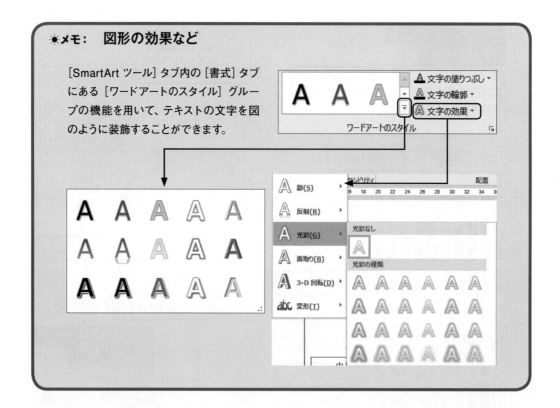

〈図のタイトル作成〉

　図のすぐ下の行に、「図1　行楽弁当の構成」と入力し、「MS ゴシック、10.5pt、中央揃え」に設定します。

　ここまでを、いったん保存しておきましょう。

3.5.3 表の作成

　表を作成するためのWordの機能を学習します。文章を箇条書きにするときと同様、内容や特徴に沿って項目を分類・整理するときに、表を用いて説明すると、その文書を見た人は、一目でその内容を理解することができます。
　それでは、「レポート」課題の2ページ目の表（下図）を作成しましょう。

	肉系の主菜	魚系の主菜	野菜系の主菜
季節物の副菜	候補1	候補4	候補7
和風の副菜	候補2	候補5	候補8
洋風の副菜	候補3	候補6	候補9

図3.48

〈表の作成〉

① 図のタイトルから1行空けて、「表1　行楽弁当のおかずの組合せ候補の一覧表」を入力
② タイトル行の書式を「MS ゴシック、10.5ポイント、中央揃え」に設定
③ ［Enter］キーを2回押す
④ ［挿入］タブの［表］ボタンをクリック → マス目が表示される
⑤ 作成する表の行数と列数をドラッグ → 指定されたマス目がオレンジ色に変化 → 表がページ設定の横幅いっぱいに作成される

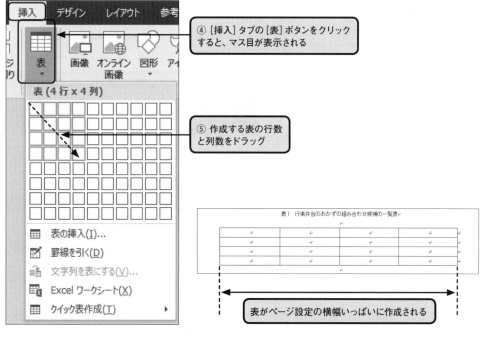

図3.49

〈表の編集〉

① 表内の任意の場所をクリック → ［表ツール］タブが表示される
② ［表ツール］タブ内の［デザイン］タブをクリック
③ ［表のスタイル］グループの窓の右下の矢印をクリック
④ 表示されたスタイルの一つをクリック → 表のデザインが変更される
⑤ 目的のセルをクリックし文字を入力 → 直前の書式がセルに反映される
⑥ ［Tab］キーを押して次のセルに移動し、文字入力を続ける

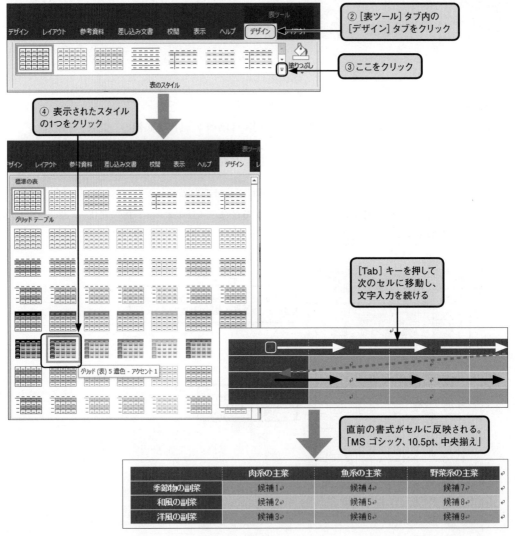

図3.50

　これで、2ページ目が完成しました。改ページを行い（3.4.7項参照）、3ページ目の準備を行ってから、文書を保存しておきましょう。後で、図を変更したくなるかもしれませんので、［名前を付けて保存］を選択し、作成した日付を付け加えたファイルを保存しましょう。

第3章5節をふりかえって

学習の確認

● 情報を視覚的に表現した図の作成

1. ［挿入］タブにある［SmartArt］ボタンを使い、簡単に図を作成する。
   表現したい情報の関係や構造を反映した図を「SmartArtグラフィック」の中から選択する。

2. ［SmartArt］を選択した時に表示される「SmartArtツール」タブで、図のデザインや書式を編集する。

3. 図形への文字入力には、次の2つの方法がある。本節では、①の方法を学習した。
   ① ［テキストウィンドウ］から入力：書式を一括して編集できる
   ② 図形をクリックし、図形内に直接テキストを入力：書式を確認しながら編集できる

● 情報を整理した表の作成

1. ［挿入］タブにある［表］ボタンを使い、表を作成する。
2. 表を選択した時に表示される「表ツール」タブで、表のデザインを編集する。

> ［Smart Art ツール］を使って、説明図形を簡単に作成することができましたか。
> また、［表ツール］を使って、見やすい表を作成することができましたか。

演習問題3

　本文の課題では、レポートは白黒（モノクロ）で印刷されることを前提に、シンプルに図・表の作成を行いました。一方、Wordの機能には、カラー印刷に対応した文字装飾があります。

　そこで、［SmartArt ツール］タブ内の［書式］タブにある［ワードアートのスタイル］グループの機能を用いて、文字の装飾を行ってみましょう（p.134メモ参照）。そのほかの編集機能も、いろいろと試してみてください。作成課題は、

　　　　・試作弁当の販売効果を上げるような商品紹介（ポップ）作成

　　　　・試作弁当に用いた特産品の紹介の作成

　　　　・地元の名所紹介や観光案内（それらを挿入した散策マップ）の作成

などです。

　作成した課題は、「演習問題3」として保存しておきましょう。また、皆さんが作成したものに用いた機能の紹介や、なぜそのような工夫を施そうと思ったかの理由も、「演習問題3作成メモ」として書き残しておきましょう。

3.6 「3ページ目」を作成しよう

3.6.1 「3ページ目」で使用するWordの機能

「3ページ目」では、文書に挿入する「表」のレイアウト変更と「図」の描画ツールの機能を学習します。

  ⓐ表ツール機能：分析結果の提示とレイアウトの変更
  ⓑ描画ツール機能：自由な組合せの図形の作成と編集
  ⓒヘッダーとフッターの編集機能：ページ番号の挿入

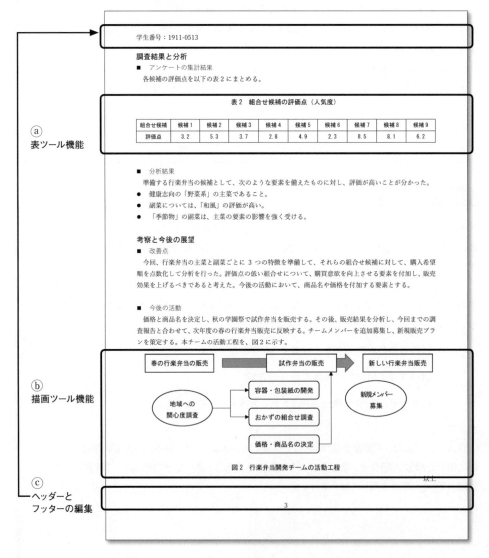

図3.51

3.6.2 文章の入力と編集

保存しておいたファイルを開き、3ページ目の先頭にカーソルを移動します。文章の入力と編集は、これまでの復習になります。文字を入力する時の注意点を思い出しておきましょう。

・すべての文字を文章の区切りごとに（段落単位で）入力し、[Enter]キーを押す。

・「表」と「図」の挿入は、文字の入力後に作成する。

文字入力後、文章の編集を行います（図3.52）。3.4.6項で学習した「スタイル」を適用します。

①「調査結果と分析」、「考察と今後の展望」の行を［見出し1］スタイルに設定

②「アンケートの集計結果」、「分析結果」、「改善点」、「今後の活動」の行を［見出し2］スタイルに設定

③そのほかの本文は、［課題本文］スタイルに設定

④「分析結果」の箇条書きの項目の行で、［箇条書き］ボタンをクリック

⑤「以上」の行は、［右揃え］ボタンをクリック

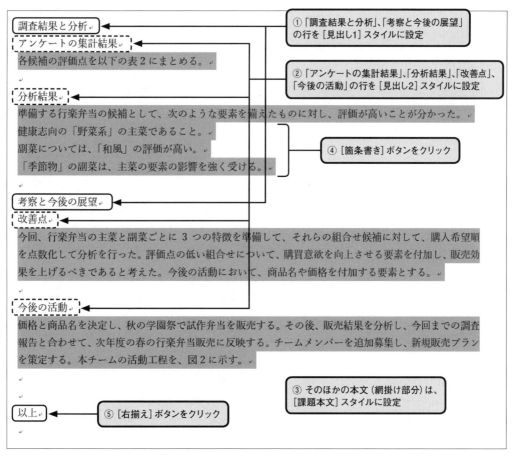

図3.52

3.6.3 表の作成

表の作成の基本は、2ページ目を作成するときに学習しました。
- 表のタイトルを入力し、書式を設定する。
- 表を作成する。
- 表に文字を入力する。
- [表ツール] の [デザイン] タブにある機能を用いて、表を編集する。

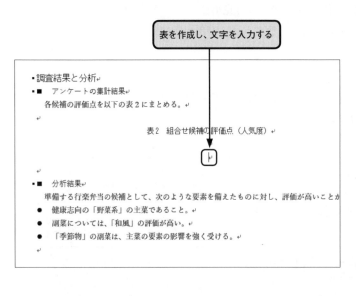

図3.53

以下では、[表ツール] の [レイアウト] タブにある機能を用いて、表をより見やすくしていきましょう。

まず、3.6.1項（図3.51）を参考に、表を作成して文字を入力し、編集の準備をしてください。次に、表全体を選択し、文字書式を「MS ゴシック、9ポイント、両端揃え」に変更します。

組合せ候補	候補1	候補2	候補3	候補4	候補5	候補6	候補7	候補8	候補9
評価点	3.2	5.3	3.7	2.8	4.9	2.3	8.5	8.1	6.2

表全体を選択し、文字書式を「MS ゴシック、9ポイント、中央揃え」に変更

組合せ候補	候補1	候補2	候補3	候補4	候補5	候補6	候補7	候補8	候補9
評価点	3.2	5.3	3.7	2.8	4.9	2.3	8.5	8.1	6.2

図3.54

3.6 「3ページ目」を作成しよう

〈表の編集〉

① 表内の任意の場所をクリック → ［表ツール］タブが表示される
② ［表ツール］タブ内の［デザイン］タブをクリック
③ ［表のスタイル］グループの窓の一番左のデザインを選択
④ 表の一番左の列と右隣の列との境界線上にマウスを移動 → マウスポインタの形状が変わる
⑤ 「組合せ候補」の文字が1行に収まるように、右方向へ幅をドラッグ
　→ 「候補1」の列が狭くなる
⑥ 「候補1」の列から「候補9」の列までを選択
⑦ ［表ツール］タブ内の［レイアウト］タブをクリック
⑧ ［セルのサイズ］グループの［幅を揃える］ボタンをクリック

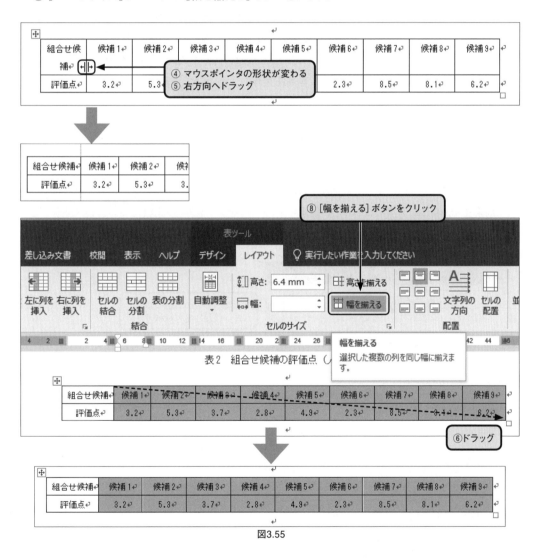

図3.55

ここでも、いったん文書を保存しましょう。

3.6.4 図の作成

Wordで図を描く方法は、以下の2通りあることを紹介しました。

1) SmartArtグラフィックを利用する方法
2) Wordの図形を利用する方法

すでに、1) の方法で図を描く方法を学習しました。本節では、2) の方法で、3ページ目にある図を作成しましょう。

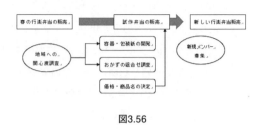

図3.56

〈描画キャンバスの設定〉

Wordの [挿入] タブの [図] グループにある [図形] ボタンをクリックすると、さまざまな形の図形が表示されます。表示された図形の一つを選択すると、文書内にその図形を作成するモードに切り替わります。私たちが作成したい3ページ目の図は、複数の図形を組み合わせた図です。このような図を描く場合、これらの複数の図形を描く場所を確保し、その中で描画・編集作業を行うのが一般的です。

この「描画・編集作業」場を、[描画キャンバス] といいます。まず、この [描画キャンバス] を用意し、図を描くための準備をしましょう。

① 文書の図を作成する行をクリック
② [挿入] タブの [図] グループにある [図形] ボタンをクリック
③ 図形リストの一番下にある [新しい描画キャンバス] をクリック
④ [描画キャンバス] の右枠の「○」にマウスを移動し、文書の文字列の右端までドラッグ

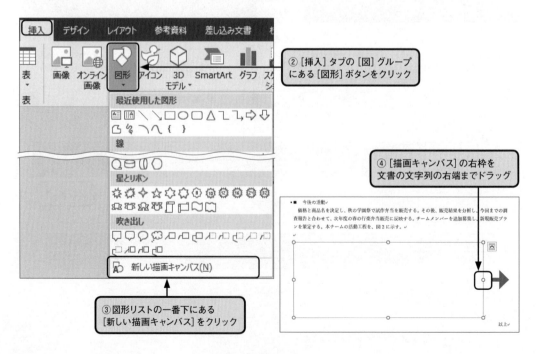

図3.57

〈グリッド線の表示〉

　［描画キャンバス］の中には、さまざまな形の図が配置できます。それらの図形を整理して配置するには、基準となる目盛りがあると便利です。ここでは、文書画面に目盛りを表示させます。

① カーソルを［描画キャンバス］の中に移動 → ［描画ツール］タブが表示される
② ［描画ツール］の［書式］タブをクリック
③ ［配置］グループの右上にある［配置］ボタンをクリック
④ ［グリッドの設定］をクリック → ［グリッドとガイド］ダイアログボックスが表示される
⑤ ［グリッド線の設定］の項目で、［文字グリッド線の間隔］を「5mm」に、［行グリッド線の間隔］も「5mm」と指定
⑥ ［グリッドの表示］の中にある［グリッド線を表示する］をクリック
⑦ ［文字グリッド線を表示する間隔］をクリックし「1」を、［行グリッド線を表示する間隔］も「1」と指定
⑧ ［OK］ボタンをクリック

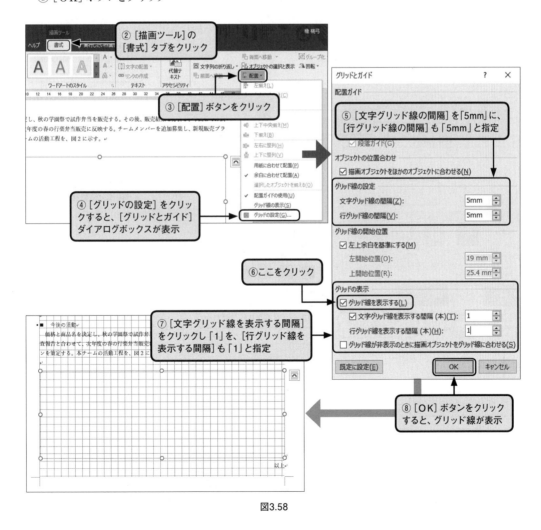

図3.58

　以上の準備で、5mm方眼用紙のようなグリッド線が、画面上に表示されます。

〈図形の作成〉

それでは、「レポート」課題3ページ目の下の図を作成していきましょう。

1) 文字を入力するための四角形の図形を作成・編集します。

① [描画キャンバス] 内の任意の場所をクリック

② [描画ツール] タブの [書式] タブをクリック

③ [図形の挿入] グループの窓の矢印をクリックし、[正方形／長方形] を選択

④ [描画キャンバス] 内のグリッド線に合わせ、左上から右下までドラッグ

　　グリッド線のマス目を見て、「高さ10mm、幅40mm」になるようにする

⑤ [図形のスタイル] グループの窓の矢印をクリック

⑥ 左上の [枠線のみ - 黒、濃色1] を選択 → 図形のスタイルが変更される

⑦ [ホーム] タブの [クリップボード] グループにある [コピー] ボタンをクリック

⑧ [クリップボード] グループにある [貼り付け] ボタンを5回クリック

⑨ コピーされた図形を選択し、図3.59を参考にグリッド線に合わせて移動

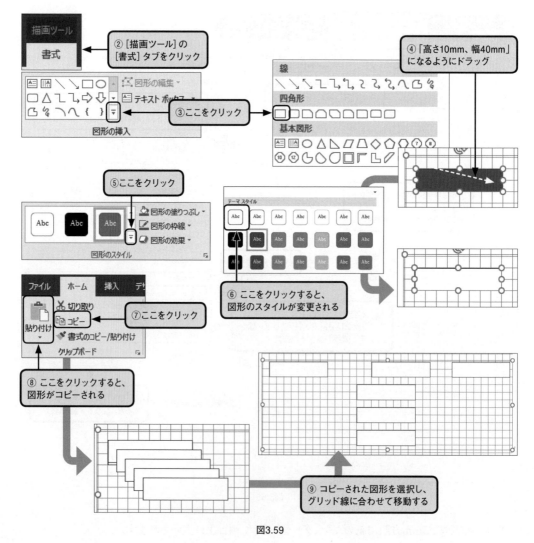

図3.59

2) 図形の形を変更し、楕円図形を挿入します。
　①縦に並んだ3つの図形を選択（以下の2通りの方法があります）
　　・3つの図形を囲むように、マウスをドラッグ
　　・[Shift] キーを押しながら、3つの図形をクリック
　②[描画ツール] の [書式] タブの [図形の挿入] グループにある [図形の編集] ボタンをクリック
　③[図形の変更] ボタンをクリックし、[四角形] グループの [角丸四角形] を選択
　　→ 図形のスタイルが変更される
　④[図形の挿入] グループの窓の矢印をクリックし、[楕円] を選択
　⑤[描画キャンバス] 内のグリッド線に合わせ、左上から右下までドラッグ
　　グリッド線のマス目を見て、「高さ20mm、幅35mm」になるようにする
　　四角形と同様、[図形のスタイル] を [枠線のみ - 黒、濃色1] に変更する
　⑥挿入した図形をコピーし、グリッド線に合わせて移動

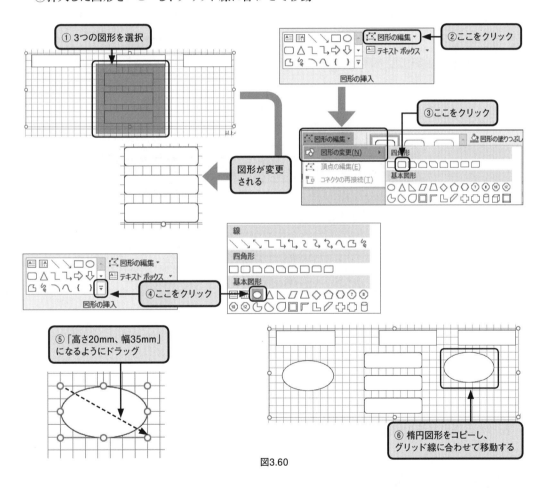

図3.60

> **メモ： 図のコピーと貼り付け**
>
> 　図のコピーや貼り付け操作は、キー操作「[Ctrl] + [C]」と「[Ctrl] + [V]」でも行えます。

3)［描画ツール］タブにある機能を用いて、矢印図形を作成・編集します。
　①［図形の挿入］グループの窓の矢印をクリックし、［右矢印］を選択
　②［描画キャンバス］内のグリッド線に合わせ、左上から右下までドラッグ
　　グリッド線のマス目を見て、「高さ9.75mm、幅75mm」になるようにする
　③［図形のスタイル］から、［塗りつぶし - 灰色、アクセント3］を選択
　④［配置］グループの［背面へ移動］の矢印をクリックし、［最背面へ移動］を選択

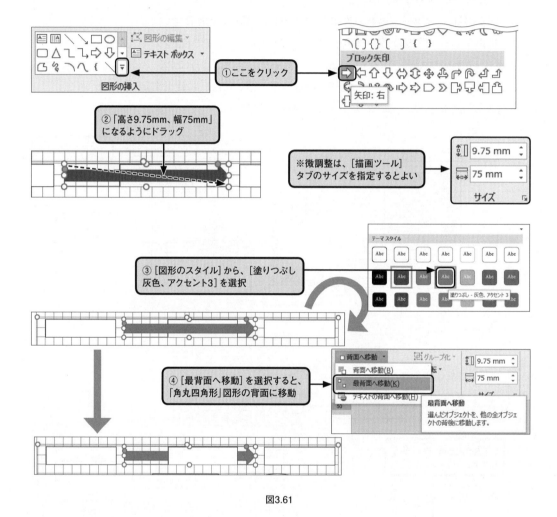

図3.61

　図形の作成が終わりましたので、グリッド線の表示を終了しましょう。以下のいずれかの方法で行ってください。
1)［レイアウト］タブの［配置］にある［グリッド線の表示］をクリック
2)［表示］タブの［表示］グループにある［グリッド線］をクリックし、のチェックを外す

〈図形への文字入力〉

次に、作成した図形に文字を入力していきましょう。

① 1つの図形を選択し、文字を入力する
② すべての図形に文字を入力する（2行になっている楕円図形は、[Enter]キーを押す。）
③「新規メンバー募集」の楕円図形を選択し、「新規メンバー」をドラッグ
④ [ホーム]タブの[フォント]グループの右下をクリック
⑤ [フォント]ダイアログボックスの[詳細設定]タブをクリック
⑥ [文字幅と間隔]の欄にある[文字間隔]の右の「▼」をクリックし、[狭く]を選択
⑦ [OK]ボタンをクリック → 「新規メンバー」の文字が1行に収まる
⑧ [描画キャンバス]内の任意の場所をクリック
⑨ [フォント]を「MS ゴシック」に設定 → 図全体の文字設定が変更される

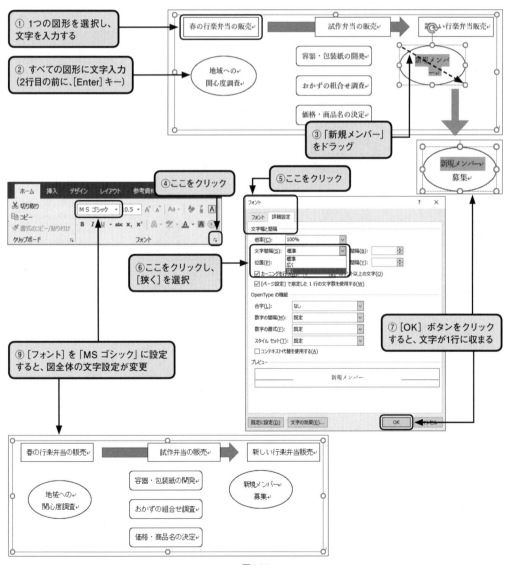

図3.62

〈図形をコネクタで結ぶ〉

最後に、図形の間の関係を示す矢印を作成します。この矢印を、コネクタといいます。

① [図形の挿入] グループの窓の矢印をクリックし、[カギ線矢印コネクタ] を選択
　→ 図形上にマウスを移動すると、図形の枠上に [結合点] が表示される

② 「地域への関心度調査」の [結合点] でマウスをクリックしたまま、「容器・包装紙の開発」の [結合点] でマウスを放す → コネクタが引かれる

③ [コネクタ] の折り曲がり点から、「おかず組合せ調査」の [結合点] までコネクタを引く

④ [コネクタ] 上の黄色い丸を移動して、枝分かれの矢印に見せる

⑤ 「価格・商品名の決定」の [結合点] から、「試作弁当の販売」の右下までコネクタを引く

⑥ [描画ツール] タブの [図形のスタイル] を用いて、3本のコネクタを「パステル（線）- 濃色1」に設定する

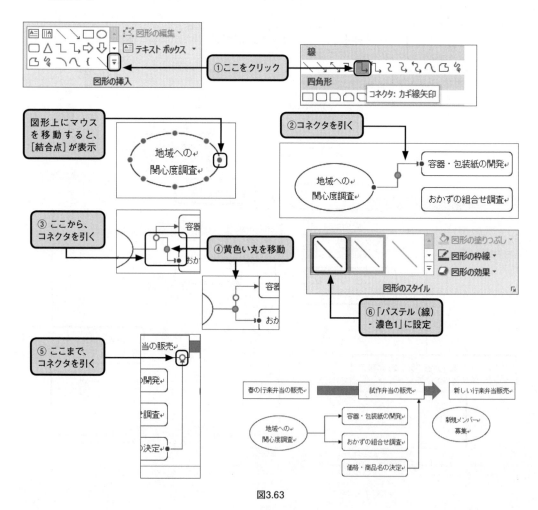

図3.63

〈図のタイトル作成〉

　図のすぐ下の行に、「図2　行楽弁当開発チームの活動工程」と入力し、「MS ゴシック、10.5pt、中央揃え」に設定します。

3.6.5 ヘッダーとフッターの挿入

　ページの上下の余白部分を、それぞれ「ヘッダー」、「フッター」と呼びます。本書の上の余白には章や節のタイトルが表示され、下の余白にはページ数が振られています。このような文字を追加する機能もWordには備わっています。

　レポートなどの報告書では、作成者や作成日などの情報を記載して、文書のやり取りや、文書の修正・更新のときの補助的な情報を盛り込みます。ここでは、「ヘッダー」に「学生番号」を、「フッター」に「ページ数」を挿入しましょう。

〈ヘッダーとフッターの挿入〉

① [挿入] タブの [ヘッダー] ボタンをクリック → [ヘッダーギャラリー] が表示
② [空白] をクリック
③ 表示されたヘッダーに「学生番号：1911-0513」を入力
④ [ヘッダー／フッターツール] タブが表示される
⑤ [デザイン] タブにある [ページ番号] ボタンをクリック
⑥ [ページの下部] にマウスポインタを合わせ、[番号のみ2] をクリック
⑦ [下からのフッターの位置] を「15mm」に設定する
⑧ [ヘッダーとフッターを閉じる] ボタンを押す

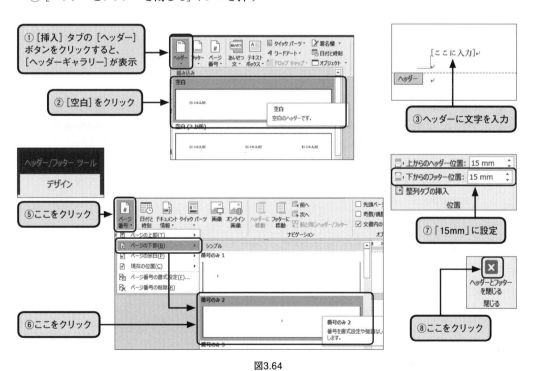

図3.64

　これで、3ページ目までが完成しました。この後の4ページ目は、数式の作成などを含む発展的な学習内容となっています。ここで学習内容を終了する場合は、文書を保存して、印刷してみてください。画面で見ていたものと印刷された紙で見た場合の違いなどを感じてみてください。

第3章6節をふりかえって

学習の確認

● 文章の入力と編集（復習）
　1. 最初に文章の入力を行い、文書の編集は後から行う。
　2.［スタイル］機能を活用する。
● 表の編集
　1.［表ツール］の［レイアウト］タブにある機能を活用する。
　2. 列の幅を変更したり、幅を均等に揃えたりすることができる。
● 図の編集
　1.［描画キャンバス］内で、図形を作成・編集する。
　　・グリッド線を表示させることで、効率よく図を作成・配置することができる。
　2.［描画ツール］にある機能を活用し、図形の編集を行う。
　3. 図形へ文字を入力し、フォントや文字間隔を変更した。
　4. 図形を［コネクタ］で結んだ。
●「ヘッダー」と「フッター」を挿入し、文書の体裁を整える。

```
［描画ツール］を使って、複数の図形を作成・編集することができましたか。
「ヘッダー」と「フッター」を挿入することができましたか。
```

演習問題4

広告や掲示板では、文章による説明はなるべく減らして、図形を利用した説明を増やしたほうが、人々の注目を引き付けやすく、情報を一目で伝えることができます。情報の関係を示すには、コネクタも利用できるかもしれません。

学園祭での試作弁当の販売ブースを、地域の方にも分かりやすく伝えるための地図を作成することになりました。以下のような設定で経路案内を作成し、「演習問題4」として保存しておきましょう。

　・皆さんの学校の校舎とグラウンドが学園祭会場です。

　・試作弁当の販売ブースは、学校の入口から最も遠い場所に設定します。

　・学校の入口と販売ブースの間に、イベント会場を設定し、最短経路が使えない。

以上の設定で、初めて学校を訪れた人にも分かる目印などを用意して、学校の入口から試作弁当の販売ブースまでの経路案内図を作成してみましょう。

3.7 「4ページ目」を作成しよう

3.7.1 「4ページ目」で使用するWordの機能
「4ページ目」では、文書を作成するときの発展的な機能を学習します。

ⓐ 段組みの設定

ⓑ 数式の挿入

ⓒ タブ機能：1字以上の字下げ（文頭の右方向への移動）

ⓐ 段組み設定

追記
■ アンケート調査の詳細分析
　今回、アンケート調査において、各候補の点数の平均を評価点とした。集計内容を詳細に分析すると、分散の大きい候補も存在した。
　分散の大きい候補は、本調査で用いた項目で、おかずの内容を具体的にイメージした人は高評価を与えたが、おかずの内容をイメージしなかった人は低評価を与えたと考えられる。
　そこで、アンケート調査の詳細分析を行うため、標準偏差を追加した集計結果を再掲する（表 3）。

標準偏差 SD は以下の（式1）で定義され、得点の散らばり具合を数値的に表現したものである。

$$SD = \sqrt{\frac{1}{n}\sum_{i=1}^{n}(x_i - \bar{x})^2} \quad （式1）$$

n：回答者数
x_i：得点
$\bar{x}$：平均点

ⓑ 数式入力

ⓒ タブ設定

表3　アンケート調査の詳細分析

組合せ候補	候補1	候補2	候補3	候補4	候補5	候補6	候補7	候補8	候補9
評価点	3.2	5.3	3.7	2.8	4.9	2.3	8.5	8.1	6.2
標準偏差	1.70	1.76	1.61	1.45	1.76	1.46	0.76	0.71	1.60

■ 得点の散らばり具合についての考察
　予想通り、評価点の低い候補は、標準偏差（得点の散らばり）が大きい。特に、$SD \geq 1.70$ である候補1、2、5は、様々な得点をつけた人がいることを示している。これらの候補に対しては、おかずの内容をイメージしやすい商品名をつければ、評価点が向上すると考えられる。
　一方で、評価点が低く、標準偏差の小さいおかずの組合せは、内容以外に購買意欲を高める要素（価格や商品名）を付加することで、販売効果を向上させる必要がある。

参考：調査人数（計418人）
● 学校の購買部での調査：342人
● 特産品の生産者への調査：17人
● 地域住民への調査：59人

図3.65

> **メモ：　段組みとは**
>
> 段組みとは、1枚の用紙に列を分けて文字をレイアウトすることを言います。段組が行われる理由として、1行の文字数が多くなると読みにくくなる場合、掲示物や新聞など紙面が大きい場合などが挙げられます。段を変えて1行の文字数を適度にすることで、読みやすくすることを目的とします。列数に応じて、2段組み、3段組などと呼びます。また、脚注や引用の多い文章では、均等でない列幅の2段組みが用いられたりもします。
>
>

3.7.2 文章の入力と編集

保存しておいたファイルを開き、4ページ目の先頭にカーソルを移動します。文章の入力と編集は、これまでの復習になります。文字を入力するときの注意点を思い出しておきましょう。

・すべての文字を文章の区切りごとに（段落単位で）入力し、[Enter]キーを押す。

・「表」と「数式」の挿入は、文字の入力後に作成する。

文字入力後、3.4.6項で学習した「スタイル」を適用します（図3.65）。

① 「追記」の行を[見出し1]スタイルに設定

② 「アンケート調査の詳細分析」、「得点の散らばり具合についての考察」の行を[見出し2]スタイルに設定

③ そのほかの本文は、[課題本文]スタイルに設定

④ 「参考」の箇条書きの項目の行で、[箇条書き]ボタンをクリック

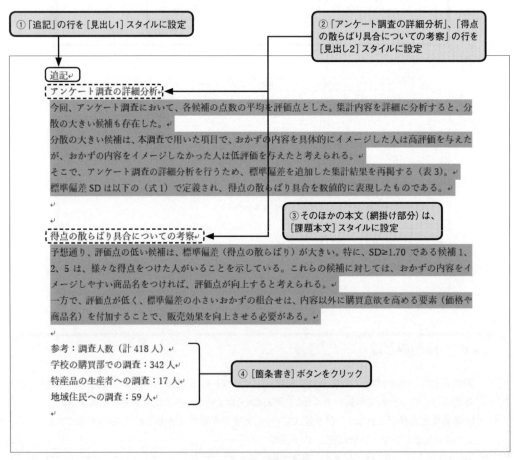

図3.66

3.7.3 段組みの設定

「アンケート調査の詳細分析」の本文は、短い段落が多く、短い数式も挿入しますので、2段組みにします。

① 2段組みにする「アンケート調査の詳細分析」の本文をドラッグ
② [レイアウト] タブの [ページ設定] グループの [段組み] ボタンをクリック
③ [2段] を選択 → 2段組みに変更される

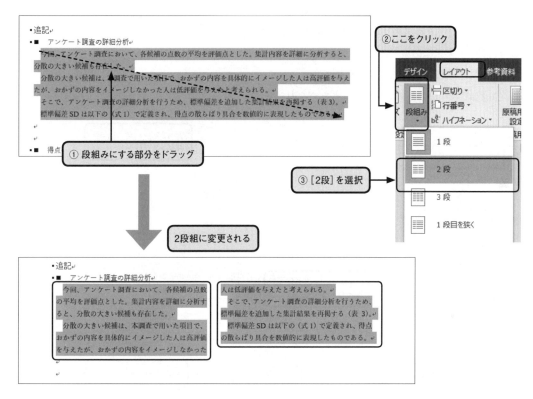

図3.67

2段組みに変更されたら、いったん文書を保存しましょう。残る操作は、数式の挿入です。

> **メモ: 段組みダイアログボックス**
>
> [レイアウト] タブの [ページ設定] グループの [段組み] ボタンをクリックし、一番下にある [段組みの詳細設定] を選択すると、右のような [段組み] ダイアログボックスが表示されます。[段組み] ダイアログボックスを用いると、段組みの幅を設定したり、段の間に境界線を引くなどの設定を行うことができます。

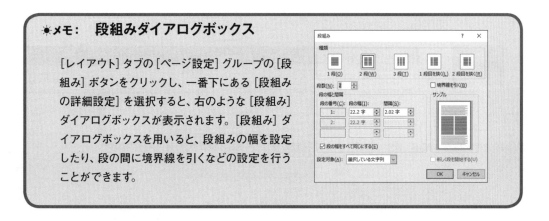

3.7.4 数式の挿入

Wordで数式を記述するには、2種類の方法があります。
1)［挿入］タブにある［数式］を選択し、［数式ツール］を使う方法
2)［挿入］タブにある［数式］を選択し、［インク数式］を使う方法

〈数式ツールを使用した数式の作成〉

まず、1番目の［数式ツール］を使う方法を説明します。
① 数式を挿入する場所（2段組みの最後の行）をクリック
②［挿入］タブにある［数式］ボタンをクリック
③［新しい数式の挿入］をクリック
④［数式エディター］内に「SD=」とキー入力

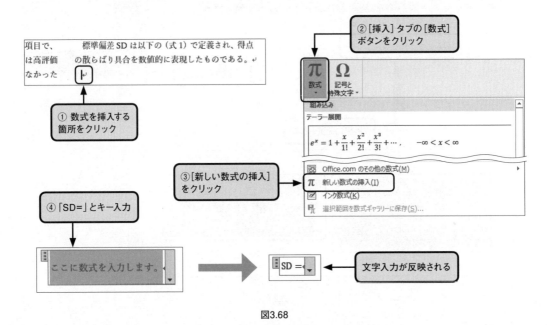

図3.68

この後の入力には、［数式ツール］タブの［デザイン］タブにある［構造］グループのボタンを利用します。

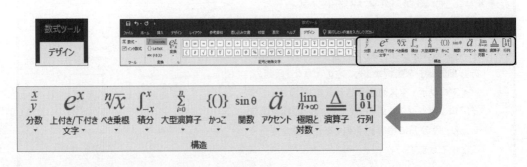

図3.69

〈構造をもった数式の入力方法〉

　数式には、分数の分母と分子や、2乗や3乗などの上付き文字などの構造をもつものがあります。これらの入力方法を左に、文章中での表記を右に並べて説明します。

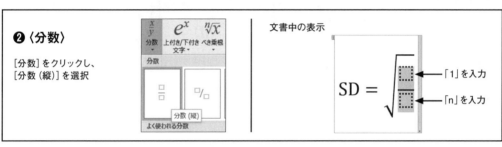

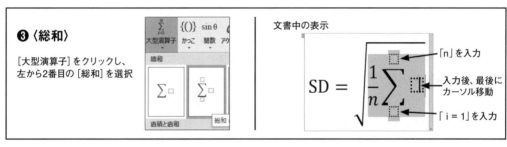

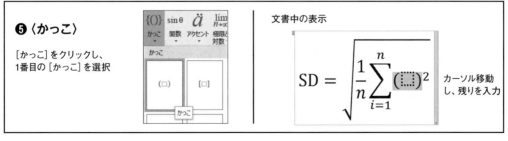

図3.70

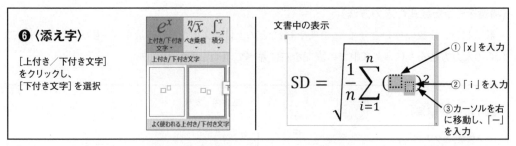

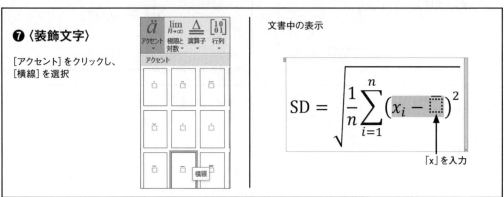

図3.70（続き）

〈数式番号をつけ、位置を移動する〉

数式番号「式1」をつけ、行全体を「中央揃え」にします。

① 数式の後ろに全角スペースを2つ入れ、「(式1)」と入力
② ［ホーム］タブの［段落］グループの［中央揃え］ボタンをクリック
③ 数式オプションをクリック
④ ［文中数式に変換］ボタンをクリック

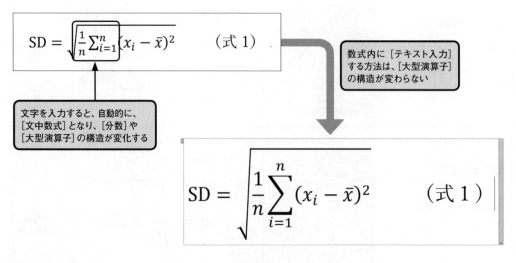

図3.71

〈複数行の字下げを揃えるタブ機能〉

　右のような3行を加え、タブ機能を利用する準備をしましょう。

　①タブを設定したい範囲を選択
　②［タブセレクタ］の形状を確認
　　→　違う場合は、何度かクリックする
　③［水平ルーラー］状の揃えたい位置でクリック
　　→　［タブマーカー］が設定される
　④移動させたい場所で、［Tab］キーを押す

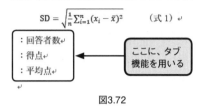

図3.72

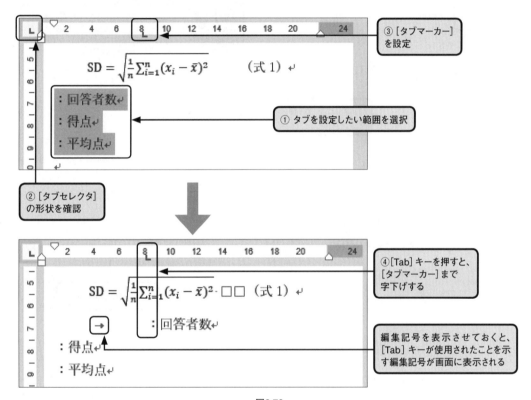

図3.73

ポイント　タブ機能とインデント機能

1ページ目では、インデント機能を用いて、文頭の字下げを行いました。本節で学んだタブ機能も同じように、文頭の字下げを行います。どのような機能が違うのでしょうか。実は、［Enter］キーを押して段落変更したときに、これらの違いが分かります。

　・インデント設定は、次の段落にも引き継がれる。
　・タブ設定は、次の段落に引き継がれない。

〈文中への数式の挿入〉

先ほどタブ設定を行った3行は、数式中に現れる文字の説明です。これらの文頭に、数式中に現れる文字を入力する際、数式機能を利用しましょう。

① 最初の行頭にカーソルを合わせる
② [挿入] タブにある [数式] ボタンをクリック
③ [新しい数式の挿入] をクリック
④ [数式エディター] 内に「n」とキー入力

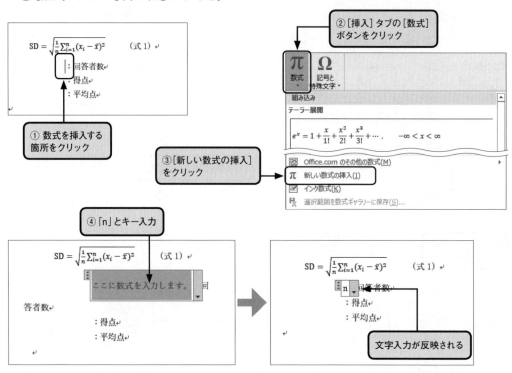

図3.74

皆さんは、(式1) の中の文字とフォントが異なることに気付いたでしょうか。そこで、(式1) 中にカーソルを合わせてフォントを確認すると、「Cambria Math、10.5pt」であることは同じですが、[斜体] ボタンが灰色になっています。

数式中に用いられる変数などのアルファベットは、斜体 (イタリック体) で表す習慣があります。そのため、[数式ツール] タブの [構造] 機能を用いた場合、自動で斜体にしてくれます。表記を統一するため、先ほど入力した「n」も斜体に変更しておきましょう。

一方で、数式の先頭の「SD」は斜体になっていません。[数式エディター] には、このような自動機能はないため、後で、作成者が「斜体」に変更する必要があります。また、本文中の「SD」も同じフォント「Cambria Math、10.5pt、斜体」に設定しましょう。

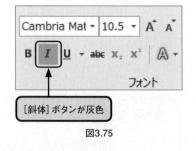

図3.75

〈キー操作による数式の入力〉

　数式を入力するには、[挿入] タブにある [数式] ボタンをクリックし、[数式エディター] を起動する必要があるため、数式の入力作業は後回しにしてきました。理系のレポートなど、数式をたくさん入力する必要のある場合、このように作業をしていると、数式の入力を忘れる箇所などが出てしまいます。入力忘れを避けるためには、文章入力と同時に、数式も入力したいものです。

　そのためには、キー操作による数式入力に慣れておくとよいでしょう。

① 数式を挿入する場所（タブ揃えした2行目の行頭）にカーソルを合わせる
② [Shift] キーと [Alt] キーと「=」を同時に押す → [数式エディター] が起動
③ 「x_i」と入力（「_」はアンダーバー）
④ [数式エディター] の横の下矢印をクリック
⑤ [2次元形式] を選択 → 「_i」が下付き添え字に変更される
⑥ 大文字になってしまった「X」を消去し、小文字の「x」を再入力
⑦ 文字フォントを「斜体」に変更

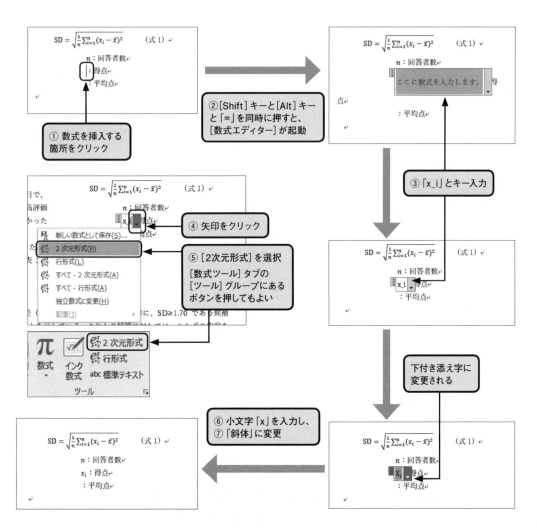

図3.76

〈インク数式を使用した数式の作成〉

次に、2番目の[インク数式]を使う方法を使う方法を説明します。

① 数式を挿入する場所(タブ揃えした3行目の行頭)をクリック
② [挿入]タブの[数式]ボタンをクリック
③ [インク数式]を選択 → [数式入力コントロール]ウィンドウが表示される
④ [数式入力コントロール]ウィンドウに、マウスでドラッグして「x」を書き、「x」の上に横棒を引く
⑤ [数式入力コントロール]ウィンドウ上部のプレビューを確認する
⑥ 正しい数式が表示されていることを確認して[挿入]ボタンを押す
⑦ 本文中に数式が表示される

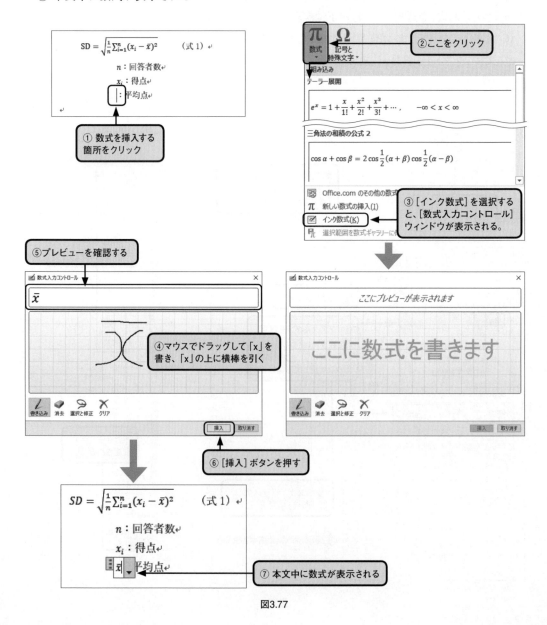

図3.77

3.7 「4ページ目」を作成しよう

〈表のコピーと行の追加〉

最後に、3ページ目で作成した表をコピーして、分析内容を追加しましょう。

① 表を挿入する場所（2段組みの次の行）をクリック

② 表のタイトル「表3 アンケート調査の詳細分析」を入力し、「MSゴシック、中央揃え」に設定

③ 3ページ目で作成した表にマウスポインタを合わせる

④ 「⊞」を右クリックし、[コピー]を選択

⑤ 4ページ目の表を挿入する場所で右クリックし、[元の書式を保持]を選択

⑥ 表の2行目の下の罫線にマウスポインタを合わせる

⑦ 「⊕」をクリック → 表に行が追加される

⑧ 追加された行の先頭に「標準偏差」と入力し、残りに数値を入力

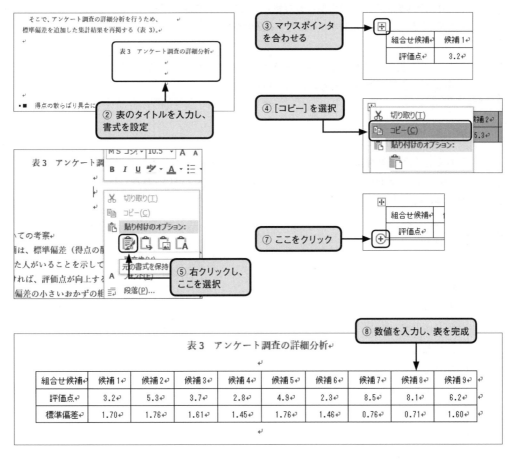

図3.78

これで、本節の課題の「レポート」作成は終了です。文書を保存し、印刷をしましょう。

第3章7節をふりかえって

学習の確認

● 段組みの設定
  1. 段組みをすることで、文書を見やすくする。
  2. 段組みする範囲を選択して、[レイアウト] タブの [段組み] から段数を設定する。
● タブの設定
  1. [Tab] キーを使って、行頭を揃える。
  2. インデントと違い、段落変更したら設定を引き継がない。
● 数式の入力
  1. [数式ツール] を使う方法と [インク数式] を使う方法とがある。
     作成する数式の形式や形態にあわせて、入力方法を選択するとよい。
  2. 数式は、構造を意識しながら入力する必要がある。

Wordの発展的機能を使って、段組みされた文書を作成することができましたか。
完成形どおりに、数式を入力することができましたか。

演習問題 5

下の文書は、「行楽弁当開発チーム」の今後のスケジュールです。本節で学習した「段組み」と「タブ設定」を利用して、見やすい文書に編集してみてください。作成した依頼文は、「演習問題5」として保存しておきましょう。

2019年7月
チームメンバーの追加募集
活動方針とスケジュール決定
2019年8月
お弁当内容の検討
試作品作り
2019年9月
生産者との打ち合わせ
商品名・価格の決定
2019年10月
学園祭での販売計画の立案
広報・宣伝活動

Excelによる 表計算とデータベース

第4章

この章で学ぶこと

Microsoft Officeで表計算機能を備えているソフトウェアがExcelです。表計算とは、その名のとおり表形式のデータを使って計算することですが、その利用範囲は単純な計算機能だけにとどまらず、文書処理への応用、関数や分析ツールを使った高度な統計／分析機能、グラフによるビジュアルな加工・表現・分析、データベース機能による大量データの記録管理など、さまざまな利用方法があります。

本章では、「行楽弁当屋」のデータをExcelの表として作成し、Excelの基礎から応用まで幅広く学習します。

この章のポイント

表の作成と加工……………… Excelの表を構成する「セル」、「行」、「列」、「ワークシート」などの基本概念を理解すると共に、書式の設定や表の拡張方法などのExcelの基本操作を学びます。

Excelの高度な活用 ……… 関数やグラフおよび分析ツールなどのExcelの高度な機能を活用して、表をさらに見やすく加工するとともに、データの高度な分析方法についても学びます。

データベースについて ……… Excelにおけるデータベースとは何か、その基本概念と応用方法を理解すると共に、データベースの作成・保守を行うときに便利な、効率の良いデータの入力方法についても学びます。

この章で学ぶ機能

- **表計算の基本機能** ………… データの入力、数式の入力とコピー、合計計算
- **書式設定** …………………… セルの書式、テーブルスタイル、配置の変更
- **関数** ………………………… SUM, AVERAGE, MAX, MIN, COUNT, IF, etc
- **グラフ** ……………………… グラフの作成、グラフの編集
- **Excelの応用** ……………… 経営分析、分析ツール、文書への表やグラフの追加
- **データベース** ……………… 基本概念、並べ替え、集計、抽出、ピボットテーブル

この章を終えると

Excelを使って、効果的なデータ管理、データ分析、グラフによるデータのビジュアル化ができるようになります。

163

4.1 表計算ソフトウェアとは

　表計算ソフトウェアはスプレッドシートとも呼ばれており、その名前のとおり、表形式のデータを使って計算するソフトウェアのことで、表計算ソフトとも呼ばれています。表計算ソフトウェアは現在ではワープロと同等、場合によってはそれ以上によく使われているパソコンの代表的なソフトウェアです。なぜ表計算ソフトウェアがそんなによく使われるのでしょうか？ 何がそんなに便利なのでしょうか？ 単純に計算するだけのものであれば電卓と変わりません、電卓との違いや表計算ソフトウェアの特徴をまとめると以下のような点が挙げられます。

- 一度入力したデータや数式は記憶されているので、同じような計算をやり直すときにデータをすべて入力し直す必要がなく、またデータを一部変更すると即時に計算が再実行されるので効率の良い計算処理を行うことができる。
- データや数式のコピーを簡単に行うことができるので、大量のデータの計算処理も短時間に効率的に行うことができる。
- 豊富な関数が提供されており、合計計算や平均値の算出などの単純計算から高度な統計処理、財務、論理、三角関数などの計算を容易に行うことができる。
- 文書処理にも利用する事ができる。すなわち、データをマス目形式のシートに作成するので、文字データを縦横に整列することや、書式を設定して見やすい文書を作成することが容易にできるので、箇条書きで作成するような文書作成には特に有効に利用することができる。
- グラフを容易に作成することができ、数値データを視覚的にとらえやすく加工することができる。グラフの種類も棒グラフ、折れ線グラフや円グラフなど豊富なグラフが用意されている。
- データベース機能も備わっており、データの並べ替え、データの検索、集計およびクロス集計なども容易に行うことができる。データ量（レコード数）も100万件以上可能であり、大量のデータ処理を行うこともできる。

　このように、単純な計算機能からデータベース機能まで幅広く豊富な機能がある表計算ソフトウェアですが、その歴史は1979年に発売されたVisicalcが始まりだと言われています。その後、1982年にマイクロソフトのMultiplan、1983年にLotus社のLotus1-2-3、1985年にマイクロソフトのExcelと、いろいろ製品が開発されてきましたが、現在はExcelが主流になっています。

　この章では、表計算ソフトウェアMicrosoft Excel 2019（以後Excelと略す）を用いて、表計算の基礎を学習します。基礎をしっかり習得して、ビジネスの現場やキャンパスなど生活のあらゆる場で有効に利用できるようにしましょう。

4.2　Excelの基本操作

4.2.1　Excelの画面

Windows 10の［スタート］メニューで［Excel 2019］をクリックします。するとExcelが起動し、図4.0のExcelスタート画面が表示されます。そこで［空白のブック］をクリックすると図4.1のように"Book 1"という新しいブックが作成されます。

それではこの新しい空白のブックを見ながら、Excelの基本的な用語を説明していきましょう。

図4.0

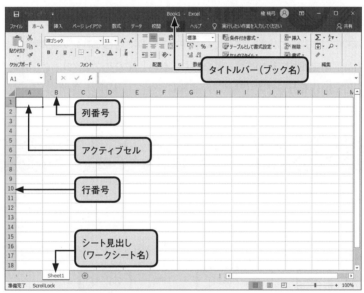

図4.1

(1) ブック

　ブックとは、ワークシートやグラフなどを綴じるバインダーのようなものです。タイトルバーにブック名が表示されます。

(2) ワークシート

　ワークシートは小さなマス目に区切られた集計用紙のようなものです。ワークシートにはアルファベットで表される列番号と数字で表される行番号が付いています。

　ワークシート全体は横が16,384列、縦が1,048,576行まであります。いま画面に表示されているのは、ワークシートの左上の部分です。

　標準の状態では新規ブックには1枚のワークシートが作成されます。シート見出しに現在作業中のワークシート名"Sheet 1"が表示されます。ワークシート間の移動は見出しを使って行います。

　シート見出しの右端にある［新しいシート］ボタンをクリックすることにより、新しいワークシートを追加することができます。

(3) セル／セル参照

マス目1つをセルと呼びます。一つひとつのマス目に数字、文字、数式などを入力して計算表を作成します。

それぞれのセルを参照するために、セルには番地が付いています。番地は列番号と行番号を組み合わせた座標で表されます。たとえば、ワークシートの左上のセルならば、A列1行目なので「A1のセル」となります。

(4) アクティブセル

ワークシートには数多くのセルがありますが、データを入力したり、消去したりするときの作業対象となるセルのことを特にアクティブセルといいます。前の図では「A1」がアクティブセルになります。他のセルと違って太線で囲まれています。アクティブセルは、キーボードの方向キーやマウスを使って自由に移動させることができます。

4.2.2 リボン

タイトルバーの下にはリボンが表示されています。Excelに対して特定の処理をさせる場合、基本的な操作はこのリボンを使って行います。すなわちリボン上部のタブをクリックし適切なコマンドボタンを選択することで操作を行います（リボンの詳細については2.2節を参照）。

図4.2はExcelの［ホーム］タブのリボンです。

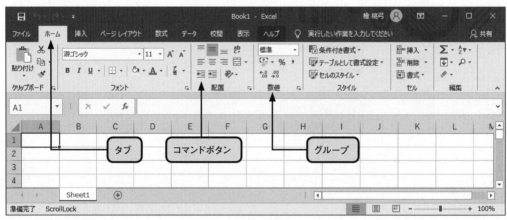

図4.2

4.3 「表」を作成しよう

では、実際に表を作成しながらExcel操作を習得していきましょう。

作成する表は、お弁当屋さんの売上データです。お弁当の商品がどれだけ売れたかを計算するものです。

どのような表を作る場合でも、大まかな作業の手順は次のとおりです。後は作成する表の内容によって入力する項目や行数が変わってきます。

・**データ入力**

表のタイトル、項目、数値データなどを入力します。

・**数式の入力**

自動的に数値を算出するための数式を入力します。

・**表の編集**

表を見やすくするために、列幅、配置などを変更、罫線を引いたり、数値にカンマを付けたりします。

・**保存**

表ができたら、ブックに名前を付けて保存します。

・**印刷**

完成した表を印刷します。

それでは、もう一度Excelを起動させて、何も記入されていないブック「Book1」を使って、新しい表を作っていきましょう。

4.3.1 データ入力

画面を広く使うため、ブックを最大表示にします。項目名などを入力するときは、日本語入力システムをオンの状態にします。

〈表題の入力〉

1) セルA1に「お弁当屋」と入力する。

アクティブセルと数式バーに「お弁当屋」と表示される。

2) [Enter] キーを押すか ✓ [入力] ボタンをクリックし、セルに対して入力確定する。

3) セルD1に「行楽弁当」と入力する。

〈項目名の入力〉

1) 図4.3のように3行目に項目名を、A列の4行目以降に商品名を入力する。

2) セルA12に「合計」と入力する。

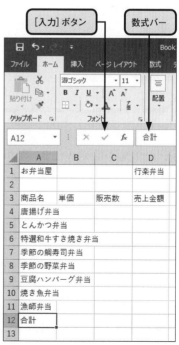

図4.3

| 第4章 | Excelによる表計算とデータベース |

〈単価と販売数の入力〉

1) セルB4からC11までをドラッグしてセル範囲を選択する。

2) 選択したセル範囲の開始位置（B4）がアクティブセルになっていることを確認する。

3) 表4.1の単価、販売数を入力する。

表4.1

商品名	単価	販売数
唐揚げ弁当	700	296
とんかつ弁当	1100	133
特選和牛すき焼き弁当	1400	141
季節の鯛寿司弁当	1300	216
季節の野菜弁当	900	338
豆腐ハンバーグ弁当	900	205
焼き魚弁当	1200	167
漁師弁当	1500	84

ヒント！　データの連続入力

複数のデータを連続して入力するとき、セルの入力範囲を範囲選択しておくと便利です。
たとえば、最終行で［Enter］キーを押すと自動的に次の列の最初の行にアクティブセルが
移動します。

アクティブセルの移動方向	キー操作
上から下	［Enter］キー
下から上	［Shift］＋［Enter］キー
左から右	［Tab］キー
右から左	［Shift］＋［Tab］キー

注　セル幅が足りないとき、数値の場合は、「###」や「1.23+08」というような表示になりますが、セル幅を広げると正しく表示されます。セル幅を広げる方法については4.4.1項で説明します。

文字の場合は、右側のセルが空白の場合は右側のセルまで連続して表示されますが、右側のセルが空白でない場合はセル幅分のみ表示されます。

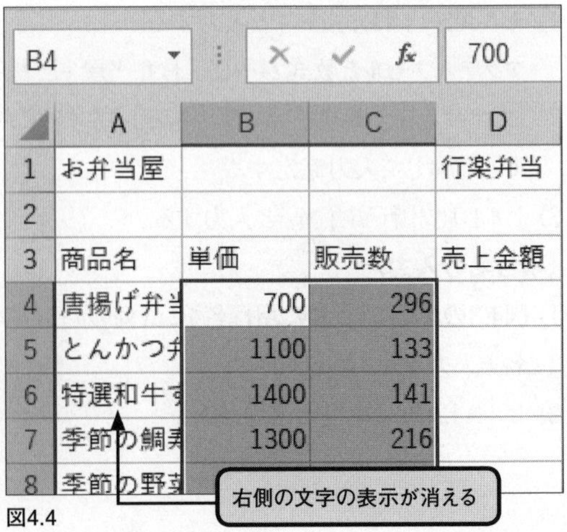

図4.4

168

4.3.2 数式の入力とコピー

売上金額は、数式を入力して値を表示します。売上金額を表示するセルに「単価＊販売数」の式を入力します。

Excelでは数式を入力するときに、次のような規則があります。

　　・先頭に「=」記号を入力します。
　　・算術演算子は次の記号を使います。

表4.2

	記号	使用例1	使用例2
加算	＋	=25+100	=A1+B1
減算	－	=120-89	=C8-D8
乗算	＊	=236 ＊ 639	=A2 ＊ F10
除算	／	=600/200	=D4/E4

> **ヒント！　数式は半角**
>
> 数式は基本的には半角文字で入力しますが、全角文字で入力してもExcelでは自動的に半角に変換してくれます。

〈数式の入力〉

1) 売上金額を算出したいセルD4をアクティブにし、「=」と入力する。
2) 単価のセルB4をマウスでクリックする。
3) 「＊」（乗算の記号）を入力する。
4) 販売数のセルC4をマウスでクリックする。
　　セルおよび数式バーには「=B4＊C4」と表示されている。
5) ［Enter］キーを押し、式を確定すると、セルD4に計算結果が算出される。

注　セルをクリックせずにキーボードから「=B4＊C4」と入力しても結果は同じになります。

図4.5

〈自動再計算〉

数式にセル参照を利用している場合は、その数式のもとになっているセルのデータを変更すると、計算結果が自動的に再計算されます。試しに「唐揚げ弁当」の単価を変更して、売上金額が再計算されることを確認してみましょう。

1) セルB4をアクティブにし、「1000」と入力する。
2) 売上金額が再計算されていることを確認する。
3) もう一度セルB4に「700」と入力し直す。

〈数式のコピー〉

D5からD11までの売上金額はD4に入力した数式をコピーして算出します。

数式をコピーするには、

- ［ホーム］タブ→［クリップボード］グループ→［コピー］コマンドボタンと［貼り付け］コマンドボタンを使う方法
- オートフィル機能を使う方法

の2通りあります。ここでは、オートフィル機能を使ってコピーします。

1) セルD4をアクティブにする。
2) アクティブセルの右下角にあるフィルハンドル（小さな黒い四角形）にマウスポインターを重ねる。ポインターが黒い十字形になったところで、D11までドラッグする。
3) マウスボタンから指を離すと、選択した範囲の売上金額が自動的に算出される。

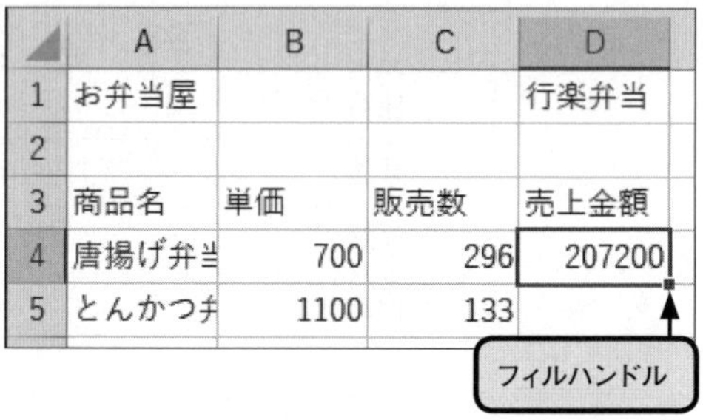

図4.6

注　オートフィルでコピーされた結果、D5には「=B5*C5」、D6には「=B6*C6」というように、自動的に行番号が修正された数式がコピーされていることを確認してください。

注　オートフィルでコピーするとセルD11の右下に［オートフィルオプション］ボタンが表示されます。このボタンをクリックしてコピー操作のオプションを指定することができます。

図4.7

4.3.3　データの修正

ここでは、すでに入力されたデータの修正方法を練習してみましょう。修正は大きく分けて次の3通りの方法で行います。

- クリア（消去）………… 現在入力されているデータを消します。
- 上書き修正 …………… 新しいデータと入れ替えます。
- 内容の一部修正 ……… 入力されているデータの一部を修正します。

〈クリア〉

セルD1の「行楽弁当」を消去する。

1) セルD1をアクティブにする。
2) キーボードの［Delete］キーを押す。

〈上書き修正〉

「唐揚げ弁当」の販売数を変更する。

1) セルC4をアクティブにする。
2) 「196」と入力する。
3) [Enter] キーを押して変更内容を確認する(「売上金額」は自動再計算されている)。

注　数式やデータを再入力して内容を変更するときは、セル内容をクリアする必要はありません。内容を変更するセルをアクティブにして、データや数式を再入力すると、セルの内容は新たに入力した内容に置き換わります。

〈内容の一部修正〉

表題を「ご当地弁当屋」に変更します。

データ修正は数式バーでも行うことができますが、ここではセル内で修正してみましょう。

目的のセルをポイントし、ダブルクリックするかまたは [F2] キーを押します。カーソルが表示されて、編集可能になります。カーソル位置の移動は方向キーを使うか、マウスをセルの中の任意の位置でクリックします。

カーソル位置を基準に文字の追加や削除を行います。

1) セルA1をダブルクリックする。セルの中のカーソルが表示される。
2) キーボードの方向キーを用いてカーソル位置を左端に移動する。
3) 「お弁当屋」を削除して「ご当地弁当屋」と入力する。
4) [Enter] キーを押し、変更内容を確定する。

注　1文字削除する場合は、[Backspace] キーまたは [Delete] キーを使います。
　　[Backspace] キー　：カーソル位置より左側の文字が削除されて、文字が詰められます。
　　[Delete] キー　　　：カーソル位置より右側の文字が削除されて、文字が詰められます。

4.3.4　合計の計算

セル参照を使って、合計を求める数式を考えてみましょう。

=C4+C5+C6+C7+C8+C9+C10+C11

たった8行の合計ですが、ずいぶん長い式になりますね。100行や200行の合計を求めるとしたらどうでしょうか。非常に長い数式になりますね。

このようなときは関数を使います。関数については後ほど4.6節で詳細に説明しますが、ここでは簡単な操作で合計を計算するオートSUM機能を使ってみましょう。

〈オートSUM〉

表計算では、合計を求めることは最もよく行う作業です。通常は関数を使って合計を計算しますが、

図4.8

［ホーム］タブ→［編集］グループ→［オートSUM］ボタン（Σ）を使うと簡単な操作で合計の関数を利用できます。

それでは販売数と売上金額の合計を求めてみましょう。
1) セルC12をアクティブにする。
2) ［ホーム］タブ→［編集］グループ→［オートSUM］ボタンをクリックする。
数式バーに範囲が選択されたSUM関数が表示されている。
3) ［Enter］キーを押すと合計が表示される。
4) 同様にセルD12にも［オートSUM］ボタンにより合計を計算する。

図4.9

注　「オートSUM」は、上か左に隣接し連続して入力されている数値データを、合計の対象セル範囲として自動認識します。
自動認識されたセル範囲が実際の合計のセル範囲と異なる場合は、合計したいセル範囲をドラッグして選択し直すことができます。

図4.10

4.3.5　ブックの保存
作成した表を保存します。

〈ブックの保存〉
1) ［ファイル］タブをクリックし［名前を付けて保存］をクリックする。さらに［参照］ボタンをクリックする（図4.10）。
2) ［名前を付けて保存］ダイアログボックスの［ファイル名］に「売上」と入力して［保存］ボタンをクリックする。
「売上」というファイル名でブックが保存され、ブックのタイトルも「売上」となる。

図4.11

図4.12

4.3 「表」を作成しよう

演習問題

（演習4.3.1）

下図のような家計簿を作成しなさい。

同じような項目を入力するには、コピー操作を使って、効率良く入力するようにしなさい。

	A	B	C	D	E	F	G
1	家計簿						
2	日付	項目	入金	出金	残高	摘要	
3	4月1日	収入	50000			親からの仕送り	
4	4月1日	食費		450		学食ランチ	
5	4月1日	食費		3800		朝食夕食の材料	
6	4月2日	住居		20000		下宿代	
7	4月2日	交際費		8000		サークル会費	
8	4月2日	交通費		5000		定期代	
9	4月2日	食費		350		お昼弁当	
10	4月2日	食費		800		調味料	
11	4月2日	食費		1500		飲み物	
12	4月3日	住居		1800		電気代	
13	4月3日	食費		500		学食ランチ	
14	4月3日	収入	20000			家庭教師A	
15	4月3日	交際費		2500		新入生歓迎コンパ	
16							

演習図4.3.1

（演習4.3.2）

作成した家計簿の残高を計算する数式を入力して、表を完成しなさい。

数式の入力も、コピー操作を使って効率良く入力するようにしなさい。

（演習4.3.3）

右図のような「試験結果」のデータを作成しなさい。

コピー操作を使って効率良く入力するようにしなさい。

	A	B	C
1	試験結果		
3	氏名	学部	英語
4	市川　妙子	工学部	92
5	金沢　留美香	工学部	88
6	鈴木　真知子	工学部	77
7	渡辺　利治	工学部	91
8	音野　松蔵	工学部	72
9	吉永　沙織	工学部	98
10	小林　昭子	工学部	93
11	橋本　輝美	工学部	95
12	中村　順一	工学部	73
13	藤本　芳樹	工学部	74
14	大嶋　雅子	工学部	83
15	藤原　勇雄	文学部	88
16	吉田　ミサ子	文学部	83
17	滝川　俊一	文学部	75
18	小泉　孝雄	文学部	89
19	牛込　光貴	文学部	85
20	後藤　勝	文学部	81
21	吉田　博	文学部	84
22	柘植　嘉弘	文学部	82
23	宮本　節子	文学部	94

演習図4.3.2

173

4.4 ワークシートの書式を設定しよう

前節の「表を作成しよう」で作成した「お弁当屋（ご当地弁当屋）の売上表」を見やすく編集してみましょう。まず、保存した「売上」ブックを開きます。
主な編集作業は次のようなものです。
- セル幅の変更
- 枠線、罫線と塗りつぶし（網かけ）
- フォントの変更（太字、斜体、フォント名、サイズ）
- 配置の変更
- 表示形式の変更

4.4.1 セルの幅と高さの変更
マウスの簡単な操作でセルの幅、高さを変更することができます。

〈セルの幅の変更〉
変更したい列番号（アルファベット）の右側の境界線をポイントすると、ポインターが左右の矢印の形になります。境界線をポイントしたままで、左右にドラッグすると幅の変更ができます。
あらかじめ複数列を範囲選択し、範囲の中の任意の境界線をポイントしたまま左右にドラッグすると範囲選択した列すべてを同じ幅に変更することができます。

図4.13

〈セルの高さの変更〉
変更したい行番号の下側の境界線をポイントし、上下にドラッグすると高さの変更ができます。Excelでは、文字の大きさの変更に伴って自動的にセルの高さが変わります。ところがセルの高さを変更してから文字のサイズを変更すると文字に合わせてセルの高さが変化しなくなります。特別な場合以外は、セルの高さは既定値のままのほうがよいでしょう。
行番号の境界線上でダブルクリックするとセルの高さは規定値に戻ります。

〈セル幅の自動調整〉
データの長さに合わせてセル幅を自動調整することができます。変更したい列番号の右側の境界線上でダブルクリックすると、その列に入力されている一番長いデータに合わせてセル幅が変わります。複数列に対する設定も可能です。
それでは列幅を変更して表を見やすくしてみましょう。
1) 商品名（A列）の幅を自動調整して、商品名の文字がすべて表示されるようにする。
2) 単価（B列）と販売数（C列）を範囲選択して、同じ幅に変更する。
3) 売上金額（D列）の列幅を狭くして、数値がどのように表示されるか確認する。
4) もう一度、売上金額（D列）の列幅を拡張変更して、数値が見やすく表示されるようにする。

4.4.2 枠線／罫線／塗りつぶし（網かけ）

〈枠線の表示/非表示〉

ワークシート全体に表示されている灰色の線は枠線といい、それぞれのセルを区別しやすくするためのものです。

通常このまま印刷すると枠線は印刷されません。まず、枠線を表示しない状態にしてみましょう。

1) ［ページレイアウト］タブ→［シートのオプション］グループ→［枠線］の［表示］チェックボックスのチェックをオフにする。枠線が消えワークシートは真っ白な用紙のようになる。
2) 枠線はまだ必要なので、［枠線］の［表示］チェックボックスのチェックをオンにして、もう一度表示する。

〈罫線を引く〉

1) 表全体に罫線を引くため、セルA3からD12まで範囲選択する。
2) ［ホーム］タブ→［フォント］グループ→［罫線］ボタン右端の▼ボタンをクリックする。
3) 罫線スタイルの［格子］をクリックする。選択した範囲に罫線が引かれる。

図4.14

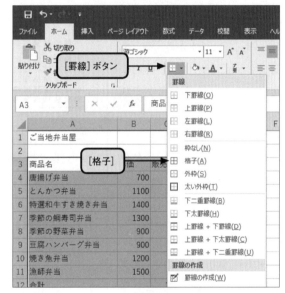

図4.15

図4.16

〈塗りつぶし（網かけ）〉

1) A3からD3を範囲選択する。
2) ［ホーム］タブ→［フォント］グループの［ダイアログボックス起動ツール］をクリックする。
「セルの書式設定」ダイアログボックスが表示される。
3) ［塗りつぶし］タブ→［パターンの種類］右端の▼ボタンをクリックし、パターン一覧の一番上段の左から3番目のパターンをクリックする。
4) パターンの色を変えるため、［パターンの色］右端の▼ボタンをクリックし、パレットから［緑］を選択すると、［サンプル］枠内に選択した模様と色が表示される。
5) ［OK］ボタンをクリックする。
選択された範囲が指定したパターンに変わる。

注　塗りつぶしの色の設定は、［ホーム］タブ→［フォント］グループ→［塗りつぶしの色］ボタンを使っても同様の設定を行うことができます。

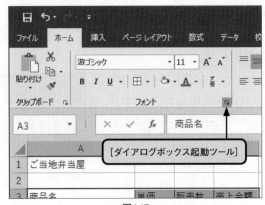

図4.17

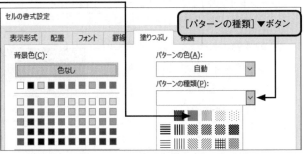

図4.18

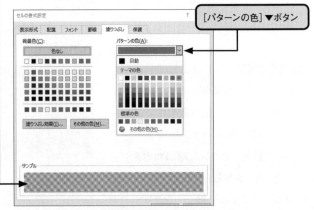

図4.19

	A	B	C	D
1	ご当地弁当屋			
2				
3	商品名	単価	販売数	売上金額
4	唐揚げ弁当	700	196	137200
5	とんかつ弁当	1100	133	146300
6	特選和牛すき焼き弁当	1400	141	197400
7	季節の鯛寿司弁当	1300	216	280800
8	季節の野菜弁当	900	338	304200
9	豆腐ハンバーグ弁当	900	205	184500
10	焼き魚弁当	1200	167	200400
11	漁師弁当	1500	84	126000
12	合計		1480	1576800

図4.20

4.4.3 フォントの変更

フォントは［ホーム］タブ→［フォント］グループのコマンドボタンを使って変更します。フォントを変更して列幅が足りなくなったらセル幅の調整をします。

〈太字〉

合計の行を太字に設定する。

1) セルA12からD12までを範囲選択する。
2) ［フォント］グループ→［B］（太字）ボタンをクリックする。書体が太字に変わる。

図4.21

〈斜体〉

商品名を斜体に設定する。

1) セルA4からA11まで範囲選択する。
2) ［フォント］グループ→［I］（斜体）ボタンをクリックする。書体が斜体に変わる。

〈フォント名／サイズ／太字の変更〉

表タイトルのフォントを変更する。

1) セルA1をアクティブにする。
2) ［フォント］グループ→［フォント］ボックス右端の▼ボタンをクリックする。
3) フォントのリストが表示されるので、［BIZ UDPゴシック］をクリックする。
4) ［フォント］グループの［フォントサイズ］ボックス右端の▼ボタンをクリックする。
5) リストが表示されるので［14］をクリックする。
6) ［フォント］グループ→［B］（太字）ボタンをクリックする。

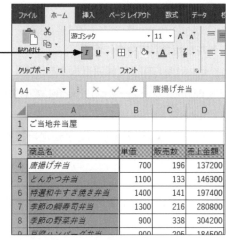

図4.22

図4.23

177

4.4.4 配置の変更

［ホーム］タブのコマンドを使ってセル内の表示位置を変更します。

〈セルの中央に配置〉

1) セルA3からD3まで範囲選択し、［Ctrl］キーを押したままセルA12をクリックする。
2) ［配置］グループ→［中央揃え］ボタンをクリックする。
   左詰めで入力されていた文字がセル内の中央に配置される。

注 離れた位置にある複数のセルを選択するには［Ctrl］キーを使います。

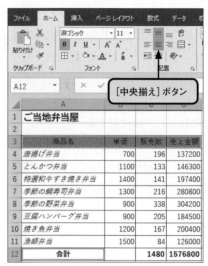

図4.24

〈セルを結合して中央に配置〉

1) セルA1からD1まで範囲選択する。
2) ［配置］グループ→［セルを結合して中央揃え］ボタンをクリックする。
   左詰めで入力されていた文字が選択範囲の中央に配置される。

注 セルの結合を解除するには、［セルを結合して中央揃え］ボタン右端の▼ボタンをクリックして［セル結合の解除］をクリックします。

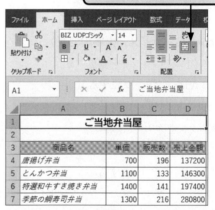

図4.25

4.4.5 表示形式

Excelでは、数値にカンマを付けて入力する必要はありません。カンマの他にもパーセンテージ、通貨、日付などの表示方法を表示形式で設定することができます。

〈桁区切り〉

1) セルB4からD12まで範囲選択する。
2) ［ホーム］タブ→［数値］グループ→［桁区切りスタイル］ボタンをクリックする。選択したセルの数値に桁区切り記号（カンマ）が挿入される。

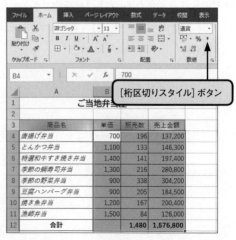

図4.26

〈その他の表示形式〉

　［数値］グループの［通貨表示形式］、［パーセントスタイル］、［小数点以下の表示桁数を増やす］など、その他のコマンドボタンを使って表示形式を変更することができます。

　また、［数値の書式］ボックス右端の▼ボタンをクリックすると、その他種々の書式が表示されます、目的に応じてこの中から適切な書式を設定することができます。

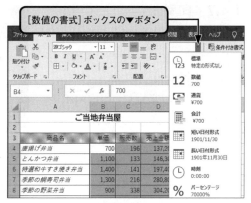

図4.27

4.4.6 テーブルスタイル

　書式を簡単に設定するために、Excelにはあらかじめいくつかの書式が用意されています。

　テーブルスタイルは、表示形式や罫線、フォント、文字の色、背景色、塗りつぶしなどがセットになったものです。

〈テーブルスタイルによる書式設定〉

1) 書式を設定するセル範囲（A3からD12）を選択する。
2) ［ホーム］タブ→［スタイル］グループ→［テーブルとして書式設定］ボタンをクリックする。
3) テーブルスタイル一覧表から適切なスタイルをクリックする。
4) ［テーブルとして書式設定］ダイアログボックスが表示されるので［OK］ボタンをクリックする。

図4.28

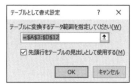

図4.29

注　見出し項目のセルに▼ボタンが表示されますが、これについては、4.9節「データベース機能を使ってみよう」で説明します。

〈テーブルスタイルの変更〉

　設定した書式を変更してみましょう。

1) ［デザイン］タブ→［テーブルスタイル］グループで別のスタイルを選択する。

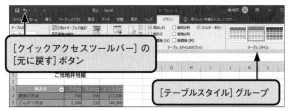

図4.30

注　スタイルをクリックせずにポイントするだけで書式の変更結果が表示されます。これを「リアルタイムプレビュー」機能と言います。

注　表示形式はテーブルスタイルを使わない以前の形式に戻しましょう。このためには［クイックアクセスツールバー］→［元に戻す］ボタンを使うと便利です。

4.4.7 印刷

作成した表を印刷してみましょう。

〈印刷プレビュー〉

実際に印刷する前に、印刷のイメージを表示して確認しましょう。

1) ［ファイル］タブをクリックし［印刷］をクリックすると、画面の右側に印刷プレビューが表示される。

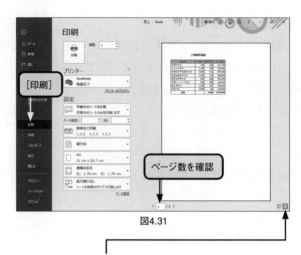

図4.31

2) 図が小さいときは印刷プレビュー右下にある［ページに合わせる］ボタンをクリックするとプレビューが拡大表示される。
3) 印刷プレビュー左下にあるページ数を確認し、不要なページが印刷されないように注意する。

〈ページ設定の変更〉

印刷プレビューの左側にある設定項目から簡単な設定を行うこともできますが、詳細な設定を行うには、設定項目の下にある［ページ設定］を使います。

1) ［ページ設定］をクリックすると、［ページ設定］ダイアログボックスが表示され4つのタブが選択できる。

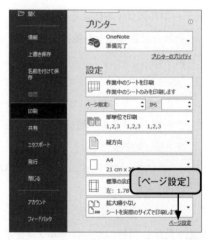

図4.32

2) ［余白］タブ→［ページ中央］→［水平］チェックボックスをオンにして、［OK］ボタンをクリックする。
　　印刷イメージは用紙の中央に自動的に配置される。

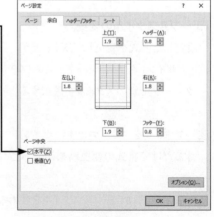

図4.33

4.4 ワークシートの書式を設定しよう

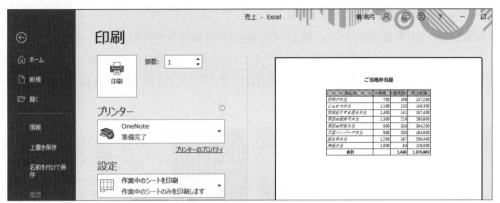

図4.34

注 ［ページ設定］ダイアログボックスでは、その他に「用紙サイズ」、「印刷の向き」、「拡大／縮小印刷」、「ヘッダー／フッター」などを指定することができます。

注 ［ページレイアウト］タブのコマンドボタンを使って、上記と同じページ設定が可能です。

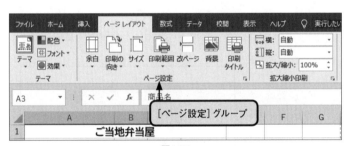

図4.35

〈印刷〉

1) 印刷部数などを確認する。
2) ［印刷］ボタンをクリックすると、印刷が実行される。

図4.36

> **※メモ： 印刷はよく確認してから**
>
> ［印刷］ボタンをクリックするとすぐに印刷が実行されます。印刷部数、印刷範囲やページの指定が不適切だと、不必要な印刷が大量に出力されることがあります。［印刷］ボタンをクリックする前に、もう一度指定内容を確認して、不必要なものが印刷されないようにしましょう。

〈ワークシートの特定の範囲だけを印刷〉
1) 印刷したい部分を範囲選択する。例としてA3からD12を範囲選択する。
2) ［ファイル］タブをクリックし［印刷］をクリック。さらに［作業中のシートを印刷］ボタン右端の▼ボタンをクリックし、［選択した部分を印刷］ボタンをクリックすると、選択されたセル範囲だけが印刷プレビューに表示される。

図4.37

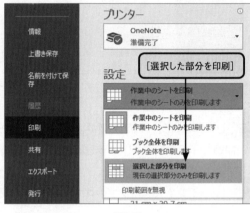

図4.38

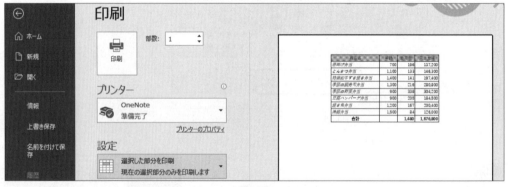

図4.39

ヒント！ セル範囲の選択に便利なショートカットキー

データが多くなり1画面にすべてを表示できないような場合にはショートカットキーを使って範囲指定を行うと便利です。
たとえば、A3からD12を範囲選択するには、まずA3をアクティブにし、［Ctrl］キーと［Shift］キーを押したまま［End］キーを押すとデータ範囲の右下隅まで範囲指定される。
他に便利なショートカットキーとして次のようなものがある。

［Ctrl］+［A］：ワークシート全体を選択する。
［Shift］+［↑］（［↓］［←］［→］）：選択範囲を上（下、左、右）に拡張する。
［Ctrl］+［Shift］+［↑］（［↓］［←］［→］）：選択範囲をデータ範囲の上（下、左、右）に拡張する。

演習問題

(演習4.4.1)

前節の演習4.3.2で作成した家計簿の表について、次の手順でいろいろな書式を設定して見やすい表を作成しなさい。

(1) 列Fの幅を広げて「摘要」の文字がセル内に表示できるようにする。
(2) A2からF15までの範囲に罫線を設定する、ただし外枠、2行目とA列は太線にする。
(3) 1行目のタイトル「家計簿」の文字は、A1からF1までセルを結合して中央に配置する。
塗りつぶしの背景色は「オレンジ, アクセント2, 黒+基本色50%」色([パターンの色]の[オレンジ]の列の一番下(茶色))を指定する。また、フォントサイズは14ポイントで太字、文字の色は白色にする。
(4) 2行目の項目名は[中央揃え]にし、塗りつぶしのパターンは緑色の[実線横格子]を指定する。
(5) 金額は[桁区切り]を指定する。
(6) 印刷する、ただし用紙は横方向、150倍に拡大し、1ページに収まっていることを確認して印刷する。

演習図4.4.1

(演習4.4.2)

前節の演習4.3.3で作成した「試験結果」の表について、右図を参考に書式を設定して見やすい表を作成しなさい。

演習図4.4.2

4.5 表を拡張しよう

前節で作成した売上表を拡張しましょう。拡張しながら、Excelのその他の便利な機能について学習しましょう。ここでは主に次のような内容を学習します。

・行、列を追加して表全体の拡張。
・相対参照、絶対参照の考え方。
・ワークシートのコピー、名前の変更。

4.5.1 行と列の挿入

商品名に「新幹線弁当」の行、項目名に「目標数」の列を挿入します。

〈行の挿入〉

1) 7行目のセルをクリックする。7行目ならば何列目でもかまわない。

2) ［ホーム］タブ→［セル］グループ→［挿入］ボタン右端の▼ボタンをクリックし［シートの行を挿入］をクリックする。1行挿入され、「季節の鯛寿司弁当」以下の行が1行ずつ下にシフトする。
また、挿入されたセルの右下に［挿入オプション］ボタンが表示され、挿入したセルの書式を設定できる。

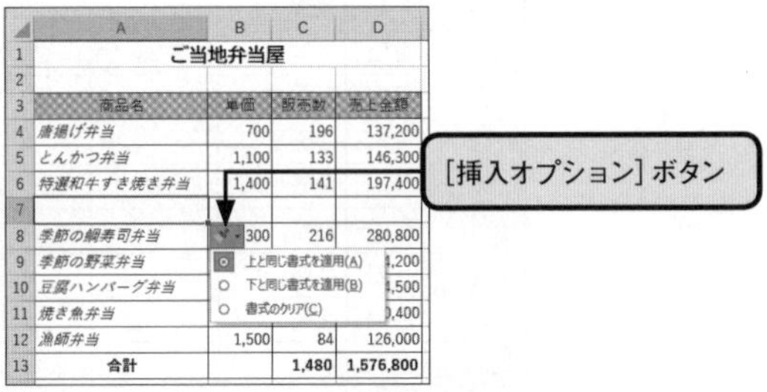

3) 7行目に次のデータを入力する。

表4.3

商品名	単価	販売数
新幹線弁当	1300	112

図4.40

図4.41

4) 売上金額の式はオートフィルでコピーする（4.3.2項「数式の入力とコピー」を参照）。
セルD6をアクティブにし、アクティブセルの右下にあるフィルハンドルポイントする。ポインターの形が十字になったところで、D7までドラッグする。

図4.42

〈列の挿入〉

1) C列のセルをクリックする。C列ならば何行目でもかまわない。

2) ［ホーム］タブ→［セル］グループ→［挿入］ボタン右端の▼ボタンをクリックし［シートの列を挿入］をクリックする。1列挿入され、「販売数」と「売上金額」の列が右にシフトする。

3) C列にデータを入力する。
   セルC3には「目標数」、数値データは右の表の値を入力する。

4) セルC13の合計は［オートSUM］ボタン（Σ）を使って求める。

> **注** 行や列を挿入すると、たとえば「新幹線弁当」は斜体文字に、「目標数」という文字は中央に配置されて、塗りつぶしのパターンも同じ色が設定されています。これは挿入した行の上のセル、または挿入した列の左のセルと同じ書式が自動的に設定されているからです。［挿入オプション］ボタンを使って変更することもできます。

表4.4

商品名	目標数
唐揚げ弁当	300
とんかつ弁当	150
特選和牛すき焼き弁当	150
新幹線弁当	150
季節の鯛寿司弁当	200
季節の野菜弁当	200
豆腐ハンバーグ弁当	200
焼き魚弁当	200
漁師弁当	100

図4.43

4.5.2 売上比率と達成率の計算

〈相対参照と絶対参照〉

　セル参照には相対参照と絶対参照があります。

(1) 相対参照： 任意のセルを基点とした相対的な座標で指定します。

Excelでは数式をコピーすると、式に記述されたセル参照はコピー先のセルを基準に自動的に相対座標に書き換えられ再計算されます。

相対参照の例：A1, B6

(2) 絶対参照： ワークシートでの絶対的な座標を指定します。

絶対参照では指定した座標は、数式をコピーしても変更されません。

絶対参照を表すには、セル参照の行と列の番号の前に$をつけます。

絶対参照の例：$A$1, $B$6

〈売上比率〉

それぞれの商品の売上げが、全体に対してどれくらいの割合を占めているかを計算します。

売上比率を求める数式は「＝各商品の売上金額／売上金額の合計」です。

1) セルF3に「売上比率」と入力する。自動的に左のセルの書式が適用され、中央に配置される。網かけも行われる。
2) セルF4をアクティブにし、キーボードから「=」を入力する。
3) セルE4をクリックする（「唐揚げ弁当」の売上金額）。
4) キーボードから「/」を入力する。
5) セルE13をクリックする（売上金額の合計）。セル（および数式バー）には「=E4/E13」と表示される。
6) キーボードの［F4］キーを押す。セル（および数式バー）に「=E4/$E$13」と表示される（図4.44）。

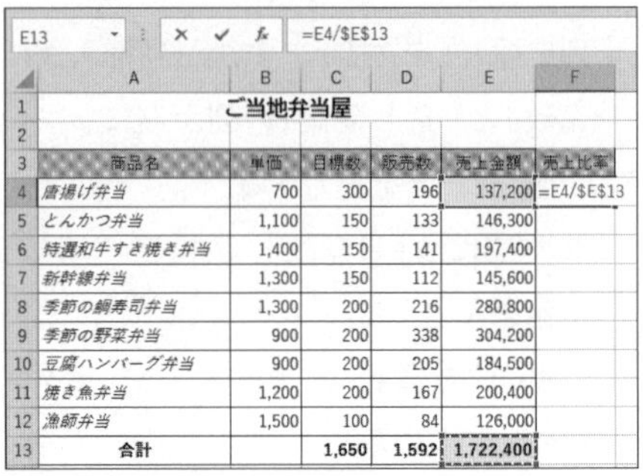

E13 =E4/$E$13

	A	B	C	D	E	F
1	ご当地弁当屋					
2						
3	商品名	単価	目標数	販売数	売上金額	売上比率
4	唐揚げ弁当	700	300	196	137,200	=E4/$E$13
5	とんかつ弁当	1,100	150	133	146,300	
6	特選和牛すき焼き弁当	1,400	150	141	197,400	
7	新幹線弁当	1,300	150	112	145,600	
8	季節の鯛寿司弁当	1,300	200	216	280,800	
9	季節の野菜弁当	900	200	338	304,200	
10	豆腐ハンバーグ弁当	900	200	205	184,500	
11	焼き魚弁当	1,200	200	167	200,400	
12	漁師弁当	1,500	100	84	126,000	
13	合計		1,650	1,592	1,722,400	

図4.44

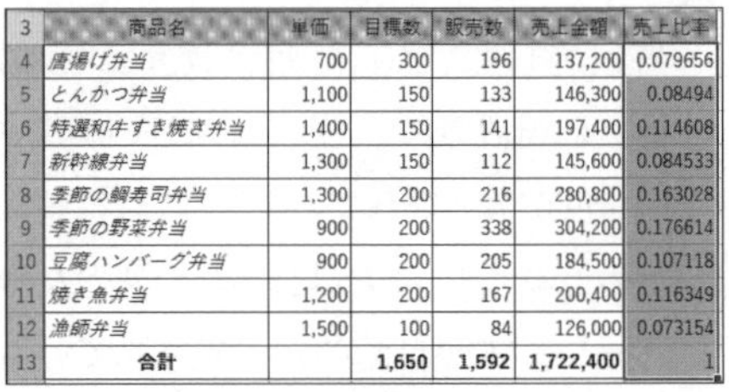

3	商品名	単価	目標数	販売数	売上金額	売上比率
4	唐揚げ弁当	700	300	196	137,200	0.079656
5	とんかつ弁当	1,100	150	133	146,300	0.08494
6	特選和牛すき焼き弁当	1,400	150	141	197,400	0.114608
7	新幹線弁当	1,300	150	112	145,600	0.084533
8	季節の鯛寿司弁当	1,300	200	216	280,800	0.163028
9	季節の野菜弁当	900	200	338	304,200	0.176614
10	豆腐ハンバーグ弁当	900	200	205	184,500	0.107118
11	焼き魚弁当	1,200	200	167	200,400	0.116349
12	漁師弁当	1,500	100	84	126,000	0.073154
13	合計		1,650	1,592	1,722,400	1

図4.45

注 相対参照から絶対参照に変更するには上記 6）の手順のように、セル参照にカーソルを合わせた状態で［F4］キーを押すと自動的に「$」が挿入され絶対参照になります。

7) ［Enter］キーを押して式を確定する。
8) オートフィルの機能を使って、セルF4の数式をF5からF13までコピーする（図4.45）。

注 数式に記述された「$E$13」は絶対参照なのでコピー先の数式の中でも「$E$13」は変化しません。

表4.5

	相対参照の式をコピーした場合	絶対参照の式をコピーした場合
セル F5	=E5/E14	=E5/$E$13
セル F6	=E6/E15	=E6/$E$13
セル F7	=E7/E16	=E7/$E$13

〈絶対参照と相対参照の式の比較〉

相対参照の式をコピーすると上記のように分母がE14, E15, E16とセル参照が変わってしまい、売上比率を求めることができません。また、今回のようにE14, E15, E16……のセルに値が入っていない場合は、0で割ることになり、割り算の式が成り立たないので「#DIV/0!」というエラーが発生します。

fx =E4/E13

B	C	D	E	F
ご当地弁当屋				
単価	目標数	販売数	売上金額	売上比率
700	300	196	137,200	0.079656
1,100	150	133	146,300	#DIV/0!
1,400	150	141	197,400	#DIV/0!

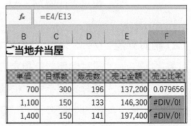

図4.46

その場合は、いったんF4からF13までのセルの内容をクリアした上で、もう一度数式を絶対参照に修正してコピーを行うと正しく計算できます。

〈達成率〉

それぞれの商品の販売数が目標数に対してどれだけ達成したかを計算します。

達成率を求める式は「＝各商品の販売数／各商品の目標数」です。

1) セルG3に「達成率」と入力する。
2) セルG4をアクティブにし、キーボードから「＝」を入力する。
3) セルD4(「唐揚げ弁当」の販売数)をクリックする。
4) キーボードから「／」を入力する。
5) セルC4(「唐揚げ弁当」の目標数)をクリックする。
   セルG4(および数式バー)には「＝D4/C4」と表示される。
6) [Enter]キーを押して式を確定する。
7) オートフィルの機能を使って、セルG4の数式をG5からG13までコピーする。

図4.47

注 このような計算を行う場合は「相対参照」を使います。「絶対参照」との違いを理解してください。

〈ワークシートのコピー〉

ワークシート全体をコピーしてみましょう。

1) [ホーム]タブ→[セル]グループ→[書式]ボタンをクリックする。
2) [シートの整理]の[シートの移動またはコピー]をクリックする。
3) [シートの移動またはコピー]ダイアログボックス→[コピーを作成する]チェックボックスをチェックし、[OK]ボタンをクリックする。
4) 「Sheet1 (2)」という名前でワークシートがコピーされる。
5) 再度、[ホーム]タブ→[セル]グループ→[書式]ボタンをクリックし、[シートの整理]の[シート名の変更]をクリックして、シート名を「売上」に変更する。

図4.48

図4.50

図4.51

図4.49

6) ブックを上書き保存する。

第4章　Excelによる表計算とデータベース

演習問題

（演習4.5.1）

前節の演習4.4.1で作成した家計簿の表について、次の手順で表を拡張しなさい。

(1) 16行目に「入金」、「出金」の合計を求める。罫線は太線にする。セルA16に「合計」と入力し［中央揃え］にする。

(2) E列を挿入して項目名は「出費構成比」とする。

(3) セルE4に出費構成比（各項目の出金額／出金合計額）を計算して、小数点以下2桁まで表示する。小数点以下の表示桁数を変更するには［ホーム］タブ→［数値］グループ→［小数点以下の表示桁数を増やす（減らす）］のコマンドボタンを使う。

数式には絶対参照を利用し、式をコピーしてすべての出費について構成比を計算する。

	A	B	C	D	E	F	G
1				家計簿			
2	日付	項目	入金	出金	出費構成比	残高	摘要
3	4月1日	収入	50,000			50,000	親からの仕送り
4	4月1日	食費		450	0.01	49,550	学食ランチ
5	4月1日	食費		3,800	0.09	45,750	朝食夕食の材料
6	4月2日	住居		20,000	0.45	25,750	下宿代
7	4月2日	交際費		8,000	0.18	17,750	サークル会費
8	4月2日	交通費		5,000	0.11	12,750	定期代
9	4月2日	食費		350	0.01	12,400	お昼弁当
10	4月2日	食費		800	0.02	11,600	調味料
11	4月2日	食費		1,500	0.03	10,100	飲み物
12	4月3日	住居		1,800	0.04	8,300	電気代
13	4月3日	食費		500	0.01	7,800	学食ランチ
14	4月3日	収入	20,000			27,800	家庭教師A
15	4月3日	交際費		2,500	0.06	25,300	新入生歓迎コンパ
16	合計		70,000	44,700	1.00		

演習図4.5.1

（演習4.5.2）

前節の演習4.4.2で作成した「試験結果」の表について、右図を参考にして「学科」、「学年」、「番号」の列を挿入して表を拡張しなさい。

	A	B	C	D	E	F
1			試験結果			
3	氏名	学部	学科	学年	番号	英語
4	市川　妙子	工学部	電子工学科	1	1	92
5	金沢　留美香	工学部	電子工学科	1	2	88
6	鈴木　真知子	工学部	電子工学科	1	3	77
7	渡辺　利治	工学部	電子工学科	2	1	91
8	音野　松蔵	工学部	電子工学科	2	2	72
9	吉永　沙織	工学部	電子工学科	2	3	98
10	小林　昭子	工学部	機械工学科	1	1	93
11	橋本　輝美	工学部	機械工学科	1	2	95
12	中村　順一	工学部	機械工学科	1	3	73
13	藤本　芳樹	工学部	機械工学科	2	1	74
14	大嶋　雅子	工学部	機械工学科	2	2	83
15	藤原　勇雄	文学部	芸術学科	1	1	88
16	吉田　ミサ子	文学部	芸術学科	1	2	83
17	滝川　俊一	文学部	芸術学科	1	3	75
18	小泉　孝雄	文学部	芸術学科	2	1	89
19	牛込　光貴	文学部	芸術学科	2	2	85
20	後藤　勝	文学部	英米文学科	1	1	81
21	吉田　博	文学部	英米文学科	1	2	84
22	柘植　嘉弘	文学部	英米文学科	1	3	82
23	宮本　節子	文学部	英米文学科	1	4	94

演習図4.5.2

4.6 関数を使いこなそう

　関数とは、演算を行うためにあらかじめ用意された特殊な数式のことです。関数を使うと、長い式や複雑な式を簡単に記述することができます。

　4.3.4項では合計を計算するのに「オートSUM」を使いましたが、これは合計を求めるSUM関数を簡便に使う方法でした。ここでは「オートSUM」を使わずにSUM関数を直接使う方法や、SUM関数以外の種々の関数についても使い方を学んでいきましょう。

4.6.1　SUM関数

　販売数の合計のセルD13をアクティブにして数式バーの数式を見てください。「=SUM (D4:D12)」となっていますね。

　これは「オートSUM」により作られたSUM関数です。セルD4からD12までの合計を算出するという意味です。

> 注　4.3.4項では数式は「=SUM (C4: C11)」でしたが「新幹線弁当」の行と「目標数」の列を挿入したので、式は自動的に修正され、列は「D」、行の範囲は12行目までになっています。

図4.52

〈合計を計算する〉

　それでは販売数の合計を、直接SUM関数を使って計算し直してみましょう。
1) 答えを出すセルD13をアクティブにする。
2) [Delete] キーを押して一度セルD13をクリアする。
3) [数式] タブ→ [関数ライブラリ] グループ→ [数学/三角] ボタンをクリックすると、ドロップダウンリストが表示される。
4) リストから [SUM] をクリックする。
5) [関数の引数] ダイアログボックスの [数値1] のテキストボックスに「D4:D12」と表示され、「数式の結果」が表示されているので確認する。
6) [OK] ボタンをクリックすると合計値がセルD13に表示される。

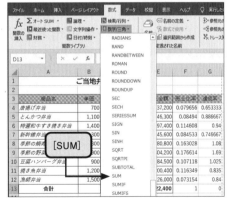

図4.53

図4.54

189

注　SUM関数の入力は、［数式］タブ→［関数ライブラリ］グループ→［オートSUM］コマンドボタン、または［関数の挿入］コマンドボタンからも選択できます。また直接、関数名をキーボードから入力してもかまいません。

	A	B	C	D	E	F	G
1	ご当地弁当屋						
2							
3	商品名	単価	目標数	販売数	売上金額	売上比率	達成率
4	唐揚げ弁当	700	300	196	137,200	0.079656	0.653333
5	とんかつ弁当	1,100	150	133	146,300	0.08494	0.886667
6	特選和牛すき焼き弁当	1,400	150	141	197,400	0.114608	0.94
7	新幹線弁当	1,300	150	112	145,600	0.084533	0.746667
8	季節の鯛寿司弁当	1,300	200	216	280,800	0.163028	1.08
9	季節の野菜弁当	900	200	338	304,200	0.176614	1.69
10	豆腐ハンバーグ弁当	900	200	205	184,500	0.107118	1.025
11	焼き魚弁当	1,200	200	167	200,400	0.116349	0.835
12	漁師弁当	1,500	100	84	126,000	0.073154	0.84
13	合計		1,650	1,592	1,722,400	1	0.964848

図4.55

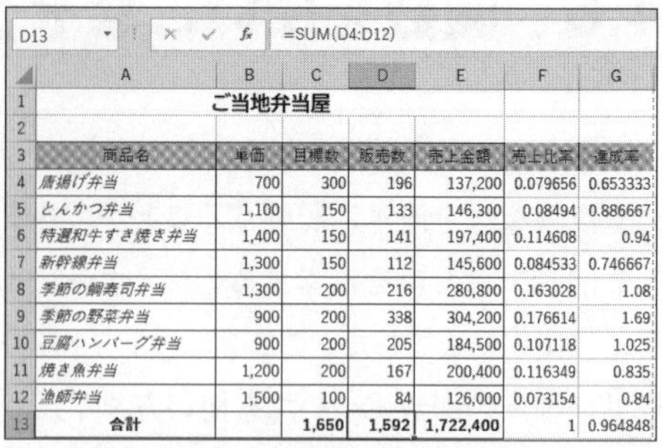

次に、その他の関数AVERAGE, MAX, MIN, COUNT, IFの関数を使ってみましょう。

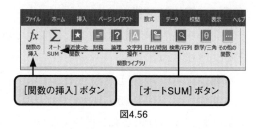

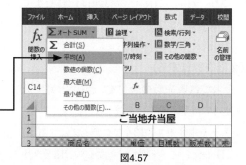

図4.56

4.6.2　AVERAGE関数

与えられた引数の平均値を返します。引数には、数値および数値を含む範囲を指定します。

書式：AVERAGE（数値1, 数値2, . . .）

〈平均値を求める〉

1) セルA14に「平均」と入力し、中央に配置する。
2) C14をアクティブにし、［数式］タブ→［関数ライブラリ］グループ→［オートSUM］ボタン右端の▼ボタンをクリックし、ドロップダウンリストの［平均］をクリックする。
3) セルC14および数式バーに、「AVERAGE（C4:C13）」と表示されるので、「C13」を「C12」に変更する。
   変更するには数式バーまたはセルに表示されている「C13」の右端をクリックして文字を修正する。
4) ［Enter］キーを押すとセルC14に「目標数」の平均値が表示される。

図4.57

	A	B	C	D	E	F
1	ご当地弁当屋					
2						
3	商品名	単価	目標数	販売数	売上金額	売上比率
4	唐揚げ弁当	700	300	196	137,200	0.079656
5	とんかつ弁当	1,100	150	133	146,300	0.08494
6	特選和牛すき焼き弁当	1,400	150	141	197,400	0.114608
7	新幹線弁当	1,300	150	112	145,600	0.084533
8	季節の鯛寿司弁当	1,300	200	216	280,800	0.163028
9	季節の野菜弁当	900	200	338	304,200	0.176614
10	豆腐ハンバーグ弁当	900	200	205	184,500	0.107118
11	焼き魚弁当	1,200	200	167	200,400	0.116349
12	漁師弁当	1,500	100	84	126,000	0.073154
13	合計		1,650	1,592	1,722,400	1
14	平均		=AVERAGE(C4:C12)			

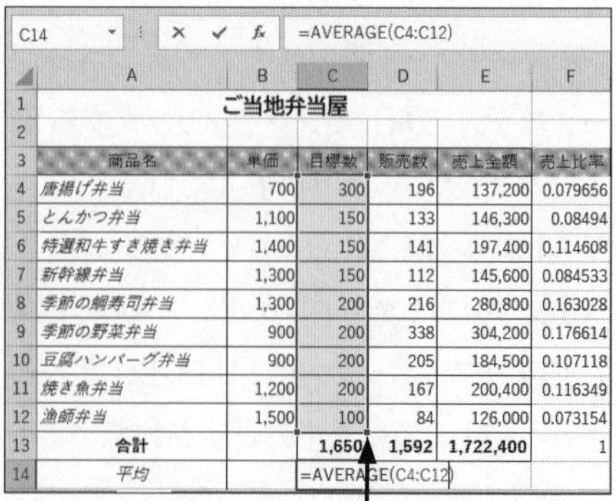

図4.58

注　関数の引数の範囲を変更するには、セル範囲の枠線の角にポインターを合わせ、ポインターが↘に変わったことを確認して、ドラッグすることにより範囲を修正することもできます。

〈離れた場所へのコピー〉

目標数の平均の式を販売数、売上金額、達成率の平均のセルにコピーします。

連続したセルにコピーするには4.3.2項で説明した「オートフィル」機能が便利ですが、離れた複数のセルにコピーするときはこの機能が使えませんので、次のような方法が便利です。

1) C14からE14までの範囲を選択する。次に［Ctrl］キーを押しながらG14をクリックする。

2) ［ホーム］タブ→［編集］グループ→［フィル］ボタンをクリックし、ドロップダウンリストから［右方向へコピー］をクリックする。

3) 「販売数」、「売上金額」、「達成率」の「平均」のセルに「AVERAGE関数」の式がコピーされる。

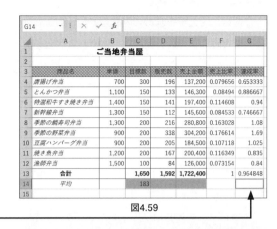

G14

	A	B	C	D	E	F	G
1	ご当地弁当屋						
2							
3	商品名	単価	目標数	販売数	売上金額	売上比率	達成率
4	唐揚げ弁当	700	300	196	137,200	0.079656	0.653333
5	とんかつ弁当	1,100	150	133	146,300	0.08494	0.886667
6	特選和牛すき焼き弁当	1,400	150	141	197,400	0.114608	0.94
7	新幹線弁当	1,300	150	112	145,600	0.084533	0.746667
8	季節の鯛寿司弁当	1,300	200	216	280,800	0.163028	1.08
9	季節の野菜弁当	900	200	338	304,200	0.176614	1.69
10	豆腐ハンバーグ弁当	900	200	205	184,500	0.107118	1.025
11	焼き魚弁当	1,200	200	167	200,400	0.116349	0.835
12	漁師弁当	1,500	100	84	126,000	0.073154	0.84
13	合計		1,650	1,592	1,722,400	1	0.964848
14	平均		183				
15							

図4.59

図4.60

G14 =AVERAGE(G4:G12)

	A	B	C	D	E	F	G
1	ご当地弁当屋						
2							
3	商品名	単価	目標数	販売数	売上金額	売上比率	達成率
4	唐揚げ弁当	700	300	196	137,200	0.079656	0.653333
5	とんかつ弁当	1,100	150	133	146,300	0.08494	0.886667
6	特選和牛すき焼き弁当	1,400	150	141	197,400	0.114608	0.94
7	新幹線弁当	1,300	150	112	145,600	0.084533	0.746667
8	季節の鯛寿司弁当	1,300	200	216	280,800	0.163028	1.08
9	季節の野菜弁当	900	200	338	304,200	0.176614	1.69
10	豆腐ハンバーグ弁当	900	200	205	184,500	0.107118	1.025
11	焼き魚弁当	1,200	200	167	200,400	0.116349	0.835
12	漁師弁当	1,500	100	84	126,000	0.073154	0.84
13	合計		1,650	1,592	1,722,400	1	0.964848
14	平均		183	177	191,378		1

図4.61

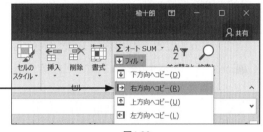

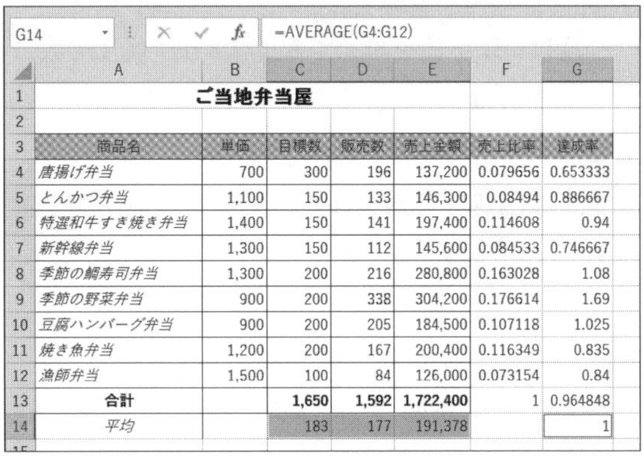

注 ［ホーム］タブ→［クリップボード］グループ→［コピー］と［貼り付け］コマンドを用いても同じ操作が可能です。

ヒント！ 関数の引数

関数に渡すデータは関数名の右横に括弧でくくって指定します、これを引数といいます。

引数が複数ある場合は「,」（カンマ）で区切って指定します。たとえば「C4,C5,C6」のように指定します。連続した複数のセル範囲は「：」（コロン）で指定します、たとえば「C4からC6まで」は「C4:C6」と指定します。

連続したセル範囲が複数ある場合、たとえば「C4からC6とC10からC12」と指定したい場合は「C4:C6,C10:C12」と指定します。

4.6.3 MAX関数

今度は、最大値を求めてみましょう。使う関数はMAX関数です。MAX関数は与えられた引数の最大値を返します。引数には、数値および数値を含む範囲を指定します。

書式：MAX（数値1, 数値2, . . . ）

1) セルA15に「最大値」と入力し、中央に配置する。
2) C15をアクティブにし、［数式］タブ→［関数ライブラリ］グループ→［オートSUM］ボタン右端の▼ボタンをクリックし、ドロップダウンリストの［最大値］をクリックする。
3) セルC14および数式バーに「=MAX（C4:C14）」と表示されるので、「C14」を「C12」に変更する。
4) ［Enter］キーを押すとセルC15に「目標数」の最大値が表示される。
5) セルC15をD15,E15およびG15にコピーする。

図4.62

C15 =MAX(C4:C12)

	A	B	C	D	E
2					
3	商品名	単価	目標数	販売数	売上金額
4	唐揚げ弁当	700	300	196	137,200
5	とんかつ弁当	1,100	150	133	146,300
6	特選和牛すき焼き弁当	1,400	150	141	197,400
7	新幹線弁当	1,300	150	112	145,600
8	季節の鯛寿司弁当	1,300	200	216	280,800
9	季節の野菜弁当	900	200	338	304,200
10	豆腐ハンバーグ弁当	900	200	205	184,500
11	焼き魚弁当	1,200	200	167	200,400
12	漁師弁当	1,500	100	84	126,000
13	合計		1,650	1,592	1,722,400
14	平均		183	177	191,378
15	最大値		=MAX(C4:C12)		

図4.63

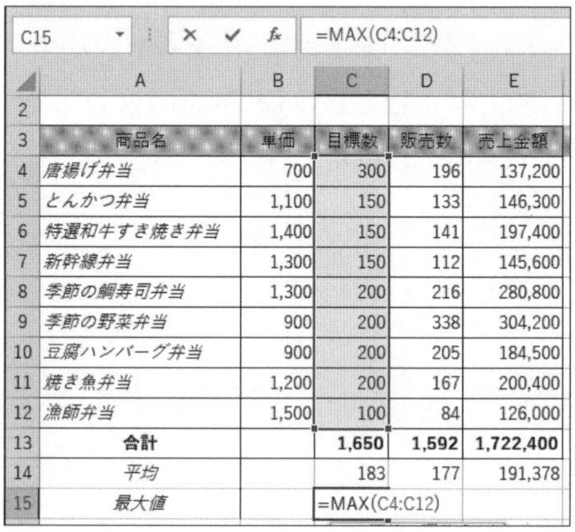

4.6.4 MIN関数

今度は、最小値を求めてみましょう。使う関数はMIN関数です。操作手順はMAX関数と全く同じです。［オートSUM］ボタンのドロップダウンリストでは［最小値］を選択します。16行目に最小値を求めてみましょう。

注 「平均」、「最大値」の文字は斜体になっています、これは「データ範囲の形式および数式の自動拡張機能」によるものです。この機能では、直前の5行のうち最低3行が同じ書式の場合には自動的にこの書式が適用されます。

G16 =MIN(G4:G12)

	A	B	C	D	E	F	G
1	ご当地弁当屋						
2							
3	商品名	単価	目標数	販売数	売上金額	売上比率	達成率
4	唐揚げ弁当	700	300	196	137,200	0.079656	0.653333
5	とんかつ弁当	1,100	150	133	146,300	0.08494	0.886667
6	特選和牛すき焼き弁当	1,400	150	141	197,400	0.114608	0.94
7	新幹線弁当	1,300	150	112	145,600	0.084533	0.746667
8	季節の鯛寿司弁当	1,300	200	216	280,800	0.163028	1.08
9	季節の野菜弁当	900	200	338	304,200	0.176614	1.69
10	豆腐ハンバーグ弁当	900	200	205	184,500	0.107118	1.025
11	焼き魚弁当	1,200	200	167	200,400	0.116349	0.835
12	漁師弁当	1,500	100	84	126,000	0.073154	0.84
13	合計		1,650	1,592	1,722,400	1	0.964848
14	平均		183	177	191,378		1
15	最大値		300	338	304,200		2
16	最小値		100	84	126,000		1

図4.64

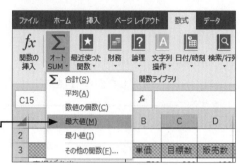

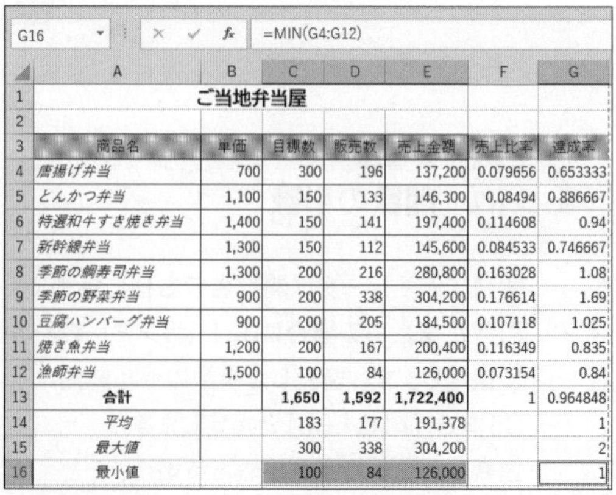

4.6.5 COUNT関数

与えられた引数の中の数値データの個数を返します。引数には、データタイプに関係なく、任意の値あるいはセル参照を指定できます。

ただし、件数の対象となるのは数値のみです。

書式：COUNT（数値1，数値2，…）

〈商品数を求める〉

1) セルE2に「商品数」と入力し、[右揃え] ボタンで右寄せに配置する。
2) F2をアクティブにし、[数式] タブ→[関数ライブラリ] グループ→[オートSUM] ボタン右端の▼ボタンをクリックし、ドロップダウンリストの [数値の個数] をクリックする。
3) セルF2および数式バーに「=COUNT ()」と表示される。
4) セルF4からF12までをドラッグして範囲選択すると、セルF2および数式バーの表示は「=COUNT (F4:F12)」と変わる。
5) [Enter] キーを押すと、セルF2に商品の個数「9」が表示される。

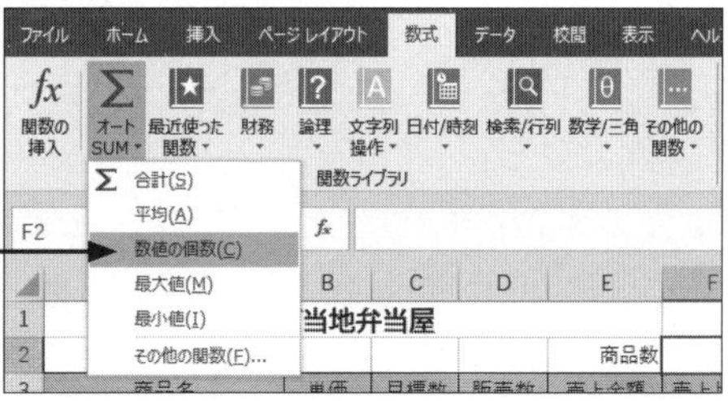

図4.65

図4.66

図4.67

図4.68

注 COUNT関数とよく似た関数にCOUNTA関数があります。この関数は空白でないセルの個数をカウントします。すなわちCOUNT関数ではカウントされなかった、数値以外の文字が入っているセルもカウント対象になります。

注 AVERAGE, MAX, MIN, COUNT関数は [その他の関数] コマンド→[統計] のドロップダウンリストからも選択することができます。

図4.69

4.6.6 IF関数

IF関数を利用すると、値または数式が条件を満たしているかどうかを検査し、その結果が「真」か「偽」かによって異なる処理を行わせることができます。

検査の結果によりIF関数の返す値が決まります。

書式：IF（論理式, 真の場合, 偽の場合）

論理式で指定する比較演算子

比較記号	意味
=	等しい
>	大きい
>=	以上
<	小さい
<=	以下
<>	等しくない（以外）

〈IF関数による異なる処理〉

評価という項目を追加し、達成率が105%以上の場合は「OK」と表示させてみます。
105%に満たない場合には何も表示させません。

1) セルH3に「評価」と入力する。
2) セルH4をアクティブにし、[数式]タブ→[関数ライブラリ]グループ→[論理]ボタンをクリックし、ドロップダウンリストの[IF]をクリックすると、[関数の引数]ダイアログボックスが表示される。
3) セルG4をクリックする。
   ダイアログボックスの[論理式]テキストボックスに「G4」と表示される。
   続けて「>=105%」とキーボードから入力する。
4) [値が真の場合]テキストボックスに「"OK"」と入力する。
5) [値が偽の場合]テキストボックスに「""」と入力する。
   [数式の結果]が空白になっている。

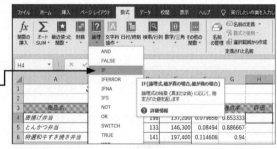

図4.70

図4.71

6) ［OK］ボタンをクリックするとセルH4は空白になる。

7) オートフィル機能を使い、H4に入力した数式をH5からH13までコピーするとH8とH9には「OK」と表示される。

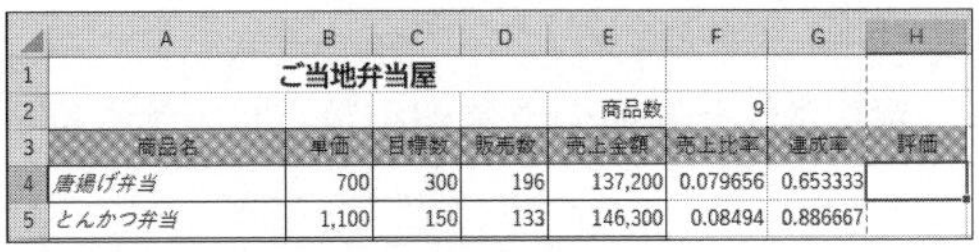

	A	B	C	D	E	F	G	H
1	ご当地弁当屋							
2					商品数	9		
3	商品名	単価	目標数	販売数	売上金額	売上比率	達成率	評価
4	唐揚げ弁当	700	300	196	137,200	0.079656	0.653333	
5	とんかつ弁当	1,100	150	133	146,300	0.08494	0.886667	

図4.72

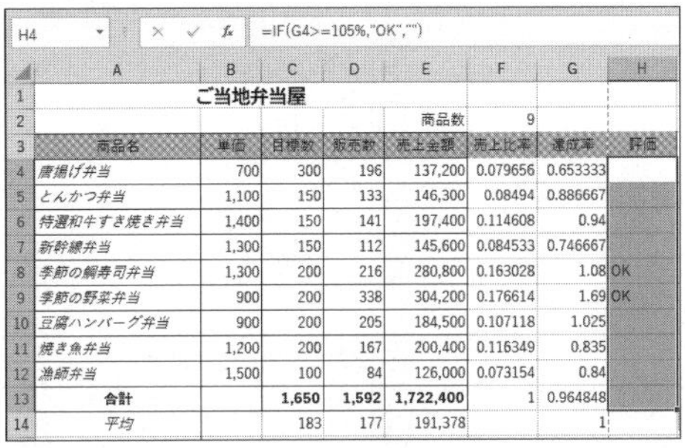

	A	B	C	D	E	F	G	H
1	ご当地弁当屋							
2					商品数	9		
3	商品名	単価	目標数	販売数	売上金額	売上比率	達成率	評価
4	唐揚げ弁当	700	300	196	137,200	0.079656	0.653333	
5	とんかつ弁当	1,100	150	133	146,300	0.08494	0.886667	
6	特選和牛すき焼き弁当	1,400	150	141	197,400	0.114608	0.94	
7	新幹線弁当	1,300	150	112	145,600	0.084533	0.746667	
8	季節の鯛寿司弁当	1,300	200	216	280,800	0.163028	1.08	OK
9	季節の野菜弁当	900	200	338	304,200	0.176614	1.69	OK
10	豆腐ハンバーグ弁当	900	200	205	184,500	0.107118	1.025	
11	焼き魚弁当	1,200	200	167	200,400	0.116349	0.835	
12	漁師弁当	1,500	100	84	126,000	0.073154	0.84	
13	合計		1,650	1,592	1,722,400	1	0.964848	
14	平均		183	177	191,378		1	

図4.73

注　［論理式］テキストボックスで入力した「>=105%」などの文字は半角で入力します。間違えて全角で入力しても、Excelは［OK］ボタンをクリックした時点で内容を判断して半角文字に変更してくれます。ただし内容によっては半角文字に変更してよいかどうか判断できないこともありますので、基本的には半角文字で入力するほうがよいでしょう。

4.6.7　その他の関数

その他に便利な関数として、四捨五入、切り上げや切り捨てを行う関数がある。

・四捨五入　書式：ROUND(数値,桁数)　桁数は四捨五入した結果の小数点以下の桁数

・切り上げ　書式：ROUNDUP(数値,桁数)　桁数は切り上げた結果の小数点以下の桁数

・切り捨て　書式：ROUNDDOWN(数値,桁数)　桁数は切り捨てた結果の小数点以下の桁数

4.6.8　書式の応用

書式については、4.4節「ワークシートの書式を設定しよう」で基本的な表示形式を学習しました。ここでは、さらにさまざまな表示形式ついて学習しましょう。

〈パーセント表示〉

売上比率、達成率を小数点以下第1位までの%表示にします。

1) セルF4からG16まで範囲選択する。

2) ［ホーム］タブ→［セル］グループ→［書式］ボタンをクリックし、ドロップダウンリストの［セルの書式設定］をクリックする。

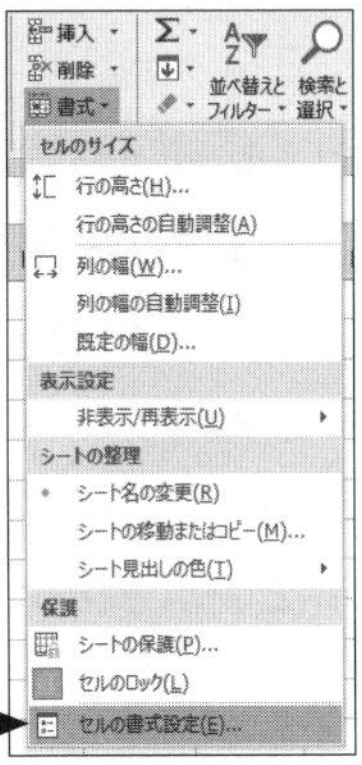

図4.74

3) ［セルの書式設定］ダイアログボックスの［表示形式］タブ→［分類］リスト→［パーセンテージ］をクリックする。

4) ［小数点以下の桁数］ボックスで「1」を選択すると、［サンプル］ボックス内に小数点以下第1位までの%で表示される。

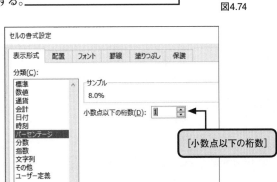

図4.75

5) [OK] ボタンをクリックする。
選択された範囲の数値が小数点以下第1位までの％で表示される。

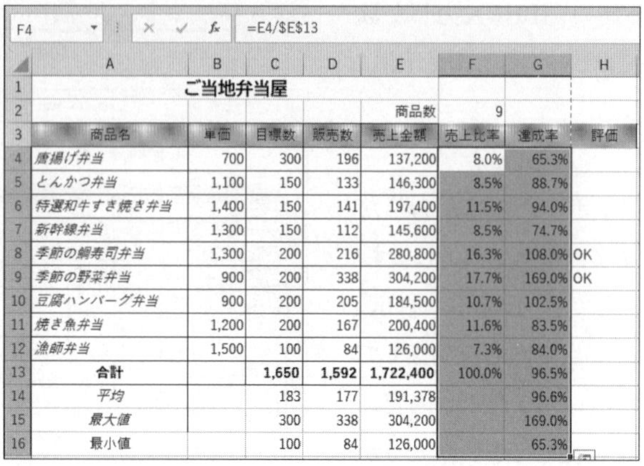

図4.76

〈日付〉

セルA2に日付を入力してみましょう。

1) セルA2に「2019/11/30」と入力し、[Enter] キーを押す。
2) セルA2をもう一度アクティブにし、[ホーム] タブ→ [セル] グループ→ [書式] ボタンをクリックし、ドロップダウンリストの [セルの書式設定] をクリックする。
3) [セルの書式設定] ダイアログボックスの [表示形式] タブ→ [分類] リスト→ [日付] が選択されていることを確認する。
4) [カレンダーの種類] から [和暦] を選択する。
5) [OK] ボタンをクリックすると「令和1年11月30日」と表示される。

図4.77

図4.78

図4.80

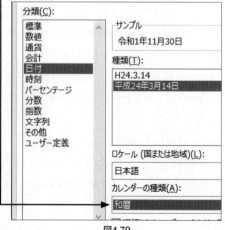

図4.79

> **メモ： 日付データとシリアル値**
>
> Excelでは日付データは「シリアル値」で記憶しています。シリアル値とは1899年12月31日から数えて、その日が何日目かと言う数値です。すなわち1900年1月1日はシリアル値が1ということです。そのシリアル値を日付の書式で変換して表示しています。日付データはこのように基本的には数値データですから演算に使うこともできます。
>
> たとえば、「平成31年2月4日」（立春）から「令和1年5月2日」（八十八夜）までの日数を求めるには、この2つの日付データを引き算すればよいわけです、引き算すると答えは「87日」となります。

〈条件付き書式〉

「条件付き書式」により、ある条件を満たすセルについてだけ特別な書式を設定することができます。たとえば達成率が90%未満の商品について、そのセルを赤色で表示してみましょう。

1) セルG4からG12までドラッグして範囲選択をする。
2) ［ホーム］タブ→［スタイル］グループ→［条件付き書式］ボタンをクリックして表示されるドロップダウンリストから［セルの強調表示ルール］→［指定の値より小さい］をクリックすると［指定の値より小さい］ダイアログボックスが表示される。

図4.81

3) ［条件］に「90%」と指定し、［書式］は「濃い赤の文字、明るい赤の背景」と選択して［OK］ボタンをクリックする。

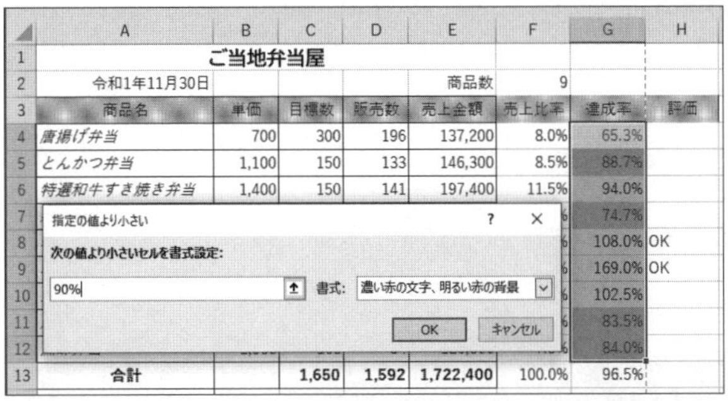

図4.82

4) 達成率が90%未満のセルが赤色で表示される。

〈表を整える〉

追加した部分に罫線、塗りつぶし、桁区切りの設定を行い、表を完成させましょう。

1) セルA1からH1を範囲選択し、[ホーム]タブ→[配置]グループ→[セルを結合して中央揃え]ボタンを2回クリックする（1回目のクリックでは結合されていたセルが解除されるので、もう一度クリックして再度結合させる）。

2) [ホーム]タブ→[フォント]グループ→[ダイアログボックス起動ツール]をクリックすると「セルの書式設定」ダイアログボックスが表示されるので[塗りつぶし]タブ→[背景色]で「灰色，アクセント3，白色+基本色40%」を選択する。

3) セルA3からH16を範囲選択して[ホーム]タブ→[フォント]グループ→[罫線]ボタンをクリックして罫線を引き直す。

4) セルA13からH16を範囲選択し、文字を太字に設定する。A14およびA15の文字の斜体の指定を解除する。

5) セルA4からH12を選択して、背景色を「ゴールド，アクセント4，白色+基本色60%」を指定する。

6) セルA13からH16を選択して、背景色を「青，アクセント5，白色+基本色40%」を指定する。

7) 表が完成したら、「売上表完成」というファイル名で保存する。

図4.83

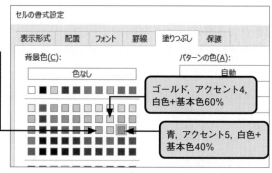

図4.84

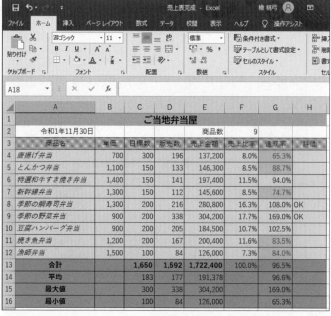

図4.85

演習問題

（演習4.6.1）

前節の演習4.5.1で作成した家計簿の表について、次の手順で表を拡張しなさい。

(1) G列を挿入して、項目名は「警告」とする。

(2) 残高が10,000円より少なくなったら、「警告」の列に「残高不足」と表示し、[条件付き書式] で [濃い赤の文字、明るい赤の背景] で表示する。

(3) 出費構成比の数値を小数点以下第1位までの％表示に変更する。

	A	B	C	D	E	F	G	H
1				家計簿				
2	日付	項目	入金	出金	出費構成比	残高	警告	摘要
3	4月1日	収入	50,000			50,000		親からの仕送り
4	4月1日	食費		450	1.0%	49,550		学食ランチ
5	4月1日	食費		3,800	8.5%	45,750		朝食夕食の材料
6	4月2日	住居		20,000	44.7%	25,750		下宿代
7	4月2日	交際費		8,000	17.9%	17,750		サークル会費
8	4月2日	交通費		5,000	11.2%	12,750		定期代
9	4月2日	食費		350	0.8%	12,400		お昼弁当
10	4月2日	食費		800	1.8%	11,600		調味料
11	4月2日	食費		1,500	3.4%	10,100		飲み物
12	4月3日	住居		1,800	4.0%	8,300	残高不足	電気代
13	4月3日	食費		500	1.1%	7,800	残高不足	学食ランチ
14	4月3日	収入	20,000			27,800		家庭教師A
15	4月3日	交際費		2,500	5.6%	25,300		新入生歓迎コンパ
16	合計		70,000	44,700	100.0%			

演習図4.6.1

（演習4.6.2）

前節の演習4.5.2で作成した「試験結果」の表について、右図を参考にして「平均点」、「最高点」、「最低点」を、関数を使って求めなさい。

	A	B	C	D	E	F
1			試験結果			
3	氏名	学部	学科	学年	番号	英語
4	市川　妙子	工学部	電子工学科	1	1	92
5	金沢　留美香	工学部	電子工学科	1	2	88
6	鈴木　真知子	工学部	電子工学科	1	3	77
7	渡辺　利治	工学部	電子工学科	2	1	91
8	音野　松蔵	工学部	電子工学科	2	2	72
9	吉永　沙織	工学部	電子工学科	2	3	98
10	小林　昭子	工学部	機械工学科	1	1	93
11	橋本　輝美	工学部	機械工学科	1	2	95
12	中村　順一	工学部	機械工学科	1	3	73
13	藤本　芳樹	工学部	機械工学科	2	1	74
14	大嶋　雅子	工学部	機械工学科	2	2	83
15	藤原　勇雄	文学部	芸術学科	1	1	88
16	吉田　ミサ子	文学部	芸術学科	1	2	83
17	滝川　俊一	文学部	芸術学科	1	3	75
18	小泉　孝雄	文学部	芸術学科	2	1	89
19	牛込　光貴	文学部	芸術学科	2	2	85
20	後藤　勝	文学部	英米文学科	1	1	81
21	吉田　博	文学部	英米文学科	1	2	84
22	柘植　嘉弘	文学部	英米文学科	1	3	82
23	宮本　節子	文学部	英米文学科	1	4	94
24	平均点					85
25	最高点					98
26	最低点					72

演習図4.6.2

199

4.7 グラフを作成しよう

Excelではワークシートのデータをもとに簡単にグラフを作成することができます。ワークシートのデータと作成されたグラフは連結されており、ワークシートのデータを変更するとグラフも自動的に更新されます。

17種類の基本グラフがあり、それぞれのグラフにはいくつかの形式が用意されています。1つのワークシートのデータに異なった種類のグラフを表示して複合グラフを作成し、データをいくつかの異なる視点から検討することができます。

4.7.1 グラフの新規作成

グラフを作成するには、まず対象となるデータの範囲を選択してから[挿入]タブ→[グラフ]グループのコマンドボタンを使います。グラフはワークシート上に埋め込みグラフとして作成する場合と、新しく挿入されるグラフシートに作成する場合があります。

〈埋め込みグラフの作成〉

「ご当地弁当屋」の売上表をもとにグラフを作成します。

1) セルA3からD12までを範囲選択する。
2) [挿入]タブ→[グラフ]グループ→[縦棒/横棒グラフの挿入]ボタンをクリックし、ドロップダウンリストから[2-D縦棒]→[集合縦棒]ボタンをクリックすると。ワークシート上にグラフが作成される。

図4.86

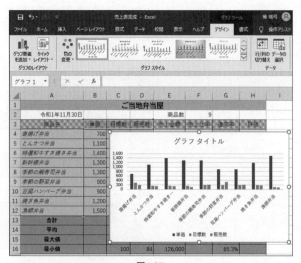

図4.87

〈グラフの移動／サイズ変更／削除〉

(1) グラフの選択

グラフの移動／サイズ変更／削除などは、グラフが選択されている状態で行います。

1) グラフの枠内をクリックする。グラフが選択されてグラフ周囲に枠線が表示される。
2) グラフ枠外のワークシートのどこかをクリックすると、グラフの選択が解除になり太い枠線が消える。このときはもう一度グラフ枠内をクリックして、グラフを選択する。

(2) グラフの移動

1) グラフが選択されていることを確認する。
2) グラフ内部をポイントするとポインターの形が両方向矢印の十字記号（✥）に変わり、その下に「グラフエリア」と表示されることを確認し、グラフを移動先までドラッグする。

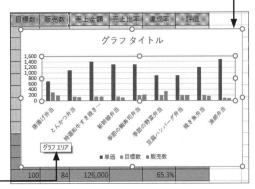

図4.88

注 グラフ内のポイントする場所によっては「プロットエリア」という表示が出て、そのままドラッグするとグラフの中の図だけが移動するので注意してください。

(3) グラフのサイズ変更

1) グラフが選択されていることを確認する。
2) サイズを変更するには、グラフエリアの4隅およびその中間点にある「サイズ変更ハンドル」（白い丸印）にポインターを合わせる。
3) ポインターが両方向の矢印に変わったことを確認して、ドラッグしてサイズを変更する。
4) グラフを表の下に移動し、表と同じ幅にサイズ変更する。

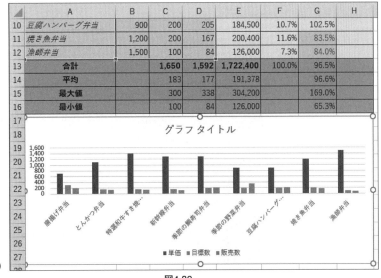

（☞口絵3ページ 棒グラフ参照）

図4.89

(4) 埋め込みグラフの削除
1) グラフが選択されていることを確認する。
2) [Delete]キーを押す。

> **注** グラフを削除するには、[ホーム]タブ→[編集]グループ→[クリア]ボタンをクリックし、ドロップダウンリストから[すべてクリア]をクリックしても削除できます。

(5) 削除したグラフの復活
1) 削除した直後なら、[クイックアクセスツールバー]→[元に戻す]ボタンをクリックしてグラフを復活させることができます。
2) 元に戻せないときは、グラフをもう一度作成する。

(6) 保存
1) 「埋め込みグラフ」というファイル名を付けて保存する。

〈グラフシートにグラフを作成〉

グラフシートとはグラフ専用のワークシートです。データとは別にグラフだけをワークシートに作成したいときに利用します。

今度は「単価」は省略して「商品名」、「目標数」、「販売数」のデータを使い、目標数／販売数の横棒グラフを作成してみましょう。

1) セルA3からA12までを範囲選択する。
2) [Ctrl]キーを押した状態で、セルC3からD12までを範囲選択する。
3) [挿入]タブ→[グラフ]グループ→[縦棒／横棒グラフの挿入]ボタンをクリックし、ドロップダウンリストから[3-D横棒]→[3-D集合横棒]ボタンをクリックするとワークシート上にグラフが作成される。

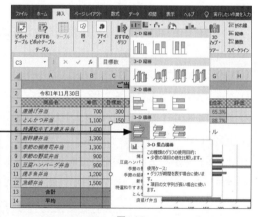

図4.90

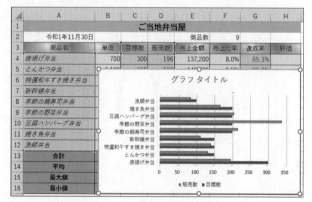

図4.91

4) ［デザイン］タブ→［場所］グループ→［グラフの移動］をクリックする。
5) ［グラフの移動］ダイアログボックスが表示されるので、［グラフの配置先］では［新しいシート］を選択して［OK］をクリックする。
6) 「グラフ1」という名前の新しいグラフ専用のワークシートが作成され、グラフが移動される。
7) 「グラフシート」というファイル名を付けて保存する。

図4.92

図4.93

注 新規グラフシートに作成されたグラフもワークシートのデータと連結されていますので、ワークシートのデータを変更するとグラフも自動的に変更されます。

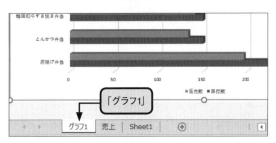

図4.94

4.7.2 グラフの編集

作成されたグラフをさらに編集する方法を学習しましょう。

〈グラフツールによる編集〉

グラフの種類、凡例や数値軸目盛り線の表示は、グラフ作成時に自動的に表示される「グラフツール」のリボンを使って簡単に変更することができます。

1) グラフが選択されていることを確認する。

グラフが選択されるとタイトルバーに「グラフツール」と表示され、グラフツールのリボンが表示される。

注 グラフシートをアクティブにするにはグラフの［シート見出し］をクリックします。

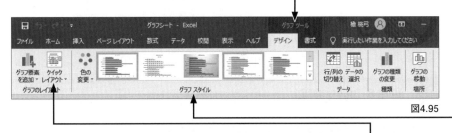

図4.95

2) グラフツールの「デザイン」タブ→［グラフのレイアウト］グループの［クイックレイアウト］および［グラフのスタイル］グループの各ボタンにマウスを合わせて、グラフがどのように変わるか確認する（リアルタイムプレビュー）。

3) グラフツールの「デザイン」タブ→［グラフのレイアウト］グループ→［グラフ要素を追加］ボタンをクリックし、ドロップダウンリストの各ボタンをクリックして各要素がどのように変わるかを確認する。
4) グラフは元の状態に戻しておく。

〈グラフの要素の編集〉
(1) グラフ要素の書式変更

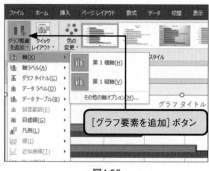

図4.96

グラフの書式を変更するには、まず変更する要素を選択します。ここでは棒の模様を変更してみます。

1) 目標数（水色）の横棒をポイントしクリックする。目標数の横棒グラフにハンドル（棒の角にある小さな○印）が表示される。

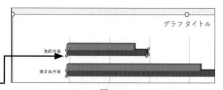

図4.97

2) 「グラフツール」リボンの［書式］タブ→［図形スタイル］グループ→［図形の塗りつぶし］ボタン右端の▼ボタンをクリックし、ドロップダウンリストの［テクスチャ］をクリックし、リスト最上段の左から3番目のテクスチャ（デニム）をクリックする。目標数の横棒が指定した模様に変わる。

3) 同様の方法で販売数（赤色）の棒をテクスチャリスト2段目左から2番目のテクスチャ（紙袋）に変更する。

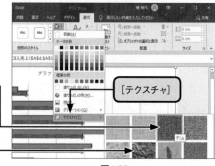

図4.98

注 棒の模様を変更すると自動的に凡例の模様も変更されます。

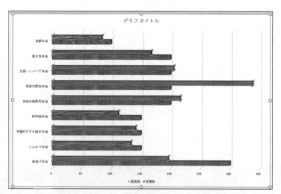

図4.99

ヒント！　模様をつけて印刷

グラフを印刷するときに、カラーでは別の色でも、白黒で印刷すると同じような色になりデータ系列の区別がつかないときがよくあります。そのようなときにはこのように模様を指定することによりデータ系列を明確に区別することができます。

(2) グラフタイトルの追加

1) グラフツールの「デザイン」タブ→［グラフのレイアウト］グループ→［グラフ要素を追加］ボタンをクリックし、ドロップダウンリストの［グラフタイトル］→［中央揃えで重ねて配置］をクリックする。
2) ［グラフタイトル］のテキストボックスが選択されるので、テキストボックスをクリックして、「グラフタイトル」を「売上グラフ」に変更する。

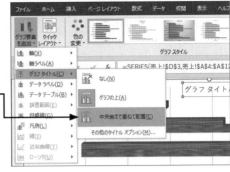

図4.100

図4.101

図4.102

(3) グラフタイトルのアレンジ

1) グラフタイトルが選択されていることを確認し、［書式］タブ→［図形スタイル］グループ→［図形の枠線］ボタン右端の▼ボタンをクリックし、ドロップダウンリストの［標準の色］→［青色］を選択し、［太さ］→［3pt］を選択する。
2) ［書式］タブ→［図形スタイル］グループ→［図形の効果］ボタン右端の▼ボタンをクリックし、ドロップダウンリストの［影］→［外側］の最初のパターン（オフセット（斜め右下））を選択する。
3) ［ホーム］タブ→［フォント］グループ→［フォントサイズ］→24ポイントを選択する。
これで、影付き枠のついた大きめの文字のタイトルが表示される。
4) 「売上グラフ」というファイル名を付けて保存する。

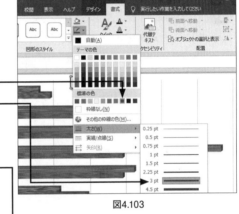

図4.103

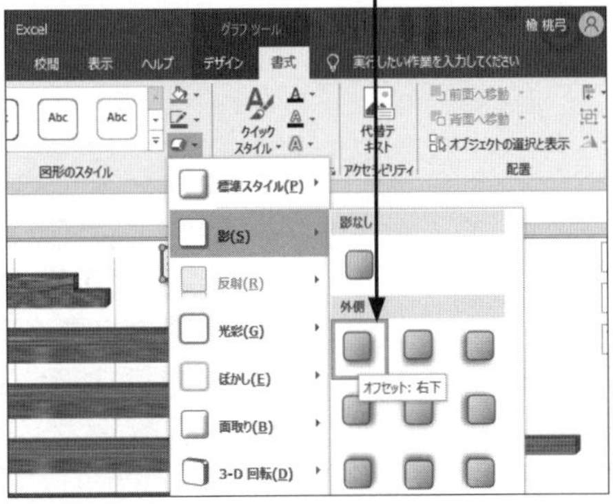

図4.104

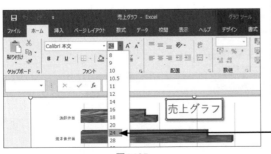

図4.105

(4) 項目軸の反転／項目名に角度を設定

項目名が表の順番とは反対になっていますね。項目名を反転させて表の順番と合わせましょう。また、項目名に角度をつけ、傾けて表示しましょう。

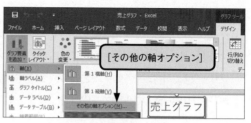

図4.106

1) グラフツールの「デザイン」タブ→［グラフのレイアウト］グループ→［グラフ要素を追加］ボタンをクリックして［軸］→［その他の軸オプション］をクリックし［軸の書式設定］作業ウィンドウを表示する。

2) ［軸のオプション］右の▼ボタンをクリックし、ドロップダウンリストから［縦(項目)軸］軸をクリック、[軸を反転する]をチェックする。

3) ［軸の書式設定］作業ウィンドウの［文字のオプション］ボタンをクリックし、［テキストボックス］ボタンをクリック、［ユーザー設定の角度］を「10°」に設定する。

4) 閉じるをクリックして作業ウィンドウを閉じる。

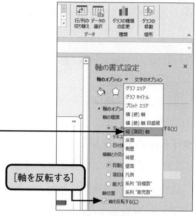

図4.107

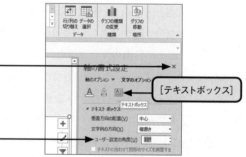

図4.108

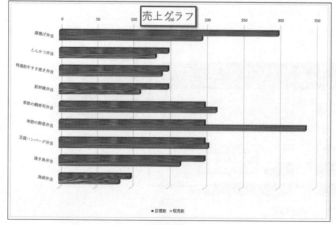

図4.109

(5) 矢印の追加

グラフには矢印や文字などのオブジェクトを追加することができます。

ここでは、販売数の多かった「季節の野菜弁当」のグラフに矢印と適切な言葉を添えてみましょう。

1) ［挿入］タブ→［図］グループ→［図形］ボタンをクリックし、［線］の［線矢印］ボタンをクリックする。

2) グラフの枠内にポインターを移動するとマウスポインターの形が十字になるので、「季節の野菜弁当」の横棒グラフに向かってドラッグすると矢印が表示される。矢印についているハンドルを利用して位置や長さを変更することができる。

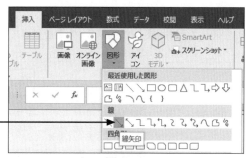

図4.110

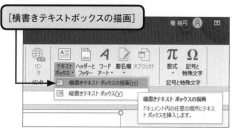

図4.111

(6) 文字の追加

1) ［挿入］タブ→［テキスト］グループ→［テキストボックス］の▼ボタンをクリックし［横書きテキストボックスの描画］をクリックする。

2) グラフの枠内にポインターを移動するとマウスポインターの形が になるので、先ほど描いた矢印の端の近辺に四角の左上角を開始点として右下角までドラッグするとテキストボックスが作られ文字入力が可能になる。

3) 「注目！！」と入力する。

4) テキストボックス枠が点線で表示されている。点線枠の一箇所をクリックすると枠線が実線に変わる。

5) 描画ツールリボンの「書式」タブ→［図形のスタイル］グループ→［その他］ボタン ▼ をクリックする。

6) クイックスタイルのリストが表示されるので、2段目の右端から3番目のスタイル（塗りつぶし ゴールド，アクセント4）を選択する。

7) ［ホーム］タブ→［フォント］グループ→［フォントサイズ］を「24」ポイントに変更し、［配置］グループ→［中央揃え］をクリックする。

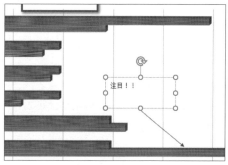

図4.112

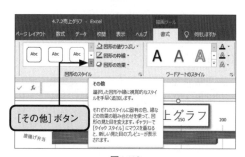

図4.113

図4.114

8) テキストボックスのハンドルをドラッグしてサイズを適切な大きさに変更する。また場所も適切に移動して矢印の線に接続させる。
9)「売上グラフ完成」というファイル名を付けて保存する。

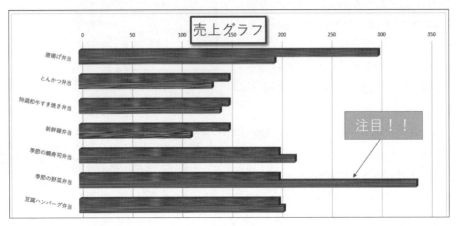

図4.115

演習問題

(演習4.7.1)

前節の演習4.6.1で作成した家計簿の表をもとに、残高の推移を折れ線グラフで表しなさい。データの系列は残高の列だけを指定する。

(☞口絵3ページ 折れ線グラフ参照)

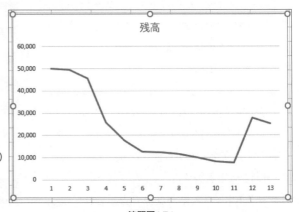

演習図4.7.1

(演習4.7.2)

「ご当地弁当屋」の売上データをもとに、売上比率を円グラフで表しなさい。

(☞口絵3ページ 円グラフ参照)

演習図4.7.2

メモ： グラフの種類と特徴

Excelには多くの種類のグラフが用意されています。同じデータでもいろいろなグラフで表すことにより、さまざまな角度から分析評価することができます。各グラフには次のような特徴があります。

棒グラフ：

棒グラフはさまざまな統計処理などで利用される最もポピュラーなグラフの一つで、項目間の数値の大小の比較や、時系列データの推移を表示するのに適したグラフです。

縦棒グラフと横棒グラフがあり、一定期間のデータの変化を示すときには縦棒グラフが利用され、特に項目間の比較を強調したいときには横棒グラフが有効です。また両者共に集合グラフと積み上げグラフの2種類のグラフがあります。

集合グラフは項目間の比較が容易にでき、積み上げグラフは各項目と全体の関係が明確になり値の相対的な関係を比較することができます。

折れ線グラフ：

プロットされた点を直線でつないだもので散布図（以下で説明）の特殊ケースと解釈することができます。時間の経過による連続データを共通の目盛りに対して表示できるため、月、四半期、年度など一定の間隔におけるデータの変化や傾向を示すのに適しています。特に複数のデータ系列がある場合に適しています。データ系列が1つの場合は、散布図を使用することもできます。

円グラフ：

データ項目の全体に対する構成比率を表すのに適したグラフで、別名パイチャートとも呼ばれています。円グラフには軸はありません。円グラフにプロットできるデータ系列は1つだけです。また、データにはマイナスの値がなく、ゼロの値がほとんどない場合に使用することができます。項目数が多い場合には適していません、項目数は7以下が目安です。円グラフでは、時計回りにデータがプロットされるので、データを大きい順に並べ替えておくと分かりやすい円グラフを作成することができます。

ドーナツグラフ：

円グラフと同様に、ドーナツグラフは各部分の全体に対する比率を表示するときに利用されます。円グラフとの違いは、ドーナツグラフでは複数のデータ系列を表示することができることです。すなわち1つのデータ系列を1つの輪状（ドーナツ状）に表示し、そのドーナツを何重にも表示することができます。

面グラフ：

面グラフは層グラフとも呼ばれ、折れ線グラフを塗りつぶしたグラフのことです。折れ線グラフと同様にデータを連続的に表示するグラフの一つで、継続的に発生するデータを表す場合によく利用されます。特に、時間の経過による変化の量が強調されるグラフです。傾向全体を通じて、合計値に注目する場合に使用されます。また、合計値が表示されるので、全体と部分の関係も明確に示されます。

散布図: 複数のデータ系列の数値間の関係を示します。散布図には2つの値の軸があり、横軸（x軸）に一方の数値データセットを、縦軸（y軸）にもう一方の数値データセットを表示します。これらの値を組み合わせて1つのデータ要素にし、不規則な間隔または集団で表示します。散布図は一般的に科学データ、統計データ、工学データなどの数値データの表示や比較に使用されます。

バブルチャート: x軸にプロットする値、y軸にプロットする値とバブルサイズの値の3つの値から成る組合せを比較します。バブルチャートでは3つ目の値がバブルマーカーのサイズになります。すなわちバブルチャートは3次元のデータを2次元のグラフで表しているものです。バブルの表示方法は2-D形式または3-D形式を選択できます。

株価チャート: 名前のとおり株価の変動を示す場合に最もよく使用されるグラフで、始値、高値、安値、終値、出来高などが分かりやすくビジュアルに表示されます。このグラフは株価データだけではなく、科学的なデータを示す場合にも利用できます。たとえば、毎日または年間の温度変化を示す場合などにも利用できます。

等高線グラフ: 等高線グラフは地形図のように、3次元のグラフにおいて同じ値の範囲を色やパターンで示したものです。等高線グラフを見ることでデータがどのように分布しているのかを視覚的にとらえることができます。等高線グラフは項目とデータ系列が数値の場合に使用され、2組のデータ間で最適な組合せを見つける場合に適しています。

レーダーチャート: 項目ごとに放射線状に数値軸をとり、隣り合うデータを線で結んで多角形にするグラフで、クモの巣グラフとも呼ばれています。複数のデータ系列の値を比較し、いろいろな角度から分析して総合的なバランスを評価するのに適しています。項目の数が多くなると煩雑な図になります。項目数は4から10項目程度が目安です。

ヒストグラム: 統計資料の度数分布図の一種で、横軸に階級を，縦軸に度数をとり、度数分布の状態を長方形の柱で表したグラフです。柱状グラフともいわれます。

Excelでは他に、ツリーマップ、サンバースト、箱ひげ図、ウォーターフォール、じょうご、マップのグラフを作成することができます。

4.8　表計算を応用してみよう

　表計算はいろいろな分野に応用することができます。ここでは、経営分析やデータ分析などに応用してみましょう。また、Word文書にExcelの表やグラフをリンクして効果的な文書を作成してみましょう。

4.8.1　経営分析

〈決算情報から経営指標を求める〉

　下の表は、森永製菓（株）の第171期（平成31年3月31日決算）の決算報告の内容（貸借対照表および損益計算書の要旨）です。これらの決算情報から、同社の経営状況の分析を行うことができます。

	A	B	C	D	E	F	G
1	森永製菓株式会社　第171期決算公告						
2	貸借対照表			(単位：百万円)		損益計算書	(単位：百万円)
3	勘定科目	金額	勘定科目	金額		勘定科目	金額
4	(資産の部)		(負債の部)			売上高	205,368
5	流動資産	85,239	流動負債	51,402		売上原価	98,853
6	固定資産	90,598	固定負債	27,241		販売費及び一般管理費	86,297
7	有形固定資産	59,984				営業利益	20,217
8	無形固定資産	621	負債合計	78,644		営業外収益	722
9	投資その他の資産	29,993	(純資産の部)			営業外費用	172
10			株主資本	81,687		経常利益	20,767
11			資本金	18,612		特別利益	742
12			資本剰余金	17,281		特別損失	4,511
13			利益剰余金	57,070		税金等調整前当期純利益	16,999
14			自己株式	△ 11,277		法人税等合計	5,036
15			その他の包括利益累計額	14,751		非支配株主に帰属する当期純損失 (△)	△ 853
16			非支配株主持分	754		当期純利益	12,816
17			純資産合計	97,193			
18	資産合計	175,837	負債純資産合計	175,837			

図4.116

　経営分析を行うためには、あらかじめ経営指標というものを計算して求めておくと便利です。経営分析は、一般的には次の4つのポイントで行います。

- ・収益性：その企業の儲け（もうけ）具合を見ます。
- ・健全性：その企業の財務内容の良し悪しを見ます。
- ・成長性：その企業は、継続して伸びているかどうかを見ます。
- ・生産性：その企業は、効率の良い経営を行っているかどうかを見ます。

　今回は、収益性と健全性の2つの指標を扱ってみます。計算そのものは難しくはありませんが、作表と表計算の応用のために、この森永製菓の貸借対照表ならびに損益計算書のデータを使って経営指標を計算します。数式は、下記のとおりです。

（1）収益性を見る指標

1) 総資本経常利益率　　　：経常利益÷総資本×100　　　　　　8％程度が望ましい

　　　　　　　　　　　　　（総資本＝負債純資産合計）

211

2) 総資本当期純利益率 　：当期純利益÷総資本×100

3) 売上高原価率 　　　：売上原価÷売上高×100 　　　　　　低いほうが良い

4) 売上高経常利益率 　：経常利益÷売上高×100 　　　　　　2.5%〜5.5%

5) 売上高当期純利益率 ：当期純利益÷売上高×100

(2) 健全性を見る指標

1) 総資産回転率 　　　：売上高÷総資産×100 　　　　　　製造業100%以上

　　　　　　　　　　　（総資産＝総資本＝負債純資産合計） 小売業200%以上

2) 流動比率 　　　　　：流動資産÷流動負債×100 　　　　　150%〜160%

3) 固定比率 　　　　　：固定資産÷自己資本×100 　　　　　100%〜120%

　　　　　　　　　　　（自己資本は貸借対照表の純資産合計―非支配株主持分）

4) 固定長期適合率 　　：固定資産 ÷（固定負債＋自己資本）×100

　　　　　　　　　　　　　　　　　　　　　　　　　　　60%〜75%

5) 自己資本比率 　　　：自己資本÷総資本×100 　　　　　　製造業　30%程度

　　　　　　　　　　　　　　　　　　　　　　　　　　　小売業　40%程度

(3) 財務データの入力

　それでは、経営分析を行うために貸借対照表と損益計算書を、テキスト前ページの内容を参考にしてExcelの新たなブックを開きワークシートに作成してみましょう。

1) データ項目や数値をテキストと同じ内容で入力する。

注 決算報告書では、各科目の金額は四捨五入して表示しているので、上記の金額を合計しても表に記載されている合計金額にはなりません。

2) 背景色や罫線およびセル幅はテキストを参考に適切に設定する。

3) セルの書式を使い、数値の形式は「千単位の桁区切り」を指定し、マイナス値は△で表示する。

(4) 経営指標の分析

作成した貸借対照表と損益計算書のデータを使って、それぞれの経営指標を求めます。

1) 数式を確認し、使用する項目（勘定科目）を間違えないように入力する。

2) 計算の仕方は4.3節「『表』を作成しよう」で学習したことの応用です。

3) 計算結果を%で表示する。小数点以下2桁まで表示する。

経営指標			
収益性指標		健全性指標	
総資本経常利益率	11.81%	総資産回転率	116.79%
総資本当期純利益率	7.29%	流動比率	165.83%
売上高原価率	48.13%	固定比率	93.94%
売上高経常利益率	10.11%	固定長期適合率	73.25%
売上高当期純利益率	6.24%	自己資本比率	54.85%

図4.117

4) 「経営指標」というファイル名で保存する。

4.8 表計算を応用してみよう

〈経営業績の推移を時系列にみる〉

　次の表は、森永製菓の過去5年間の業績を示す主要な財務データです。これらの財務データを加工して経営指標を求めると共に、同社の経営指標の推移を分析してみましょう。

	A	B	C	D	E	F
1	森永製菓の経営業績の推移					
2					(単位：百万円)	
3	勘定科目	2015年3月	2016年3月	2017年3月	2018年3月	2019年3月
4	売上高	177,929	181,868	199,479	205,022	205,368
5	経常利益	6,530	12,062	18,325	20,422	20,767
6	当期純利益	3,806	8,092	11,115	10,289	12,816
7	総資産	151,310	163,085	183,112	177,920	175,837
8	自己資本	66,326	74,558	89,162	97,887	96,439

図4.118

　今回計算して求めるのは、次の経営指標です。

　「売上成長率」以外は、すでに学習しましたので、そちらを参照してください。

　「売上成長率」の数式は下記のとおりです。

　　売上成長率　：(当期売上高 ÷ 前期売上高) × 100 － 100

経営指標	2015年3月	2016年3月	2017年3月	2018年3月	2019年3月
売上成長率					
売上高経常利益率					
売上高当期純利益率					
総資産回転率					
自己資本比率					

森永製菓の経営指標の推移

　では、「森永製菓の経営業績の推移」に記載されているデータを使って、2015年3月度から2019年3月度までの経営指標を計算して、上記のような「経営指標の推移」の表を完成してみましょう。

1) 新しいワークシートに「経営業績の推移」データを上記テキストと同じ内容で入力する。
2) すでに学習した経営指標の数式を使って「経営指標の推移」の表を完成する。
　　このとき、使用する項目（勘定科目）を間違えないように入力する。
3) 計算結果を小数点以下1桁まで％表示する。
4) 背景色や罫線およびセル幅はテキストを参考に適切に設定する。
　　完成した表は次のようになります。

	A	B	C	D	E	F
11	森永製菓の経営指標の推移					
12					(単位：%)	
13	経営指標	2015年3月	2016年3月	2017年3月	2018年3月	2019年3月
14	売上成長率		2.2%	9.7%	2.8%	0.2%
15	売上高経常利益率	3.7%	6.6%	9.2%	10.0%	10.1%
16	売上高当期純利益率	2.1%	4.4%	5.6%	5.0%	6.2%
17	総資産回転率	117.6%	111.5%	108.9%	115.2%	116.8%
18	自己資本比率	43.8%	45.7%	48.7%	55.0%	54.8%

図4.119

213

〈経営指標をグラフにする〉

　求められた経営指標をグラフ化すると業績の推移が見やすくなります。しかし、すべての経営指標を1つのグラフに表すと煩雑になって見にくくなるので、グラフを「成長性／収益性」の推移を見るグラフと「健全性」の推移を見るグラフの2つに分けることにします。

(1)「成長性／収益性」のグラフを作成する。

1) 「売上成長率」、「売上高経常利益率」、「売上高当期純利益率」の3つの経営指標を対象にする。セルのどこからどこまでを範囲選択するかがポイントになる。
2) ［グラフの種類］では［折れ線］を選択。
3) タイトルを「成長性／収益性」とする。タイトルを追加するには、「グラフツール」リボンの「デザイン」タブ→［グラフのレイアウト］グループ→［グラフ要素を追加］ボタンをクリックして［グラフタイトル］→［グラフの上］をクリックし、「グラフタイトル」を「成長性／収益性」に変更する。

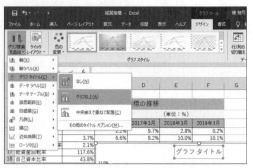

図4.120

図4.121

4) グラフの折れ線は白黒印刷を考えて、直線、点線、一点鎖線に変更する。折れ線の種類を変更するには、折れ線を選択して、［書式］タブ→［現在の選択範囲］グループ→［選択対象の書式設定］ボタンをクリックして［データ系列の書式設定］作業ウィンドウを表示し［塗りつぶしと線］ボタンをクリックし、［実線／点線］から線種を選択する。
5) 折れ線にマーカーを付ける。上記と同じ［データ系列の書式設定］作業ウィンドウで［マーカー］をクリックし、［マーカーのオプション］→［自動］を選択する。
6) 日付軸の表示は各年の1月になっているので、表のデータと同じ日付を軸に表示する。上記と同じように、横軸を選択して［書式］タブ→［現在の選択範囲］グループ→［選択対象の書式設定］ボタンをクリックして［軸の書式設定］作業ウィンドウを開き、［軸のオプション］→［軸の種類］→［テキスト軸］を選択する。

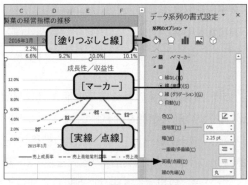

図4.122

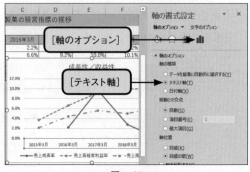

図4.123

7) グラフのサイズを変更し、場所を移動して見やすく整える。

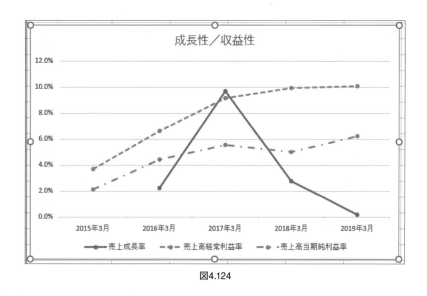

図4.124

（2）「健全性」のグラフを作成する。

1)「総資産回転率」、「自己資本比率」の2つの経営指標を対象にする。
2) 離れた場所にあるセルを範囲選択する場合の応用例である。
3)（1）と同様、グラフの種類では「折れ線」グラフを選択し、線種は直線と点線を使い、マーカーを付ける。
4)「健全性」のタイトルを追加する。
5)「経営指標」のファイルを上書き保存する。

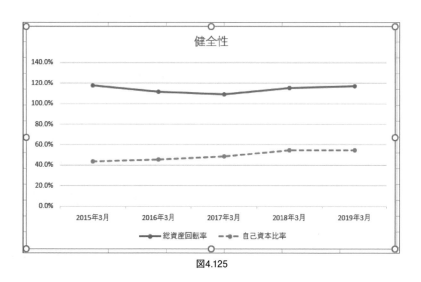

図4.125

4.8.2　文書への表やグラフの追加

文字や数字だけを羅列した文書やプレゼンテーションのスライドは、単調で分かりにくくなりがちです。表やグラフを使うとデータが見やすくなり、要点が理解しやすい有益な資料を作成することができます。

〈ExcelとWord文書のリンク〉

Excelのワークシートにある表やグラフと、Word文書やPowerPointスライドとの間にリンクを設定すると表やグラフを常に最新のデータで表示することができます。

文書やプレゼンテーションスライドに表示される表やグラフは、実際にはExcelのブックに保存されています。グラフのもとになるデータが変更されると、まずExcelのブックにあるグラフが更新され、同時にリンク先の表やグラフも自動的に更新されます。

注　グラフを自動的に更新する場合は、文書やプレゼンテーションスライドとグラフが保存されているブックとのリンクを壊さないように注意します。このため、Excelブックと文書やプレゼンテーションスライドを同じフォルダに保存するようにします。

〈リンク操作〉

前項の応用課題で作成した「経営指標の推移」の表と「成長性／収益性」のグラフをWord文書にリンクしてみましょう。この操作を行うにはExcel側でリンクする表やグラフをクリップボードにコピーした後、Word側で［形式を選択して貼り付け］により［リンク貼り付け］を行います。まず、次のようなWord文書を作成し「森永製菓経営指標」というファイル名で保存しておきます。

経営分析

　経営分析は通常、収益性、健全性、成長性、生産性の４つのポイントで行います。次の表は、森永製菓の過去５年間の財務データを基に作成された経営指標の推移です。数字の羅列では把握しにくいデータもグラフ化すると見やすく、分かりやすくなります。このグラフは「売上成長率」、「売上高経常利益率」、「売上高当期純利益率」の３つの経営指標を対象にしたもので「成長性／収益性」を評価するものです。

---

1) 表とグラフが保存されているExcelのブックを開く。
2) 「森永製菓の経営指標の推移」表と「成長性／収益性」グラフの範囲を選択する。
3) ［ホーム］タブ→［クリップボード］グループ→［コピー］をクリックする。

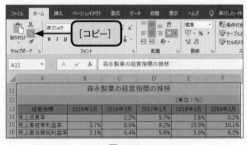

図4.126

4.8 表計算を応用してみよう

4) Word文書「森永製菓経営指標」に切り替える。
5) グラフを挿入する位置をクリックする。
6) ［ホーム］タブ→［クリップボード］グループ→［貼り付け］ボタンの下にある▼ボタンをクリックして［形式を選択して貼り付け］をクリックし、［形式を選択して貼り付け］ダイアログボックスを表示する。
7) ［リンク貼り付け］を選択し、［Microsoft Excelワークシートオブジェクト］を選択し、［OK］ボタンをクリックする。
8) 貼り付けた表とグラフの大きさや場所を調整して文書を整える。
9) Word文書「森永製菓経営指標」を上書き保存する。

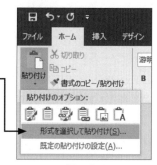

図4.127

図4.128

図4.129

4.8.3 データ分析

〈分析ツール〉

Excelを使って指数平滑やフーリエ解析などの計算を行うことができます。前提として分析ツールがインストールされている必要があります。分析ツールがインストールされていないときは以下の操作を行います。

図4.130

(1) 分析ツールをインストールする

1) ［ファイル］タブ→［オプション］をクリックすると［Excelのオプション］ダイアログボックスが表示される。
2) ［アドイン］をクリックし、［管理］の一覧の［Excelアドイン］を選択し、［設定］をクリックすると［アドイン］ダイアログボックスが表示される。
3) ［有効なアドイン］の一覧の［分析ツール］チェックボックスをオンにし、［OK］をクリックする。

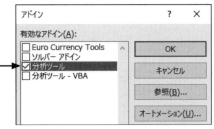

図4.131

(2) データを入力する

データ分析を行うには、分析の対象となるデータをデータ系列として行または列に入力しておかなければなりません。今回は右図のような「季節の野菜弁当」のある日の時間帯別販売数を対象に分析してみましょう。図のように背景色、罫線、文字サイズ、列幅を整えて見やすくします。作成したデータを「データ分析」というファイル名で保存します。

注 分析ツールによる計算結果の保存先として、入力データと同じワークシート、他のワークシート、他のブックなどが指定できます。

	A	B
1	時間帯別販売数	
2	商品：	季節の野菜弁当
3	日付：	11月23日
4		
5	時間帯	販売数
6	9	10
7	10	14
8	11	38
9	12	23
10	13	15
11	14	12
12	15	7
13	16	7
14	17	11
15	18	9
16	19	4
17	20	2

図4.132

(3) データ分析を行う

1) ［データ］タブ→［分析］グループ→［データ分析］をクリックする。
2) ［データ分析］ダイアログボックスが表示されるので、［基本統計量］を選択して［OK］をクリックすると［基本統計量］ダイアログボックスが表示される。

図4.133

3) [入力範囲] は「A5からB17」を指定し、[先頭行をラベルとして使用] チェックボックスをオンにする。
4) [出力オプション] では、図4.135のような指定を行って [OK] をクリックする。
5) 計算結果が求められ、指定されたワークシート上に表示される。

[基本統計量] ツールを使うと、複雑な分析に必要なパラメータを簡単に算出することができます。

6)「データ分析」のファイル名で上書き保存する。

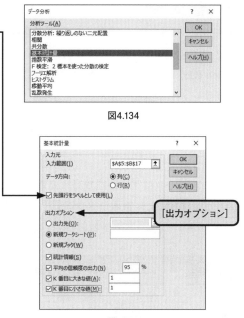

図4.134

図4.135

	A	B	C	D
1	時間帯		販売数	
2				
3	平均	14.5	平均	12.66666667
4	標準誤差	1.040833	標準誤差	2.797004169
5	中央値（メジアン）	14.5	中央値（メジアン）	10.5
6	最頻値（モード）	#N/A	最頻値（モード）	7
7	標準偏差	3.605551275	標準偏差	9.689106661
8	分散	13	分散	93.87878788
9	尖度	-1.2	尖度	3.908751684
10	歪度	-4.84461E-17	歪度	1.807997695
11	範囲	11	範囲	36
12	最小	9	最小	2
13	最大	20	最大	38
14	合計	174	合計	152
15	データの個数	12	データの個数	12
16	最大値(1)	20	最大値(1)	38
17	最小値(1)	9	最小値(1)	2
18	信頼度(95.0%)(95.0%)	2.290857987	信頼度(95.0%)(95.0%)	6.156164669

図4.136

〈散布図を使ってデータを分析する〉

2つまたは複数のデータ間の相互関係を表す場合、散布図を使うと効果的です。散布図は科学技術データの分析によく用いられます。

・散布図には他のグラフのように数値軸と項目軸があるのではなく、数値軸が2つあります。
・散布図は他のグラフと異なり、不規則なデータや集中した期間や範囲のデータを表すことができます。

今度は、「唐揚げ弁当」の時間帯別販売数のデータに温度も記録しました。温度と販売数の散布図を作成して、この2つのデータ間の相関を分析してみましょう。

(1) 散布図の作成

1) 右の図のようなデータを入力して、「散布図」というファイル名で保存する。
2) セルB5からC17までを範囲選択し、[挿入] タブ→ [グラフ] グループ→[散布図] をクリックし、左上の[散布図] をクリックする。
3) [デザイン] タブ→ [グラフのレイアウト] グループ→ [グラフ要素を追加] をクリックする (図4.139)。
4) グラフタイトルは「唐揚げ弁当販売数と温度の関係」、横軸ラベルは「温度」、縦軸ラベルは「販売数」と変更する。
5) シートをコピーしてシート名を「散布図 (1)」と変更する。

	A	B	C
1	時間帯別販売数		
2	商品：	唐揚げ弁当	
3	日付：	11月23日	
4			
5	時間帯	温度	販売数
6	9	15.3	7
7	10	18.6	10
8	11	25.2	10
9	12	25.9	11
10	13	27.3	9
11	14	29.1	7
12	15	29.7	5
13	16	27.5	6
14	17	24.6	8
15	18	22.2	9
16	19	21.1	11
17	20	20.5	10

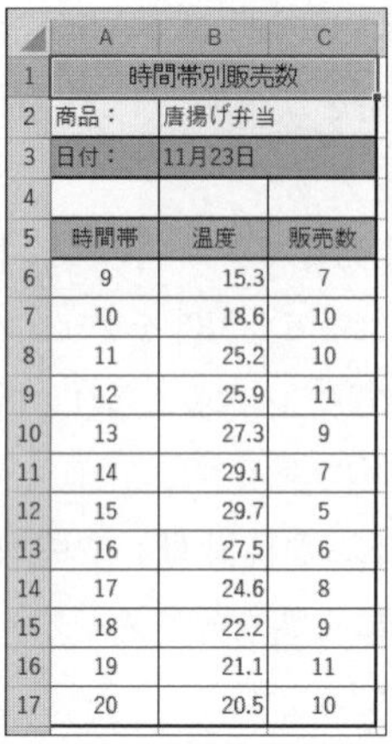

図4.137

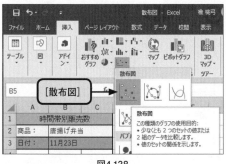

図4.138

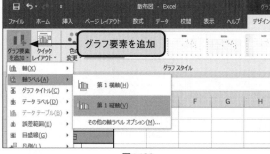

図4.139

(2) 散布図の編集

作成した散布図を編集してグラフを見やすくし、また誤差範囲を表示しましょう。

1) グラフの横軸を選択し、「グラフツール」リボンの [書式] タブ→ [現在の選択範囲] グループ→ [選択対象の書式設定] をクリックして、[軸の書式設定] 作業ウィンドウを表示する。
2) [軸のオプション] → [最小値] を「10」に変更する。
3) 散布図中のデータ系列のマーカー (データの観測点を表すグラフ上の記号) をクリックし、[デザイン] タブ→ [グラフのレイアウト] グループ→ [グラフ要素を追加] → [誤差範囲] をクリックして上から3番目の [パーセンテージ] をクリックする (図4.141)。
4) シートをコピーして、シート名を「散布図 (2)」と名前を変更する。

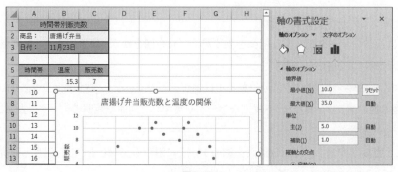

図4.140

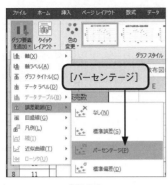

図4.141

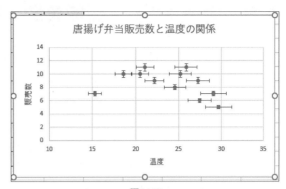

図4.142

(3) 近似曲線の追加

データの傾向や方向性を予測するには、近似曲線（回帰分析）を追加します。

1) 先ほどの［誤差範囲］は［なし］に戻す。
2) グラフエリアを選択し、［デザイン］タブ→［グラフのレイアウト］グループ→［グラフ要素を追加］→［近似曲線］をクリックし上から2番目の［線形］をクリックする。
3) ［その他の近似曲線オプション］を使えば、回帰数式やR-2乗値を表示することもできる。
4) 「散布図」のファイル名で上書き保存する。

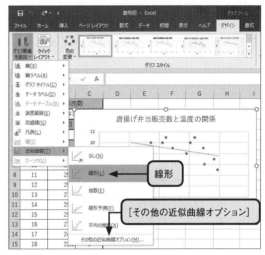

図4.143

演習問題

(演習4.8.1)

「経営指標の推移」のデータを使い、2017年から3年間の「売上成長率」、「売上高経常利益率」、「売上高当期純利益率」の3つの経営指標についてレーダーチャートのグラフを作成しなさい。

4.9 データベース機能を使ってみよう

　世の中にはたくさんのデータがあります。企業においては、従業員のデータや顧客のデータおよび取り扱っている商品のデータが、何千、何万と管理されています。学校においては何千、何万という学籍簿のデータが管理されています、銀行には何百万、何千万という銀行口座のデータがあります。これら大量のデータはコンピューターを活用して効率良く管理されており、コンピューターなしで管理することは今や不可能といっても過言ではありません。

　Excelには、このような大量のデータを効率的に処理するための「データベース機能」があります。このExcelの「データベース機能」を活用すれば、さらにExcelをさまざまな分野に利用でき応用範囲が格段に広くなります。

　Excelで扱えるデータ数は最大1,048,576件まで可能です、通常の処理では十分な数と言えます。またExcelにはデータベース機能として必要な基本機能はほとんど備わっています。

　Microsoft Office AccessやIBMのDB2などの本格的なデータベース製品もありますが、まずはExcelに備わっているデータベース機能を学習して、データベースの基本を理解しましょう。

　この節では次の内容について説明します。

・レコードの並べ替え／集計機能／抽出機能／ピボットテーブル機能／効果的データ入力機能

ここでちょっと調べて考えてみよう！

十朗：「桃弓、身近にある大量データの例を考えてごらん、どのようなものがあるかな？
　　　そのデータの数はどれくらいあるかな？
　　　ところで、データと情報の違いは何だったかな？」
≪第1章を振り返るなどして、どうすればよいかグループで話し合ってみよう！≫

4.9.1　Excelにおけるデータベースの基本概念

　ワークシート上に同じ項目が複数行、連続して並んでいるものをExcelではデータベースと呼んでいます。データベースでは各行のことを「レコード」と呼びます、各レコードには同じ項目が列方向に記録されています。各列は「項目」や「フィールド」と呼ばれます。

　次ページの例は、「ご当地弁当屋」売上データを日付別に記録した27件のレコードからなる簡単なデータベースです。この後「売上DB」と略します。

　各レコードには、商品番号、商品名、単価、日付、販売数、販売金額の6個の項目があります。データベースの1行目には「列見出し」が付けられています。この列見出しは「項目名」や「フィールド名」とも呼ばれます。

　データベースは空白行と空白列で仕切られています。すなわちデータベースの中に空白行または空白列があった場合、Excelでは、その行または列を境界にして上下または左右それぞれ別のデータベースとみなされます。

データベースの大きさの制限はExcelの制限に準じます。すなわちレコード数は最大1,048,576で、項目数は最大16,384です。

ではまず、次のようなデータベースを作成してみましょう。データは4.6節で作成した「売上表完成」のブックをもとに作成します。2行目に空白行があることに注意してください。

これはデータベースの仕切りのために必要なものです。フォントや罫線、背景色などの書式を指定してデータベースを見やすく編集してください。

作成したブックは「売上DB」の名前で保存します。

	A	B	C	D	E	F
1		ご当地弁当屋 売上DB				
2						
3	商品番号	商品名	単価	日付	販売数	売上金額
4	1	唐揚げ弁当	700	11月23日	103	72,100
5	2	とんかつ弁当	1,100	11月23日	72	79,200
6	3	特選和牛すき焼き弁当	1,400	11月23日	80	112,000
7	4	新幹線弁当	1,300	11月23日	73	94,900
8	5	季節の鯛寿司弁当	1,300	11月23日	103	133,900
9	6	季節の野菜弁当	900	11月23日	152	136,800
10	7	豆腐ハンバーグ弁当	900	11月23日	104	93,600
11	8	焼き魚弁当	1,200	11月23日	85	102,000
12	9	漁師弁当	1,500	11月23日	43	64,500
13	1	唐揚げ弁当	700	11月24日	41	28,700
14	2	とんかつ弁当	1,100	11月24日	35	38,500
15	3	特選和牛すき焼き弁当	1,400	11月24日	23	32,200
16	4	新幹線弁当	1,300	11月24日	16	20,800
17	5	季節の鯛寿司弁当	1,300	11月24日	59	76,700
18	6	季節の野菜弁当	900	11月24日	88	79,200
19	7	豆腐ハンバーグ弁当	900	11月24日	48	43,200
20	8	焼き魚弁当	1,200	11月24日	39	46,800
21	9	漁師弁当	1,500	11月24日	17	25,500
22	1	唐揚げ弁当	700	11月25日	52	36,400
23	2	とんかつ弁当	1,100	11月25日	26	28,600
24	3	特選和牛すき焼き弁当	1,400	11月25日	38	53,200
25	4	新幹線弁当	1,300	11月25日	23	29,900
26	5	季節の鯛寿司弁当	1,300	11月25日	54	70,200
27	6	季節の野菜弁当	900	11月25日	98	88,200
28	7	豆腐ハンバーグ弁当	900	11月25日	53	47,700
29	8	焼き魚弁当	1,200	11月25日	43	51,600
30	9	漁師弁当	1,500	11月25日	24	36,000

図4.144

ヒント！ 行/列の操作（ショートカットメニュー）

行や列の挿入／コピー／貼り付け／削除などはリボンのコマンドボタンを使っても行えますが、行番号や列番号をポイントして右クリックして表示される「ショートカットメニュー」を使うと便利です。

たとえば、不要な列を削除するときは、その列番号をポイントして右クリックし、[列の削除]をクリックします。行を複写するときは、行番号を右クリックし、[コピー]、[コピーしたセルの挿入]により同じ行の内容を複数作成することができます。

データベースでは、通常ある項目（または複数の項目の組合せ）で唯一無二（ユニーク）にレコードを識別することができます。レコードを識別するための項目を「キー」、「キー項目」、「キーフィールド」と呼んでいます。このキー項目は並べ替え処理を行うときの項目にもなります。この「売上DB」では、「商品番号」（または「商品名」）と「日付」を組み合わせたものがキー項目になります。

4.9.2 レコードの並べ替え

データベース機能の最も基本的な操作は「レコードの並べ替え」です。

〈並べ替え〉

「売上DB」を商品番号の順に並べ替えてみましょう。

1) データベースのキー項目（今の場合は商品番号）のどれか1つのセルをクリックしてアクティブにする。商品番号の項目のセルであれば、どのレコードでもよい。
2) ［ホーム］タブ→［編集］グループ→［並べ替えとフィルター］ボタンをクリックし、ドロップダウンリストの［昇順］をクリックする。

図4.145

注　並べ替えの順番には「昇順」と「降順」の2種類があります。文字の場合、アイウエオ順やABC順に並べることを「昇順」といい、その逆を「降順」といいます。

数値の場合は、小さい数値から大きい数値に並べるのが昇順で、逆が降順です。

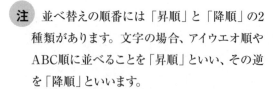

図4.146

〈ふりがなの表示〉

Excelには、漢字を入力したときの仮名を「ふりがな」として自動的に記録する機能があります。商品名などの漢字項目をキーとするレコードの並べ替えでは、通常この「ふりがな」を使って並べ替えが行われます。ふりがなは文字列の上部に平仮名またはカタカナで表示することができます。

ふりがなの表示を行うには次のように操作します。

1) ふりがなを表示するセル範囲（B4からB30）をドラッグして選択する。
2) ［ホーム］タブ→［フォント］グループ→［ふりがなの表示／非表示］ボタンをクリックする。
3) ［ふりがなの表示／非表示］ボタンをもう一度クリックし、ふりがなを非表示にする。

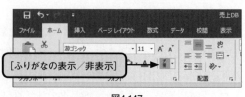

図4.147

4.9 データベース機能を使ってみよう

注　[ふりがなの表示/非表示] ボタン右の▼ボタンをクリックし [ふりがなの設定] を選択すると [ふりがなの設定] ダイアログボックスが表示され、ふりがなの種類や配置およびフォントを設定することができます。

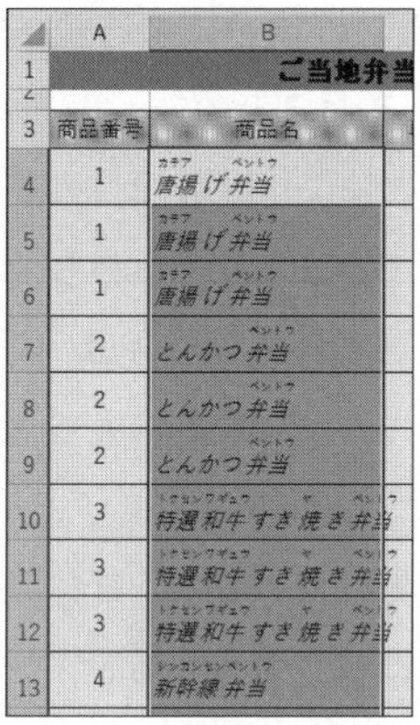

〈ふりがなの編集〉
1) ふりがなを編集するセルをクリックしてアクティブにする。
2) [ふりがなの表示/非表示] ボタン右の▼ボタンをクリックし [ふりがなの編集] を選択すると、カーソルがふりがなのところに表示されるので、矢印キーでカーソルを移動し、ふりがなを編集する。

図4.148

注　セルをダブルクリックして、表示されているふりがなの場所をクリックしても同じ操作ができます。

〈複数の項目による並べ替え〉
　「売上DB」を日付ごとに販売数の多い順に並べ替えてみましょう。すなわち、日付ごとに並べ替え、その中では販売数の多い順（降順）に並べ替えます。
　第一優先順位のキーが「日付」、第二優先順位のキーが「販売数」ということです。
1) データベース内のどこか1つのセルをクリックして、データベースをアクティブにする。
2) [ホーム] タブ→ [編集] グループ→ [並べ替えとフィルター] ボタンをクリックし、ドロップダウンリストの [ユーザー設定の並べ替え] をクリックし、[並べ替え] ダイアログボックスを表示する。
3) [最優先されるキー] 右横の▼ボタンをクリックして [日付] を選択し、[古い順] の指定になっていることを確認する。
4) [並べ替え] ダイアログボックスの左上の [レベルの追加] ボタンをクリックすると [次に優先されるキー] が追加されるので、[販売数] を指定し [大きい順] のオプションボタンをクリックする。

図4.149

5) [先頭行をデータの見出しとして使用する] がチェックされていることを確認し、[OK] ボタンをクリックする。

注　[並べ替え] ダイアログボックスで [レベルの追加] は最大64個のキーを指定することができます。

225

第4章　Excelによる表計算とデータベース

〈複数の項目による並べ替え（別の方法）〉

　1項目ごとの並べ替え操作を複数回行うことにより複数項目の並べ替えを行うことができます。すなわち、並べ替えのキーが複数項目ある場合は、優先順位の低いほうのキーから順番に並べ替え操作を繰り返し実行します。

　先ほどの例で、日付ごとに販売数の多い順に並べ替える場合、まず、「販売数」の項目のどれか1つのセルをクリックして、［ホーム］タブ→［編集］グループ→［並べ替えとフィルター］ボタンをクリックし［降順］をクリックする。次に「日付」の項目のどこかのセルをクリックし、同様に今度は［昇順］をクリックする。

	A	B	C	D	E	F
1				ご当地弁当屋 売上DB		
2						
3	商品番号	商品名	単価	日付	販売数	売上金額
4	6	季節の野菜弁当	900	11月23日	152	136,800
5	7	豆腐ハンバーグ弁当	900	11月23日	104	93,600
6	1	唐揚げ弁当	700	11月23日	103	72,100
7	5	季節の鯛寿司弁当	1,300	11月23日	103	133,900
8	8	焼き魚弁当	1,200	11月23日	85	102,000
9	3	特選和牛すき焼き弁当	1,400	11月23日	80	112,000
10	4	新幹線弁当	1,300	11月23日	73	94,900
11	2	とんかつ弁当	1,100	11月23日	72	79,200
12	9	漁師弁当	1,500	11月23日	43	64,500
13	6	季節の野菜弁当	900	11月24日	88	79,200
14	5	季節の鯛寿司弁当	1,300	11月24日	59	76,700
15	7	豆腐ハンバーグ弁当	900	11月24日	48	43,200
16	1	唐揚げ弁当	700	11月24日	41	28,700
17	8	焼き魚弁当	1,200	11月24日	39	46,800
18	2	とんかつ弁当	1,100	11月24日	35	38,500
19	3	特選和牛すき焼き弁当	1,400	11月24日	23	32,200
20	9	漁師弁当	1,500	11月24日	17	25,500
21	4	新幹線弁当	1,300	11月24日	16	20,800
22	6	季節の野菜弁当	900	11月25日	98	88,200
23	5	季節の鯛寿司弁当	1,300	11月25日	54	70,200
24	7	豆腐ハンバーグ弁当	900	11月25日	53	47,700
25	1	唐揚げ弁当	700	11月25日	52	36,400
26	8	焼き魚弁当	1,200	11月25日	43	51,600
27	3	特選和牛すき焼き弁当	1,400	11月25日	38	53,200
28	2	とんかつ弁当	1,100	11月25日	26	28,600
29	9	漁師弁当	1,500	11月25日	24	36,000
30	4	新幹線弁当	1,300	11月25日	23	29,900

図4.150

注　並べ替えのキーが複数あるときは、優先順位の低いほうから指定して、並べ替え操作を繰り返します。

4.9.3　集計機能

　Excelのデータベースには便利な集計機能があります。数式や関数を用いても同様の集計を行うことは可能ですが、大量のデータを処理する場合には、この集計機能が非常に有効です。

〈集計〉

　「売上DB」を使って、商品番号ごとの販売数と売上金額の合計を求めてみましょう。まず、DBを元のように商品番号別、日付別に並べ替えて、その後集計機能により商品番号ごとに合計を計算します。

1) 「日付」で昇順に並べ替え、次に「商品番号」で昇順に並べ替える。商品番号別、日付別に並べ替えられていることを確認する。
2) データベース内のどこか1つのセルをクリックして、データベースをアクティブにする。
3) ［データ］タブ→［アウトライン］グループ→［小計］をクリックし、［集計の設定］ダイアログボックスを表示する。
4) ［グループの基準］の▼ボタンをクリックしてドロップダウンリストから「商品番号」を選択する。
5) ［集計の方法］の▼ボタンをクリックしてドロップダウンリストから「合計」を選択する。
6) ［集計するフィールド］は「販売数」と「売上金額」のチェックボックスをクリックし選択する。

226

7) ［OK］ボタンをクリックする。

「グループの基準」で指定した項目の内容が変わるごとに合計が計算され、行が追加され表示されます。また最後の行には全体の合計が計算され表示されています。

注　集計機能を使うときは、「グループの基準」で指定する項目ごとに並べ替えられている必要があります。

注　「集計の方法」では「合計」以外に「総数」、「平均」、「最大」、「最小」などがあります、それぞれ関数のCOUNTA、AVERAGE、MAX、MINに相当します。

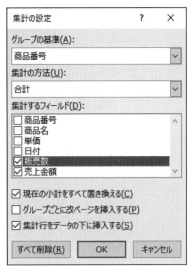

図4.151

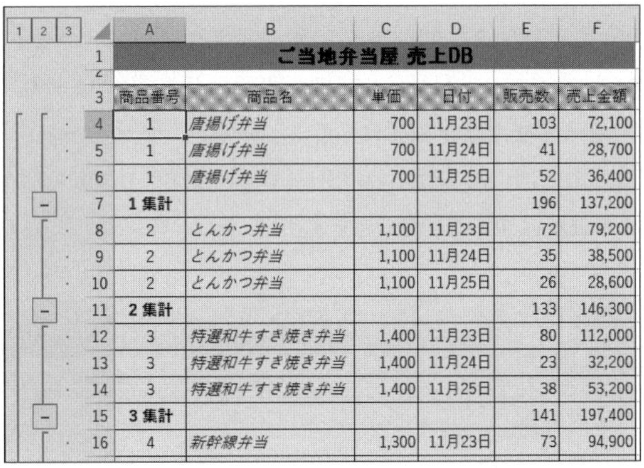

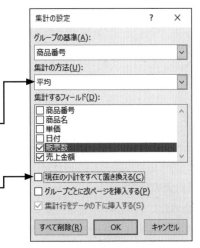

図4.152

〈集計の追加〉

先ほどの集計結果に、商品番号ごとの平均をさらに計算して追加しましょう。

操作手順は先ほどとほとんど同じです。異なるところは、次の点です。

5) ［集計の方法］は［平均］を選択する。
6) ［集計するフィールド］は「販売数」と「売上金額」が選択されていることを確認する。
7) ［現在の小計をすべて置き換える］のチェックを外して、［OK］をクリックする。

図4.153

	A	B	C	D	E	F
1	ご当地弁当屋 売上DB					
2						
3	商品番号	商品名	単価	日付	販売数	売上金額
4	1	唐揚げ弁当	700	11月23日	103	72,100
5	1	唐揚げ弁当	700	11月24日	41	28,700
6	1	唐揚げ弁当	700	11月25日	52	36,400
7	1 平均				65	45,733
8	1 集計				196	137,200
9	2	とんかつ弁当	1,100	11月23日	72	79,200
10	2	とんかつ弁当	1,100	11月24日	35	38,500
11	2	とんかつ弁当	1,100	11月25日	26	28,600
12	2 平均				44	48,767
13	2 集計				133	146,300
14	3	特選和牛すき焼き弁当	1,400	11月23日	80	112,000
15	3	特選和牛すき焼き弁当	1,400	11月24日	23	32,200
16	3	特選和牛すき焼き弁当	1,400	11月25日	38	53,200
17	3 平均				47	65,800
18	3 集計				141	197,400
19	4	新幹線弁当	1,300	11月23日	73	94,900

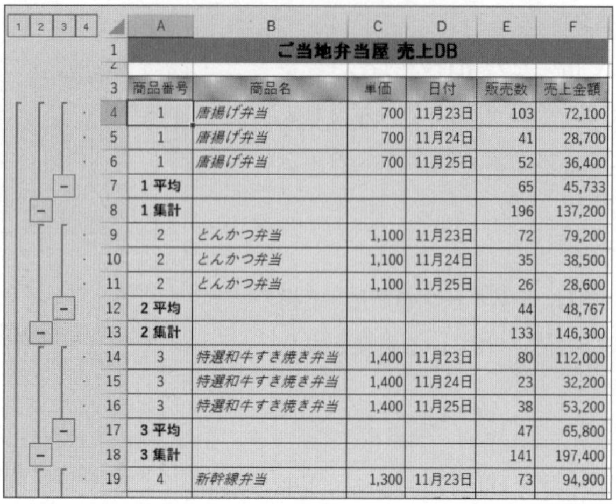

図4.154

8)「売上DB集計」というファイル名で保存する。

〈集計表のアウトライン〉

集計を行うと、表の行番号の左に「アウトライン」が表示されます。アウトライン表示の「−」記号は［詳細行非表示］ボタンといい、「+」記号は［詳細行表示］ボタンといいます。このボタンをクリックすることにより、詳細行を表示または非表示にすることが可能です。

また、アウトライン表示の上部にある数字のボタン（レベル記号）をクリックすることにより、グループ全体を表示、または非表示にすることができます。

	A	B	C	D	E	F
1	ご当地弁当屋 売上DB					
2						
3	商品番号	商品名	単価	日付	販売数	売上金額
8	1 集計				196	137,200
13	2 集計				133	146,300
18	3 集計				141	197,400
23	4 集計				112	145,600
28	5 集計				216	280,800
33	6 集計				338	304,200
38	7 集計				205	184,500
43	8 集計				167	200,400
48	9 集計				84	126,000
49	全体の平均				59	63,793
50	総計				1,592	1,722,400

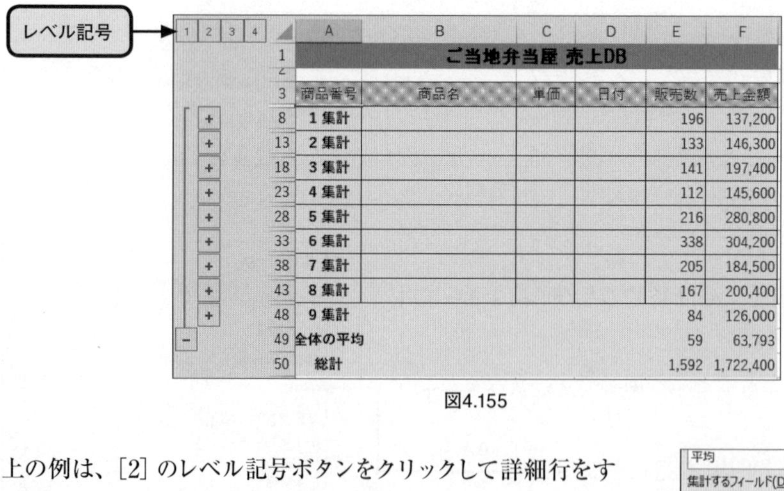

図4.155

上の例は、［2］のレベル記号ボタンをクリックして詳細行をすべて非表示にし、商品番号ごとの合計値だけを表示しています。

〈集計表の削除〉

作成した集計結果の行を削除して元の表に戻すには、先ほどの集計操作の［集計の設定］ダイアログボックスを開き［すべて削除］ボタンをクリックする。

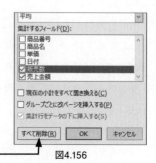

図4.156

4.9.4 レコードの抽出

Excelの「フィルター機能」を使うと、データベースの中からある条件に合致するレコードだけを抽出することができます。

〈オートフィルターによるレコードの抽出〉

オートフィルター機能を使って、商品番号順に並べ替えられた「売上DB」から「11月23日」のレコードだけを抽出してみましょう。

1) データベース内のどこか1つのセルをクリックして、データベースをアクティブにする。
2) ［データ］タブ→［並べ替えとフィルター］グループ→［フィルター］ボタンをクリックする。
3) データベースの各項目見出しのセルに［オートフィルター矢印］▼ボタンが表示される。
4) 「日付」の項目の［オートフィルター矢印］▼ボタンをクリックし、［11月23日］だけチェックし（24日、25日のチェックボックスをクリックしてチェックを外す）、［OK］ボタンをクリックする。
5) 「11月23日」のレコードだけが抽出されて表示される。

図4.157

図4.158

注 2)の操作は［ホーム］タブ→［編集］グループ→［並べ替えとフィルター］ボタンでも同様の操作が可能です。

注 ［オートフィルター矢印］▼ボタンをクリックして表示されるドロップダウンリストからも並べ替え操作が可能です。

図4.159

〈複数の項目によるレコードの抽出〉

次に、「売上金額」多い商品上位10件のレコードを抽出してみましょう。

1) 先ほどの抽出結果のデータベースを用いて、さらに「売上金額」の［オートフィルター矢印］▼ボタンをクリックして［数値フィルター］→［トップテン］をクリックする。
2) ［トップテン オートフィルター］ダイアログボックスが表示されるので、［上位］、［10］と指定されていることを確認して［OK］をクリックする。

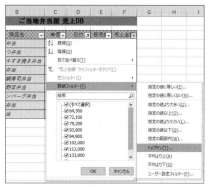

図4.160

3) 売上金額の上位10件のレコードのうち日付が「11月23日」のレコードだけが抽出されます。

このようにオートフィルターは何段階でも抽出作業を繰り返し実行することができ、そのたびに抽出条件が追加されレコードを絞り込むことができます。

図4.161

図4.162

〈抽出条件の解除〉

抽出条件を解除して、すべてのデータを表示するには次の3つの方法があります。

① フィルターをかけている項目（[オートフィルター矢印] ボタンにフィルターのアイコンが表示されている）の[オートフィルター矢印]ボタンをクリックして「すべて選択」を選択し[OK]をクリックする。
② [データ] タブ→ [並べ替えとフィルター] グループ→ [クリア] をクリックする。
③ [データ] タブ→ [並べ替えとフィルター] グループ→ [フィルター] をクリックする。

〈オートフィルター オプションによるレコードの抽出〉

複数の項目を使ったレコードの抽出は、オートフィルターの操作を繰り返せばよかったのですが、1つの項目に対して複数の抽出条件がある場合はどうでしょうか。

たとえば、「11月23日」と「11月24日」の2日間のレコードを抽出するにはどうしたらいいでしょう。

このようなときは「オートフィルター オプション」機能を使うと便利です。

1) 「日付」の [オートフィルター矢印] ▼ボタンをクリックし、ドロップダウンリストから [日付フィルター] → [指定の値に等しい] をクリックすると [オートフィルター オプション] ダイアログボックスが表示される。

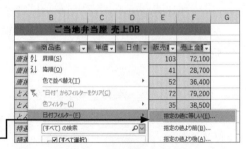

図4.163

2) [抽出条件の指定] の上段は「11月23日」「と等しい」、下段は「11月24日」「と等しい」、[AND] と [OR] のところは [OR] を指定して [OK] ボタンをクリックする。

3) 23日と24日の2日間のレコードのみが表示される。

4) 「売上DB抽出1」というファイル名で保存する。

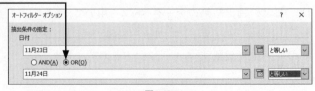

図4.164

注 同様の抽出はオートフィルターでも可能ですが、オートフィルターオプションを使うとさらに複雑な抽出条件を指定することができます。

注　オートフィルターのオプションでは、このように同時に2つまでの抽出条件が指定できます。3つ以上の条件や、さらに複雑な抽出を行うには、［データ］タブ→［並べ替えとフィルター］グループ→［詳細設定］を使います。

図4.165

〈売上金額の多い商品の検索〉

オートフィルター オプション機能を使って一日の売上金額が13万円以上のレコードを抽出してみましょう。手順は先ほどと同様です。いったん抽出条件を解除（クリア）して「売上金額」の［オートフィルター オプション］→［数値フィルター］→［指定の値より大きい］→［オートフィルター オプション］ダイアログボックスで「売上金額」が「130000」「より大きい」と指定する。

図4.166

この結果から、季節の弁当類が上位を占め、売上管理上これらの商品が重要であることが分かりますね。

図4.167

最後に「売上DB抽出2」というファイル名で保存しておきましょう。

4.9.5　ピボットテーブル

「ピボットテーブル」は、大量のデータを簡単に集計できるExcelのデータベース機能です。4.9.3項で説明した「集計機能」では、レコードをあらかじめ並べ替えておくことが前提でしたが、この「ピボットテーブル」では並べ替えを行っておく必要はありません。簡単な操作で2次元や3次元の集計表を作成することができます。

先ほどの売上DBの分析結果から、季節の弁当類が売上金額の上位を占め、これらの商品が重要だと分かりました。ピボットテーブル機能で売上分析をさらに詳細に行うため、これらの季節の弁当類の商品（季節の鯛寿司弁当、季節の野菜弁当）について購入層の分析を行うために、次のように「性別」ごとの販売数をデータとして追加しました。このブックを「性別売上DB」というファイル名で保存しておきます。

〈2項目のピボットテーブル〉

「性別売上DB」からピボットテーブル機能により、商品別、性別の販売数を2次元の集計表に作成してみましょう。

1）データベース内のどこか1つのセルをクリックして、データベースをアクティブにする。

図4.168

2) ［挿入］タブ→［テーブル］グループ→［ピボットテーブル］をクリックすると［ピボットテーブルの作成］ダイアログボックスが表示される。

3) ［分析するデータを選択してください］→［テーブル／範囲］でデータベースの範囲が選択されていることを確認し［OK］をクリックするとピボットテーブルを作成するための新規シートが作成される。

図4.169

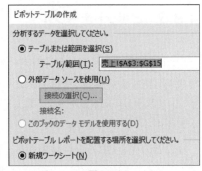

図4.170

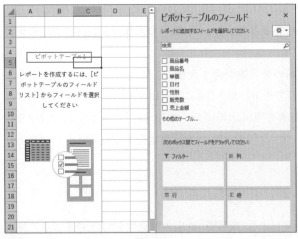

図4.171

4) ［ピボットテーブルのフィールド］で［商品名］フィールドを［行］エリアにドラッグする。同様に［性別］フィールドを［列］エリアにドラッグし、さらに［販売数］フィールドを［値］エリアにドラッグする。

図4.172

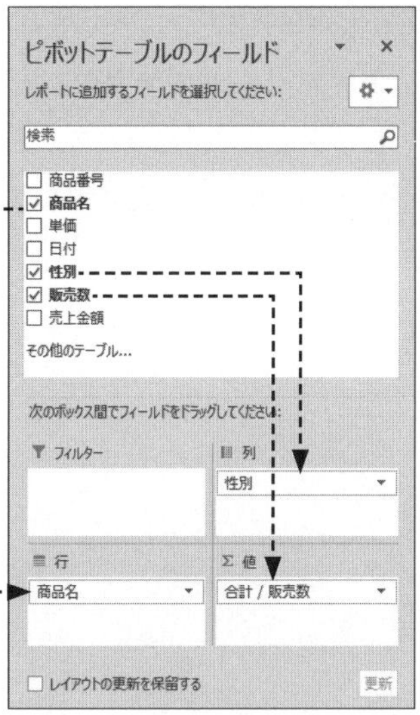

注　［ピボットテーブルのフィールド］で［商品名］フィールド、［性別］フィールドにチェックを付けると［行］に指定したフィールドが表示される、この［行］にある［性別］を［列］にドラッグしても同様の指定ができます。

注　［値］エリアの［合計／販売数］▼ボタンをクリックして［値フィールドの設定］の指定で合計以外に平均や最大値、最小値を求めることができます。

5) ピボットテーブルが作成される。［行ラベル］右の▼ボタンをクリックし［降順］を指定することにより並べ替えを変更することができる。
6) 列の幅を適切に変更して集計表を見やすく整える。
7)「性別売上集計1」というファイル名で保存する。

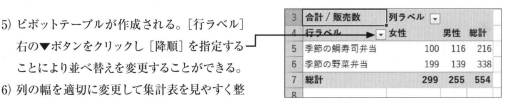

3	合計 / 販売数	列ラベル		
4	行ラベル	女性	男性	総計
5	季節の鯛寿司弁当	100	116	216
6	季節の野菜弁当	199	139	338
7	総計	299	255	554
8				

図4.173

3	合計 / 販売数	列ラベル		
4	行ラベル	女性	男性	総計
5	季節の野菜弁当	199	139	338
6	季節の鯛寿司弁当	100	116	216
7	総計	299	255	554

図4.174

注　このような集計表はクロス集計表とも呼ばれています。

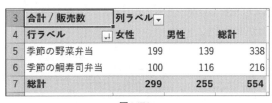

注　ピボットテーブルの中のデータをダブルクリックすると、集計対象になったレコードを別の新しいワークシートに抽出することができます。

〈ピボットグラフの作成〉

ピボットテーブルをもとにグラフを作成することができます。先ほどの集計結果を棒グラフにしてみましょう。

1) ピボットテーブル内のどこか一箇所のセルをクリックする。
2) ［ピボットテーブルツール］リボンの［分析］タブ→［ツール］グループ→［ピボットグラフ］をクリックする。
3) ［グラフの挿入］ダイアログボックスから［集合縦棒］グラフを選択し、［OK］をクリックする。
4) グラフの配置、大きさを見やすく調整し、「性別売上集計2」というファイル名で保存する。

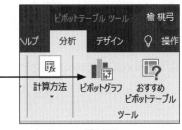

図4.175

注 ピボットグラフに表示されている［フィールドボタン］右端の▼ボタンをクリックし表示されるダイアログボックスから、データを並べ替えたり絞り込んだりすることができます。

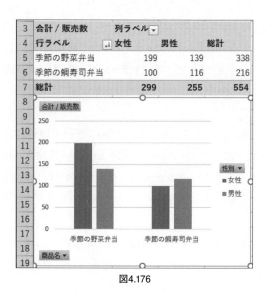

図4.176

〈3項目のピボットテーブル〉

ピボットテーブルでは3項目までの集計表を作成することができます。「性別売上DB」をもとに日付別、商品名別、性別の販売数を3次元の集計表として作成してみましょう。操作は先ほどの「2項目のピボットテーブル」のときとほとんど同じです。

手順4）の［ピボットテーブルのフィールド］で［日付］フィールドを［フィルター］エリアにドラッグします。それ以外は先ほどと同じ指定をします。

「フィルター」に3番目の項目「日付」が追加されてピボットテーブルが作成されました。［日付］の［(すべて)］右端の▼ボタンをクリックし、日付を選択すると、該当の日付だけの集計表を表示することができます。

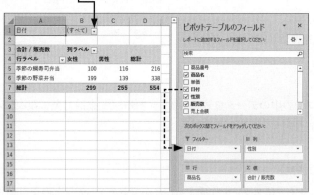

図4.177

注 フィールド（項目）をピボットテーブルから削除するには、［ピボットテーブルのフィールド］のフィールド項目名のチェックを外します。

注 行ラベルや列ラベルの文字を変更するには、ピボットテーブル内の「行ラベル」または「列ラベル」のセルをクリックして数式バーを使い文字を変更します。

最後に「性別売上集計3」というファイル名で保存しましょう。

〈項目軸の回転〉

　作成したピボットテーブルの「行」、「列」、「フィルター」のフィールド項目を入れ替えることができます。

　「日付」を「行」に、「商品名」を「列」に、「性別」を「フィルター」に変更してみましょう。

1) ［ピボットテーブルのフィールド］の［フィルター］エリアにある［日付］フィールドを［行］エリアにドラッグする。
2) 同様に［行］エリアにある［商品名］フィールドを［列］エリアに、［列］エリアにある［性別］フィールドを［フィルター］エリアにドラッグする。

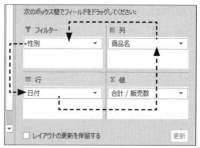

図4.178

	A	B	C	D
1	性別	(すべて)		
2				
3	合計 / 販売数	列ラベル		
4	行ラベル	季節の鯛寿司弁当	季節の野菜弁当	総計
5	11月23日	103	152	255
6	11月24日	59	88	147
7	11月25日	54	98	152
8	総計	216	338	554

図4.179

〈ピボットテーブルの更新〉

　ピボットテーブルが参照しているデータベースが変更されてもピボットテーブルは自動的には更新されません。［分析］タブの［更新］ボタンを使って更新します。

1) ピボットテーブル内のどれか1つのセルをクリックする。
2) ［分析］タブ→［データ］グループ→［更新］ボタンをクリックする。

図4.180

> ☀メモ：　**テーブル機能**
>
> Excelにはデータベースとよく似たもので「テーブル」というものがあります。これはExcel 2003までは「リスト」と呼ばれていたものです。テーブル機能にもデータの集計や並べ替えが簡単に行える機能があります。4.4.6項で説明したテーブルスタイルもこのテーブル機能の一つです。
> テーブルを定義するには、［挿入］タブ→［テーブル］グループ→［テーブル］ボタンを使いテーブルのデータ範囲を指定します。したがって、テーブルではデータベースと異なり空白行や空白列もテーブルの一部として並べ替えや集計の対象とすることができますが、大量のデータを扱う場合にはデータ範囲を定義するのは困難なこともあります。

4.9.6 効率の良いデータ入力方法

データベースの作成や編集では大量のデータを処理する必要があります。レコードの数が多くなると画面上にすべてを同時に表示することができないため、データベースの後半を表示しているときは列見出しが表示されず、何列目がどの項目かが分かりにくくなります。このようなときに利用すると便利な機能である「ウィンドウ枠の固定」機能について説明しましょう。また同じようなデータを何度も入力するときに使うと便利な、「入力規則」と「VLOOKUP」関数について説明します。

〈ウィンドウ枠の固定〉

この機能を使うと、データベース後半のレコードを表示するときにも列見出しを常に表示しておくことができますので、大量のレコードを入力するときや編集するときに項目名を確認しながら作業を行うことができます。

1) 元の「売上DB」ブックを開き、データベースの最初のレコード、最初の項目（左端のセル）をクリックしてアクティブにする。
2) ［表示］タブ→［ウィンドウ］グループ→［ウィンドウ枠の固定］をクリックし、ドロップダウンリストの［ウィンドウ枠の固定］を選択する。
3) ワークシートをスクロールして後ろのほうのレコードを表示しても列見出しは固定されスクロールされなくなる。

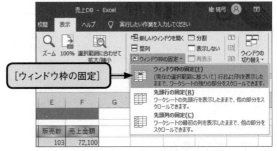

図4.181

	A	B	C	D	E	F
1	ご当地弁当屋 売上DB					
3	商品番号	商品名	単価	日付	販売数	売上金額
28	7	豆腐ハンバーグ弁当	900	11月25日	53	47,700
29	8	焼き魚弁当	1,200	11月25日	43	51,600
30	9	漁師弁当	1,500	11月25日	24	36,000

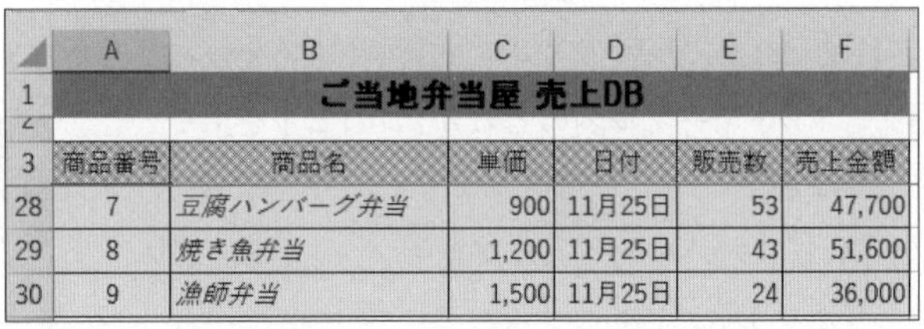

図4.182

注 上記の操作1）で2列目以降の項目をクリックして同様の操作を行うと、指定した項目（列）より左側の項目が固定され、画面を右にスクロールしても左の項目はスクロールされなくなります。項目数が多いときには、このように左側の項目を固定することにより、キー項目などを常に表示しておくことができます。

〈ウィンドウ枠固定の解除〉

固定したウィンドウ枠を解除するには、次のようにします。

1) ［表示］タブ→［ウィンドウ］グループ→［ウィンドウ枠の固定］をクリックし、ドロップダウンリストの［ウィンドウ枠固定の解除］をクリックする。

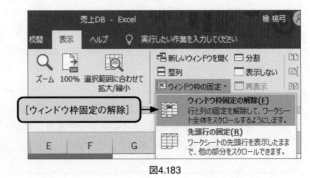

図4.183

〈入力規則〉

「日付」のデータ入力は同じようなデータなので、いちいち入力するのは面倒ですね。このようなときは「入力規則」の機能が便利です。まず、日付のデータをすべてクリアして、もう一度データを入力し直してみましょう。

1) セルD41からD44に右のようなデータを入力する。

図4.184

2) セルD4からD30までドラッグして範囲選択し［Delete］キーを押し、日付データをクリアする。
3) ［データ］タブ→［データツール］グループ→［データの入力規則］をクリックする。

図4.185

4) ［データの入力規則］ダイアログボックスが表示されるので、［入力値の種類］は「リスト」を選択し、［元の値］は入力域をクリックしてからセルD42からD44をドラッグし［ENTER］キーを押す、絶対参照で範囲選択されていることを確認して［OK］をクリックする。
5) セルD4をクリックするとセルの右端に▼ボタンが表示される。
6) ▼ボタンをクリックすると入力可能な日付のリストが表示されるので、該当の日付をクリックすれば日付データが入力できる。
7) 「売上DB入力規則」というファイル名で保存する。

図4.186

図4.187

このように、入力されるデータの値が限られた項目から選べばよいような場合は、この入力規則を使うと便利です。

入力規則を解除するには、［データの入力規則］ダイアログボックスを表示して、左下にある［すべてクリア］ボタンをクリックします。

図4.188

237

〈VLOOKUP関数〉

「商品名」や「単価」にも同じような内容のデータが何箇所もあります。「商品名」や「単価」は「商品番号」ごとに決まっています。このようなデータをいちいち入力するのは面倒ですね。「商品番号」が分かれば「商品名」、「単価」は決まります。このようなときVLOOKUP関数を使うと便利です。

1) 商品名と単価のデータ（B4からC30）をいったんクリアする。
2) セルA41からC50に右のようなデータを入力する。
3) セルB4をクリックして、［数式］タブ→［関数ライブラリ］→［検索／行列］ボタンをクリックし、ドロップダウンリストから［VLOOKUP］をクリックすると［関数の引数］ダイアログボックスが表示される。
4) ［関数の引数］ダイアログボックスでは、［検索値］は「A4」、［範囲］は「$A$42:$C$50」、［列番号］は「2」、［検索方法］は「0」（FALSE）と指定し、［OK］をクリックする。

図4.189

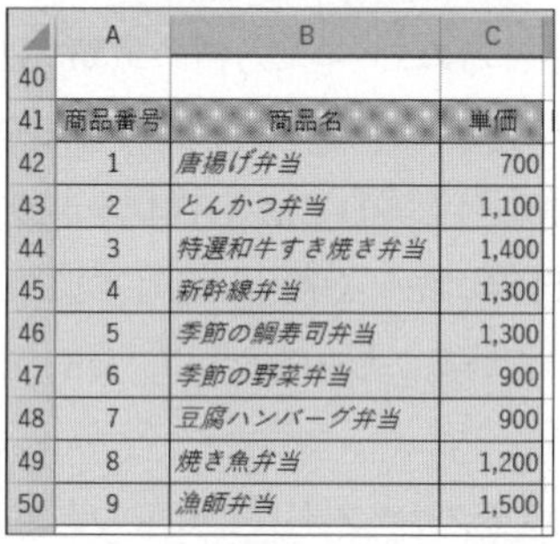

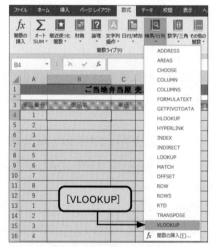

図4.190

これは、A42からC50のテーブルを検索して、テーブルの左端の列（A列）にセルA4と同じ値のデータがあれば、テーブルの同じ行の2番目の列（B列）の値を結果として戻すことを指定しています。テーブルの範囲は絶対参照の指定をしています。これはこの関数参照をこの後コピーするためです。

［F4］キーを使うと簡単に絶対参照に変更することができることを思い出してください。

図4.191

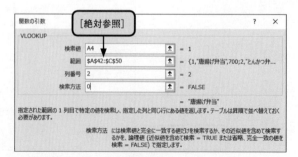

図4.192

5) セルB4を、オートフィル機能を使ってB30までコピーする。

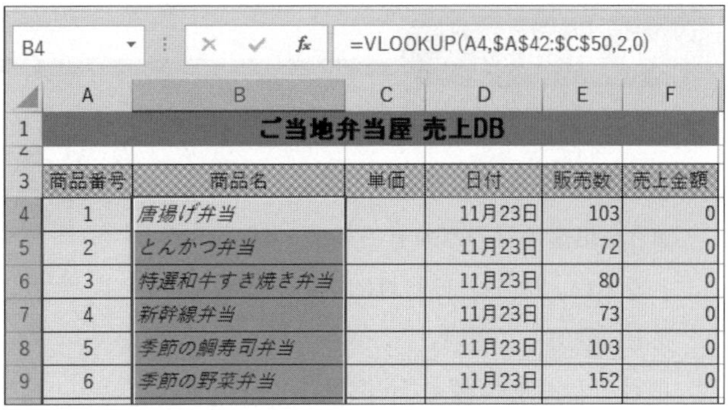

B4 =VLOOKUP(A4,$A$42:$C$50,2,0)

	A	B	C	D	E	F
1	ご当地弁当屋 売上DB					
3	商品番号	商品名	単価	日付	販売数	売上金額
4	1	唐揚げ弁当		11月23日	103	0
5	2	とんかつ弁当		11月23日	72	0
6	3	特選和牛すき焼き弁当		11月23日	80	0
7	4	新幹線弁当		11月23日	73	0
8	5	季節の鯛寿司弁当		11月23日	103	0
9	6	季節の野菜弁当		11月23日	152	0

図4.193

6) 同じ手順で、セルC4にもVLOOKUP関数を指定する。ただし「列番号」は「3」と入力する。

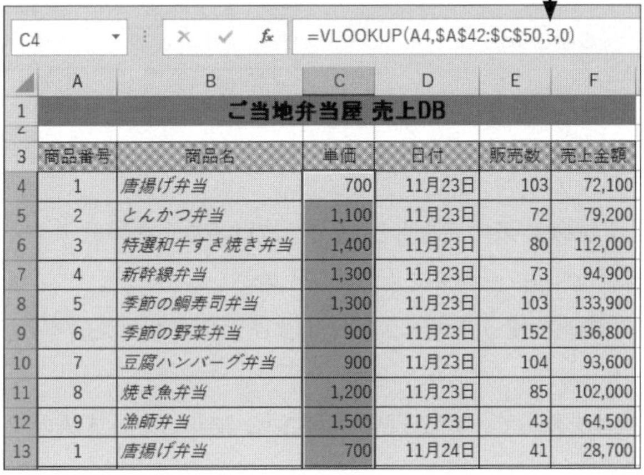

C4 =VLOOKUP(A4,$A$42:$C$50,3,0)

	A	B	C	D	E	F
1	ご当地弁当屋 売上DB					
3	商品番号	商品名	単価	日付	販売数	売上金額
4	1	唐揚げ弁当	700	11月23日	103	72,100
5	2	とんかつ弁当	1,100	11月23日	72	79,200
6	3	特選和牛すき焼き弁当	1,400	11月23日	80	112,000
7	4	新幹線弁当	1,300	11月23日	73	94,900
8	5	季節の鯛寿司弁当	1,300	11月23日	103	133,900
9	6	季節の野菜弁当	900	11月23日	152	136,800
10	7	豆腐ハンバーグ弁当	900	11月23日	104	93,600
11	8	焼き魚弁当	1,200	11月23日	85	102,000
12	9	漁師弁当	1,500	11月23日	43	64,500
13	1	唐揚げ弁当	700	11月24日	41	28,700

図4.194

7) セルC4を、オートフィル機能を使ってC30までコピーする。
8) 「売上DBVLOOKUP」というファイル名で保存する。

このように、VLOOKUP関数を使うことにより、あるデータ項目の値により一意的に決まるようなデータの入力を省くことができます（今の場合、商品番号が決まれば、商品名や単価は一意的に決まります）。また、単価が変更になったときはVLOOKUPで参照しているテーブルだけを変更すれば、データベースの該当の単価はすべて自動的に変更されます。

メモ：　VLOOKUPの検索方法

VLOOKUPの［関数の引数］ダイアログボックスで［検索方法］は「0」（FALSE）を指定しましたが、代わりに「1」を指定すると効率の良い検索方法でテーブルを検索することができます。ただし、そのときはテーブルをキー項目（商品番号）の昇順に並べ替えておく必要があります。大きなテーブルの場合は効果的ですが、通常の場合は「0」の指定で問題ありません。また、テーブルの一部を変更する場合も並べ替えを気にする必要がありませんので、このほうが無難です。

第4章 Excelによる表計算とデータベース

演習問題

（演習4.9.1）

(1) 演習4.5.1で作成した表をもとに、右図の
ような出金項目のみのデータベースを作成
しなさい。2行目と15行目に空白行がある
ことに注意しなさい。

(2) 項目ごとに並べ替えて、項目ごとの出金
合計および出費構成比の合計を求めなさ
い。

(3) ピボットテーブルを使い、項目ごと、日付
ごとの出金合計を求めなさい。

	A	B	C	D	E
1		家計簿（出金データベース）			
2					
3	日付	項目	出金	出費構成比	摘要
4	4月1日	食費	450	1.0%	学食ランチ
5	4月1日	食費	3,800	8.5%	朝食夕食の材料
6	4月2日	住居	20,000	44.7%	下宿代
7	4月2日	交際費	8,000	17.9%	サークル会費
8	4月2日	交通費	5,000	11.2%	定期代
9	4月2日	食費	350	0.8%	お昼弁当
10	4月2日	食費	800	1.8%	調味料
11	4月2日	食費	1,500	3.4%	飲み物
12	4月3日	住居	1,800	4.0%	電気代
13	4月3日	食費	500	1.1%	学食ランチ
14	4月3日	交際費	2,500	5.6%	新入生歓迎コンパ
15					
16	合計		44,700	100.0%	

演習図4.9.1

（演習4.9.2）

(1) 演習4.6.2で作成した試験結果の表をもとに、下図のような「試験結果データベース」を作成しな
さい。2行目と24行目は空白行とすることに注意しなさい。

(2) データベースの集計機能を使って、学部ごと、および学年ごとの英語平均点、最高点、最低点を
求めなさい。

(3) ピボットテーブル機能を使って、学部ごと、学科ごと、学年ごとの英語の平均点を求めなさい。

	A	B	C	D	E	F
1		試験結果データベース				
2						
3	氏名	学部	学科	学年	番号	英語
4	市川　妙子	工学部	電子工学科	1	1	92
5	金沢　留美香	工学部	電子工学科	1	2	88
6	鈴木　真知子	工学部	電子工学科	1	3	77
7	渡辺　利治	工学部	電子工学科	2	1	91
8	菅野　松蔵	工学部	電子工学科	2	2	72
9	吉永　沙織	工学部	電子工学科	2	3	98
10	小林　昭子	工学部	機械工学科	1	1	93
11	橋本　輝美	工学部	機械工学科	1	2	95
12	中村　順一	工学部	機械工学科	1	3	73
13	藤本　芳樹	工学部	機械工学科	2	1	74
14	大嶋　雅子	工学部	機械工学科	2	2	83
15	藤原　勇雄	文学部	芸術学科	1	1	88
16	吉田　ミサ子	文学部	芸術学科	1	2	83
17	滝川　俊一	文学部	芸術学科	1	3	75
18	小泉　孝雄	文学部	芸術学科	2	1	89
19	牛込　光貴	文学部	芸術学科	2	2	85
20	後藤　勝	文学部	英米文学科	1	1	81
21	吉田　博	文学部	英米文学科	1	2	84
22	柘植　嘉弘	文学部	英米文学科	1	3	82
23	宮本　節子	文学部	英米文学科	1	4	94

演習図4.9.2

240

第4章をふりかえって

学習の確認

- Excelの基本的な表を作成する
  1. データの入力、修正、コピー
  2. 数式の入力、修正、コピー
  3. 行と列の挿入と削除
  4. 合計の計算（オートSUM）
- 書式を設定する
  1. フォントの変更、配置の変更、表示形式の変更
  2. セルの幅や高さの変更
  3. 罫線や背景色の設定
  4. テーブルスタイルの利用
  5. 条件付き書式の設定
- 絶対参照と相対参照の違いは？
  1. 数式をコピーするときの両者の違いは？
  2. どういうときに絶対参照を使うのか？
- いろいろな関数の使い方
  1. 統計／数学関数（SUM/AVERAGE/MAX/MIN/COUNT/COUNTA,etc.）
  2. 論理関数（IF,etc.）
  3. 検索関数（VLOOKUP,etc.）
- いろいろなグラフの作成と編集
  1. 棒グラフ／折れ線グラフ／散布図／円グラフなど
  2. 各種グラフの特徴と適用分野は？
- 表計算の応用
  1. 財務データを加工し経営分析を行う
  2. 分析ツールを利用してデータ解析を行う
  3. Word 文書へExcelの表やグラフをリンクする
- データベースの活用
  1. データベースとは？
  2. データベースの各種機能（並べ替え／集計機能／抽出／ピボットテーブル）
- その他データ入力に便利な機能
  ウィンドウ枠固定／入力規則／ VLOOKUP関数

241

第4章　Excelによる表計算とデータベース

総合演習

(1) 演習4.9.1の家計簿（出金データベース）をもとに、ピボットグラフ機能を用いて、出費構成比の円グラフを作成しなさい。

(2) 右図のようなチョコレートサブレのレシピを作成し、材料費と合計金額を計算しなさい。また、あらたに「材料費構成比」の列を作り構成比を計算し、また、構成比の円グラフを作成しなさい。

	A	B	C	D	E
1	チョコレートサブレ(M)　レシピ				
2					
3	材料	量（g/個）	単位	単価（100g/個）	材料費（円）
4	無塩バター	60	g	200	
5	粉糖	25	g	100	
6	チョコレート	30	g	200	
7	卵黄	1	個	20	
8	小麦粉	75	g	20	
9	アーモンドパウダー	30	g	300	
10	塩	3	g	100	
11	ベーキングパウダー	1	g	200	
12	生クリーム	50	g	100	
13	箱/包装	1	個	20	
14	合計				

総合演習図4.1

(3) 健康診断

下の表にある過去1年間の健康診断データをもとに、次のように表を拡張し健康度を検討しなさい。

1) 最高血圧が130以上ならば黄色、140以上ならば赤色、最低血圧が85以上ならば黄色、90以上ならば赤色で各セルを色付けする。

2) 最終行に1行追加しBMI（Body Mass Index）を計算して、24.2以上ならば黄色（過体重）、26.4以上ならば赤色（肥満）で各セルを色付けする。ただし身長は173cmとする。

$$BMI = 体重 [kg] \div 身長 [m] \div 身長 [m]$$

3) 血圧と体重およびBMIを分かりやすいグラフにする。

	A	B	C	D	E	F	G	H	I	J	K	L	M
1	健康診断結果表												
2													
3		1月	2月	3月	4月	5月	6月	7月	8月	9月	10月	11月	12月
4	最高血圧	128	115	138	139	135	148	132	123	144	139	128	122
5	最低血圧	75	88	90	95	84	102	90	86	89	88	82	73
6	体重	80	75	73	65	60	58	52	55	60	68	70	65

総合演習図4.2

242

PowerPointによる プレゼンテーション 第5章

この章で学ぶこと

　この章では、PowerPointの機能を学習しますが、主題は「プレゼンテーション」です。「プレゼンテーションのためのPowerPoint」ではなく、「PowerPointによるプレゼンテーション」というタイトルの理由が、ここにあります。PowerPointの機能を駆使できても、プレゼンテーションが上手になるわけではありません。しかし逆に、プレゼンテーションが上手な人は、PowerPointの機能さえ覚えれば、すぐに効果的な使い方ができます。さまざまな機能を覚える前に、第1節から第3節をしっかりと読んで、プレゼンテーションの本質を理解してください。

この章のポイント

プレゼンテーションとは……… 「プレゼンテーション」と「発表」との違いを明確にし、その本質を確認します。

事前準備　……………………… プレゼンテーション実施までの段階を知り、ドラフトの必要性を理解し、ワークシートを使ってストーリーを組み立てます。

資料の作成　…………………… ドラフトからスライドを作成します。ここでPowerPointの機能を学びます。

発表の準備　…………………… リハーサルの重要性を理解し、準備の方法を学びます。

プレゼンテーションの実施　… 発表のための心構えを学びます。また他人紹介の演習を通じて応用力を養います。

この章で学ぶ機能

スライド作成、編集　…………… 新しいスライドの作成、スライドのコピー、移動、削除

デザインの統一　……………… 「テーマ」や「スライドマスター」の使い方と注意点

レイアウトの指定　…………… 各種のレイアウトの指定、変更

グラフ、図、写真の挿入　……… グラフ、図、写真、ワードアートの挿入

スライドショーの設定………… スライドショー、アニメーションなどの設定

この章を終えると

聞き手が理解しやすいプレゼンテーションを行うことができます。またPowerPointを使って、効果的な資料を作成することができます。

5.1 プレゼンテーションとは

5.1.1 プレゼンテーションの意味について考えよう

〈単なる発表ではなく、相手を動かすこと〉

「プレゼンテーション」という言葉は、今では一般用語として使われていますが、その意味を知っていますか。たとえば、就職対策関連の本には、"面接の場、特にグループ面接では、プレゼンテーション力が問われる"などと書かれています。また、営業なら"提案説明や製品説明"、学者や研究者なら"研究発表や学会発表"などの場面で「プレゼンテーション」という言葉を使います。こうした使用例から見ると、「プレゼンテーション」は「発表」と同義語のようです。どちらも、自分の考えや意見、あるいは持っている情報を、相手が理解しやすいように説明することが重要です。それでは、両者の違いは何でしょうか。一番の違いは、プレゼンテーションは、説明した結果、"相手を動かすこと"が目的だということです。

「プレゼンテーション」という言葉を、現在使われている意味で最初に用いたのは、広告会社です。広告主に対する提案発表を「プレゼンテーション」と言ったのです。ここで重要なことは、「契約をもらうこと」なのです。どれだけ説明が上手であっても、契約できなければ、そのプレゼンテーションは失敗です。意図したとおりに相手を動かすこと、これがプレゼンテーションなのです。

> **✴メモ： プレゼンテーションとは**
>
> プレゼンテーション:
> 会議などで計画・企画・意見などを提示・発表すること。プレゼン。　［岩波書店、広辞苑（第7版）より］

〈目的意識をもつこと〉

「契約をもらうこと」すなわち"相手を動かすこと"などというと、強引に何かを売りつける悪徳セールスを思い浮かべた人もいるかもしれません。しかし誤解しないでください。「プレゼンテーション」で"相手を動かす"というのは、目的意識をもって発表する、ということなのです。

よく考えてみると、「目的」ももたずに、聞き手の時間を拘束したり、耳を傾けて聞かせるような労力を強要したりすることのほうが、聞き手に対してよっぽど失礼だと思いませんか。「プレゼンテーション」は、聞き手にとって良いと思う情報を提供し、その結果、聞き手が、現在より良い方向に変化することを目的に行う説得活動なのです。

〈説得＝相手にとって良いと思うことを薦めること〉

「プレゼンテーション」は説得活動です。「説得」で大切なことは、「聞き手にとって良いと思うこと」を目的にする、ということです。プレゼンテーションのスキルもまた第1章で学んだ「両刃の剣」です。"相手を動かす"スキルですから、悪用したら大変なことになります。決して悪用してはいけません。"自分にとって"ではなく、"相手にとって"メリットがあるかどうかということが、プレゼンテーションの大きな要素であることを忘れないでください。

日常生活の中で、説得活動をする場面を考えてみましょう。たとえば、美味しくて、安くて、店員が

親切なレストランを見つけたら、どうしますか。きっと友人に「行ってみたら？」とそのお店を薦めるに違いありません。その店がどれだけすばらしいか、相手に分かるように説明するでしょう。このとき、皆さんの心の中には"知ってほしい""理解してほしい""行ってほしい"という気持ちが起きているはずです。レストランから宣伝を依頼されているわけでもないのですから、自分のためではありません。"相手のため"に、「目的」をもって説明しているのです。これがプレゼンテーションなのです。

友人が「ありがとう！」と喜んでくれると、薦めた側もうれしくなります。さらに、その店に行って、「美味しかった！」と言ったら、つまり、皆さんの説明によって相手が動いてくれたら、その喜びは倍増することになるでしょう。これが"相手を動かすこと"、すなわち説得活動なのです。

図5.1

5.2 良いプレゼンテーションをするために

5.2.1 本番実施までのステップを確認しよう

〈前処理の重要性を理解しよう〉

プレゼンテーションのテーマが決まったらすぐにPowerPointを使って、スライドを作りたくなるかもしれませんが、ちょっと待ってください。何事も準備が大切です。しっかりした準備が成功の秘訣です。一見、回り道のように思われるかもしれませんが、"急がば回れ"の言葉どおり、最終的には一番効率の良い方法です。ステップにしたがって準備を進めていきましょう。

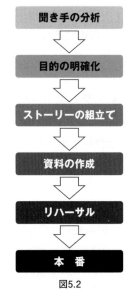

図5.2

〈聞き手のことを知ろう〉

話す内容が同じでも、聞き手によって話し方が変わります。幼児にはやさしい言葉遣いで、お年寄りにはゆっくりと話すのは、日常生活でも自然のことでしょう。

話すテーマについての基本的な知識がある聞き手ならば、すぐに核心に入ることができますが、知識がない場合には、多少くどくても詳細な説明が必要です。ストーリーの組立てや具体的なエピソードも異なってきます。

そのためにも、事前に聞き手に関する情報を集めておくのは大切なことです。もちろん、前もって分析できないこともありますが、できれば次のことを事前に確認しておきましょう。

- 関心のあること（ニーズ）　…　話すテーマに関心をもっているか
- テーマに関する知識レベル　　初めて聞く内容なのか、よく知っていることか
- 人　数……………………………　大勢なのか、少人数なのか
- 地位や職位　……………………　学生か、職員か、入学志望者か
- 専門分野　………………………　特定の専門家なのか、それともいろいろな人々か
- 年齢層や男女比　………………　ある年齢の人々か、それとも老若混合か

〈真の目的を明確にしよう〉

　プレゼンテーションは"聞き手を動かすこと"です。目的を明確にするということは、聞き手をどのように動かすのかを明確にする、ということです。美味しいレストランの例を思い浮かべてください。友人にレストランを薦めるという説得活動の目的は何でしょうか。友人がレストランに行くことでしょうか。いいえ、ここで間違えてはいけません。友人に美味しい料理を味わってもらい、喜んでもらうことが目的だったはずです。これが真の目的なのです。

　聞き終わった後に、"何を言いたかったの？"と質問したくなるようなプレゼンテーションは、真の目的を明確にしなかった場合が多いのです。これでは、聞き手は時間を無駄にしたような気持ちになり、結局は聞き手を動かすことはできません。

　目的は、1つに絞りましょう。目的が多すぎると不明瞭になり、目的がないのと同じです。弓矢を射る様子を思い浮かべてください。的が複数あったら、どの的に向けて矢を打つのか分かりません。目的を明確にする理由をまとめておきます。

- ストーリーの組立てがしっかりする
- 話の内容が理解しやすくなる
- 横道にそれても、本筋に戻れる

図5.3

5.2.2　ストーリーを組み立てよう

〈3段階で考えよう〉

　ストーリーは、オープニング（序）、ボディ（本論）、クロージング（結び）の3段階で考えます。これは10分程度の短い場合も、2時間、3時間という長い場合も同じです。時間が長い場合には、ボディの部分がさらに細分化されると考えてください。

　オープニング（序）は、料理にたとえるとオードブル、すなわち前菜です。メイン・ディッシュへの興味を抱かせ、期待させるものです。季節や天候のことを一言入れるだけで印象が良くなります。しかし、ここでお腹いっぱいにしてはいけません。つまり長話は禁物です。オープニングの内容は、次のような事柄です。

- あいさつ（「おはようございます」など）
- 前置き（お礼、自己紹介）
- 目的、趣旨の説明（テーマを明確にする）

ボディ（本論）は、メイン・ディッシュです。ここで聞き手がお腹いっぱいになって、満足してもらわないと、食事の意味がありません。目的を達成するための項目がすべて含まれていなければなりません。ボディの内容は、趣旨やテーマによって異なります。

最後のクロージング（結び）はデザートです。口当りの良いアイスクリームやコーヒーに相当します。食事でも後味が大切であるように、最後の結びの部分が、聞き手の気持ちを動かす大きな要因になります。ただし短い時間で、冗長にならないように注意してください。クロージングは次のような内容です。

・しめくくり
・要約、補足
・持ち越し事項の確認
・あいさつ、お礼

> **ヒント！　終わりの挨拶例**
>
> 例：以上で、説明は終わりです。最後に要約しますと、多くの皆さんにこのチームに参加して、魅力的な行楽弁当作りを手伝ってほしいということです。もちろん最終的には、この地域への観光リピーターを増やすことが目的であることを理解しておいてください。ぜひ、力を合わせてこのプロジェクトを成功させましょう。本日はありがとうございました。

〈結論の位置を考えよう〉

前項で述べたように、ボディの部分はプレゼンテーションの大半の時間を費やす中心部分です。ここで、一番重要なのは、プレゼンテーションの目的である「結論」を理解してもらうことです。それでは「結論」を、ストーリーのどの辺にもってきたら効果的でしょうか。

大きく分けると「結論」を前に置く「結論先行型」と、後に置く「結論後置き型」があります。どちらも一長一短ありますが、聞き手や趣旨によって適切な方法を決めます。一般に、持ち時間が短い場合は「結論先行型」が効果的です。「結論」が明確で趣旨が理解しやすいからです。ただし聞き手が趣旨に賛同していない場合は、かえって反感をもたれる場合もありますので、注意が必要です。それに対して、「結論後置き型」は、今までの経緯や経過、あるいは問題点などを明確にする場合に適しています。説明が長くなりますが、順を追って「結論」を導くことが可能です。

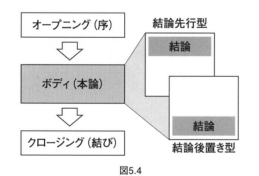

図5.4

〈ドラフトを作成しよう〉

ストーリーが決まったら、ドラフトを描いてみることをお勧めします。ドラフトは、PowerPointの画面を想定しながら、ラフなスケッチを描いていきます。この過程は、ストーリー全体を再考するのに大変重要なステップです。慣れてくると面倒だと省略する人がいますが、省略した結果、重要な項目を忘れたり、同じ事柄を重複して述べたりするようなプレゼンテーションになってしまいます。"良いプレゼンテーション"をするためには、面倒がらずにドラフトの作成をする習慣をつけてください。

次ページの作業用紙を利用すると便利です。「作業用紙」は「ワークシート」ともいいますので、両方の言葉に慣れておきましょう。専用の作業用紙がなくても、作業用紙（2）はA4判の紙（裏紙でも可）を縦に1回、横に2回折るだけで、簡単に作ることができます。

第5章　PowerPointによるプレゼンテーション

ドラフト作成作業用紙（1）

★決定したテーマは何ですか？

★タイトルとサブタイトル（副題）をつけてください

★相手（聞き手）はどんな人ですか？想定してください。

★聞き手の人数は何人ぐらいですか？その他分かることを書いてください。

★プレゼンテーションの時間は何分ぐらいですか？

★結果として、聞き手にどんなことを期待しますか？
　（どう考えてほしい、どう行動してほしい等）

図5.5

ドラフト作成作業用紙（2）

図5.6

5.2.3 資料について考えよう

〈口頭だけでは分かりにくい！〉

　プレゼンテーションで"人を動かす"要因は、いろいろあります。話し手（プレゼンター）の熱意の強さや、話す手順、話し方の上手下手、タイミングなど多くの要因を挙げることができます。

　説明が悪くて理解してもらえなければ、相手は動いてくれません。しかし説明が上手であっても、相手に必要な情報を伝えられなかったら、やはり相手は動きません。前項の事例で、レストランの場所を聞かれて、地図を描く紙も鉛筆もなかったらどうでしょう。口頭で地図を説明するのは、一苦労です。しかも苦労の割に成果がありません。一枚の地図が、大きな効果を発揮するのです。

　資料のないプレゼンテーションは、口頭で地図上の特定の場所を説明するのと同じです。プレゼンテーションをより効果的に実施するために、資料は大切な要素です。

〈配布資料と提示資料の両方を準備しよう〉

　資料には、2種類あります。聞き手の手元に配布する「配布資料」と、プレゼンターが話しながら示す「提示資料」です。状況によっては両方準備することが難しい場合もありますが、できれば両方揃っていたほうがよいでしょう。それぞれ役割が違うからです。

　PowerPointは、主に「提示資料」を作成するために便利なソフトウェアです。画面を簡単に作成できるだけでなく、効果的に提示することができるように工夫されています。

配布資料の役割	提示資料の役割
・聞き手が書き写す必要がない ・聞き手に安心感を与える ・詳細な内容や多量の情報を記述できる ・誤解や誤読を防ぐ ・後で読み返すことができる	・内容を理解しやすくなる ・聞き手を話に集中させる ・アイコンタクトを取りやすい ・眠気防止になる ・聞き手の反応が分かりやすい

　最近は、提示資料のスライドをそのまま縮小印刷をして、「配布資料」にしているケースが見られます。確かに簡単な方法ですが、縮小したために文字が見えづらくなったり、カラーで作成した資料を白黒印刷にしたために色の違いが分からず、グラフの意味が不明確になったりします。そのような資料を見て、聞き手はどう思うでしょうか。理解の補助となるべき資料が見にくかったら、不愉快な気持ちになるでしょう。聞き手に対する心遣いの欠如は、"人を動かす"という目的達成の大きな障害になります。

〈主役はプレゼンター！　資料は脇役〉

　"良い提示資料"とは、前項の「提示資料の役割」を果たすものでなければなりません。ただし、あくまでもプレゼンテーションをサポートするものであって、プレゼンテーションの主役ではありません。主役はプレゼンターです。これは、大変重要なことです。PowerPointを使用すると、プロのような画面を簡単に作成することができ、アニメーション機能もあるため、つい夢中になり、まるで芸術

作品を作成するような錯覚に陥る人がいます。その結果、徹夜でスライドを作成していて、寝不足のためにしどろもどろの口調で発表をする場面や、操作に夢中で聞き手の様子を見ることもなく話し続ける場面を見かけることがあります。これでは、まるで、PowerPointが主役で、プレゼンターが脇役です。スライドがプレゼンターの話の邪魔をしているとも言えます。効率よく、分かりやすい資料とはどのようなものかを学習しておきましょう。

画面は立派、説明はしどろもどろ
図5.7

〈良い提示資料って、どんなもの?〉

聞き手にとって"良い提示資料"とは、見やすく、読みやすいものです。以下の点を守ると、良い資料が作成できます。

- **デザインをシンプルにする**
    - レイアウトや色調を統一する
    - 意味のないイラストや模様を入れない
- **適切なビジュアル表現を入れる**
    - イメージや概略、位置関係を示すには図やイラストを入れるとよい
    - 数字に意味がある場合には、一覧表で示すとよい
    - 割合や傾向を示すには、グラフを入れるとよい
- **文章表現ではなく、箇条書きにする**
    - キーワードを中心に書く
    - 24ポイント以上のゴシック文字が適してる
- **画面数が適切である（時間と内容に合わせる）**
- **1画面に入る情報量が適切である**
    - 最大8行とし、1行の文字は最大15文字程度がよい
- **聞き手の目を疲れさせない**
    - 刺激的な色調を使わない
    - アニメーションを多用しない

〈資料の構成を整えよう〉

しっかりしたドラフトがあれば、資料の構成は簡単です。内容だけではなく、以下を含む必要があります。右図を見て確認してください

- 表紙：テーマ、日付、プレゼンター名など
- 概要：本の目次に相当するもの
- 裏表紙：最後のメッセージなど

内容は、ボディ（本論）の部分です。話す内容すべてをスライドにする必要はありません。ときには口頭だけにしたり、ジェスチャーで示したり、黒板に書いたり、実物の模型を示すなど、スライドに頼らない工夫も必要です。

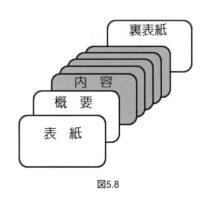

図5.8

5.3 プレゼンテーションの計画をたてよう

〈はじめに〉

PowerPointの作成に入る前に、プレゼンテーションの計画をします。図5.2のステップを再確認しながら、全体像を組み立てていきましょう。

5.3.1 作業用紙に記入しよう

初めの一歩は作業用紙の記入です。作業用紙は、図5.5と図5.6をコピーして使います。聞き手を分析し、目的を明確にして、1枚目の作業用紙を記入します。次に2枚目の用紙にドラフトを描いていきます。これは、自分が分かればよいので、大ざっぱでかまいません。この過程で、頭の中が整理されて、ストーリー全体が明確になってきます。

ここでは、行楽弁当開発チームへの参加者を募集するためのプレゼンテーションを想定して資料を作成します。次ページ以降に記入済みの作業用紙を記載しますので、確認してください。このドラフトに沿って1枚ずつスライドを作成していきます。

5.3.2 発表環境を確認しよう

プレゼンテーションをする環境は、大きく2つに分かれます。1つはパソコンとプロジェクターを接続して、スクリーンに投影しながら発表するケースで、もう1つは、聞き手が直接パソコン画面を見るケースです。

図5.9

スクリーンに投影する場合、聞き手は比較的多人数で、教室や講堂など広い場所が想定されます。プロジェクターの性能にもよりますが、パソコンより色が暗く、不鮮明になるものです。

パソコン画面を直接見る場合は、聞き手が少人数か、あるいはWeb上の発表で、実際の聞き手（視聴者）は多人数でも個別にパソコン画面を見るようなケースです。比較的小さい文字でも、淡い色合いでも、"見える"という観点では問題ありません。詳細なデータやグラフでも、そのままスライドに載せることができます。ただし、情報量が多すぎると、重要点が曖昧になりますから注意が必要です。

5.3　プレゼンテーションの計画をたてよう

ドラフト作成作業用紙（1）

★決定したテーマは何ですか？

行楽弁当開発チームへの参加のお願い

★タイトルとサブタイトル（副題）をつけてください

魅力あるお弁当を一緒に作りましょう

★相手（聞き手）はどんな人ですか？想定してください。

・プロジェクト活動に興味がある学生
・何か新しいことにチャレンジしてみたいと考えている学生

★聞き手の人数は何人ぐらいですか？その他分かることを書いてください。

・20名前後／1回
・何回か実施する

★プレゼンテーションの時間は何分ぐらいですか？

全体の時間：　15分

ボディにかける時間：　10分程度

★結果として、聞き手にどんなことを期待しますか？
（どう考えてほしい、どう行動してほしい等）

・行楽弁当開発チームのこれまでの活動を理解してほしい
・魅力あるお弁当作りに興味を持ってほしい
・観光リピーターを増やすために一緒に行動してほしい
・友達にもこのプロジェクトのことを紹介してほしい

図5.10

253

ドラフト作成作業用紙（２）

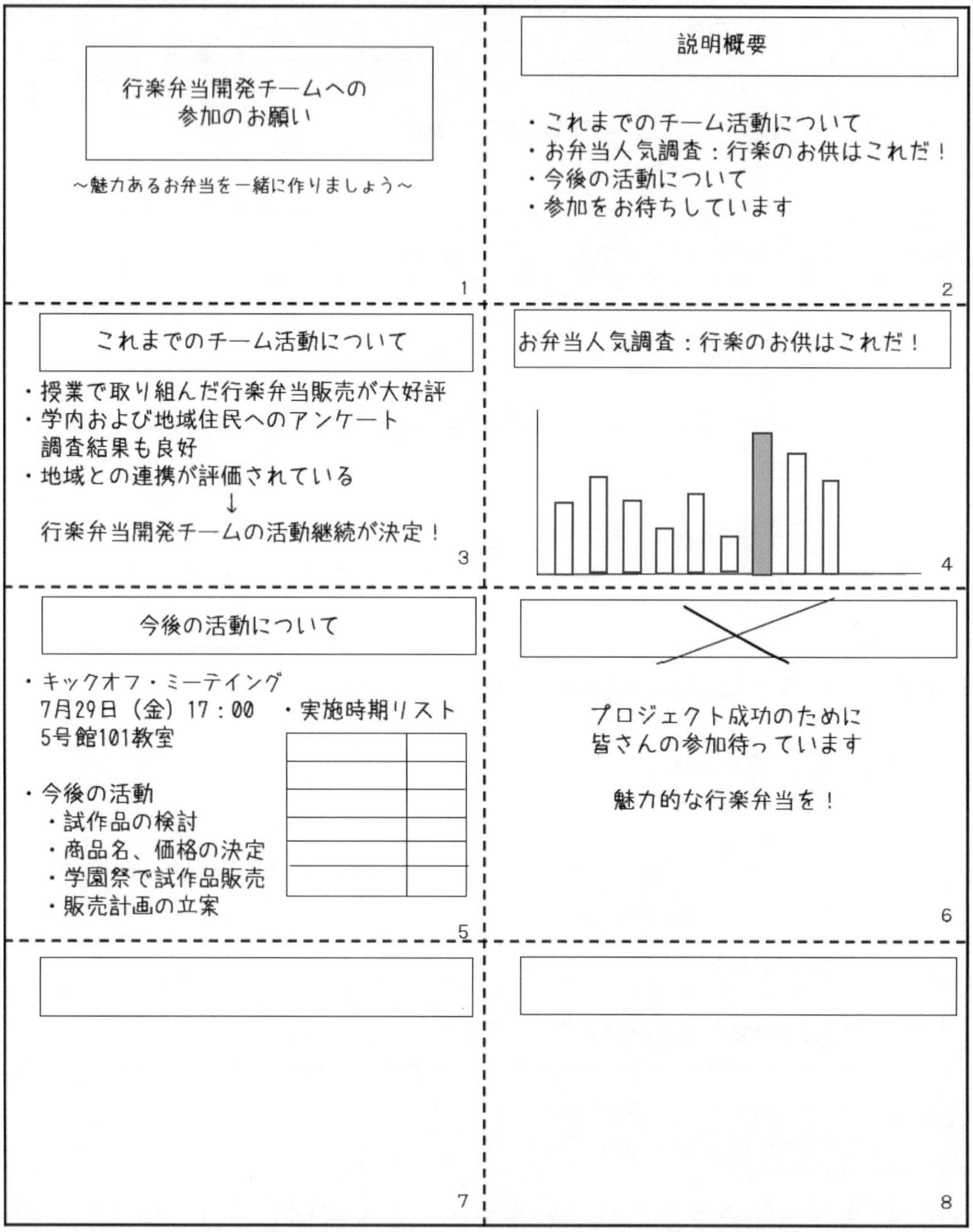

スライド1

行楽弁当開発チームへの
参加のお願い

～魅力あるお弁当を一緒に作りましょう～

スライド2

説明概要

・これまでのチーム活動について
・お弁当人気調査：行楽のお供はこれだ！
・今後の活動について
・参加をお待ちしています

スライド3

これまでのチーム活動について

・授業で取り組んだ行楽弁当販売が大好評
・学内および地域住民へのアンケート
　調査結果も良好
・地域との連携が評価されている
　　　　　↓
行楽弁当開発チームの活動継続が決定！

スライド4

お弁当人気調査：行楽のお供はこれだ！

スライド5

今後の活動について

・キックオフ・ミーテイング
　7月29日（金）17：00
　5号館101教室

・今後の活動
　・試作品の検討
　・商品名、価格の決定
　・学園祭で試作品販売
　・販売計画の立案

・実施時期リスト

スライド6

プロジェクト成功のために
皆さんの参加待っています

魅力的な行楽弁当を！

図5.11

5.3.3 デザインについて考えよう

〈「テーマ」と「スライドマスター」〉

PowerPointには、画面のデザインや配色をあらかじめ決めておき、それをファイルに適用することによって雰囲気を変更する機能が搭載されています。それが「テーマ」と「スライドマスター」です。

> ☀メモ：「テーマ」について
>
> 「テーマ」という機能名は、「趣旨」を示す一般用語と混同しがちなので、ここでは「 」をつけて表示します。

PowerPointのファイルを着せ替え人形にたとえてみると分かりやすいでしょう。着せ替え人形は、洋服を変えれば、印象を変えることができます。スーツを着せると知的で堅いイメージ、Tシャツにすればスポーティで明るい感じというように、洋服を変えると雰囲気が変わります。「テーマ」や「スライドマスター」は、「ファイルの洋服」だと考えてください。

スライドの色や文字などの印象が、説得力に影響することが多々あります。たとえば、若者向きにはポップ文字が喜ばれますが、ビジネスではふざけた印象になってしまいます。内容が良くてもデザインで拒否反応を引き起こすこともあり得るのです。

たとえば、最初から若者向きを想定してスライドすべてをポップ文字で作成したとしましょう。内容がすばらしいので、そのまま会社の新入社員向けに発表してほしいと依頼されたら、全スライドの文字を変更する必要が出てくるかもしれません。しかし、背景や文字、その他の装飾を無指定にしておけば、使用するときに、相手に合わせた「テーマ」や「スライドマスター」を適用できますから、ファイルの変更は不要です。着せ替え人形のように簡単に印象を変更できます。

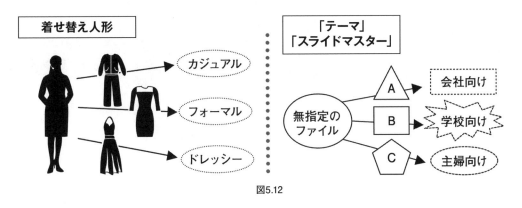

図5.12

それでは、「テーマ」と「スライドマスター」は、どう違うのでしょうか。

「テーマ」は、Office 2019が、配色、フォント、図形の効果などの要素を、あらかじめ組み合わせたデザインにして提供するものです。「スライドマスター」は、ユーザーが作成するデザインです。「テーマ」とは異なり、ユーザーが指定しなければ何もできません。

着せ替え人形の例では、人形を買ったときに付属でついている洋服が「テーマ」、つまり既製服です。あとでオーダーしたり自分で作成したりするのが「スライドマスター」、つまりオーダーメイドです。既製服は、すぐに着せることができる点で便利ですが、気に入らなくても我慢する必要があります。それに対してオーダーならば、手間がかかりますが、自分の好みの洋服になります。

PowerPointを立ち上げると、図5.13に示すように「テーマ」一覧が出てきます。ここから、趣旨にふさわしいデザインを選ぶことができます。この画面では20種類以上の「テーマ」が表示されますが、適切なものが見つからない場合には、画面上にある「検索の候補」からキーワード（例：「プレゼンテーション」、「ビジネス」など）を選択すると、キーワードにあった「テーマ」が表示されます（図内①参照）。それでも見つからない場合は、上の「オンラインテンプレートとテーマの検索」のボックス（図内②）にキーワードを入れて検索することも可能です。

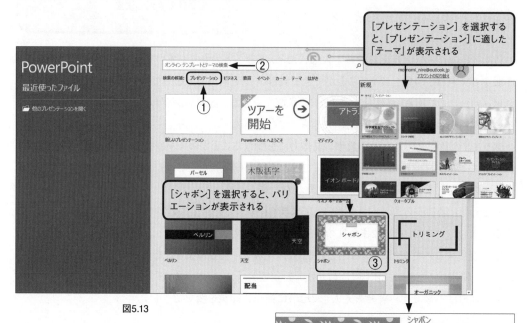

図5.13

各「テーマ」には、色や模様が異なるバリエーションが用意されていますので、さらに自分の好みにあったものを使用することができます。たとえば、「シャボン」を選択（図内③参照）すると、色や模様の違ったバリエーションがいくつか表示されます。

ここで実際に「テーマ」を使った例を見てみましょう（図5.14）。元のデータは文字だけで、装飾は無指定ですが、「テーマ」を適用することによって、プロ仕様のスライドが簡単にできます。ここでは、❶は［オーガニック］、❷は［天空］、❸は［ファセット］という「テーマ」を選択していますが、いろいろと試してみるとよいでしょう。まるで着替え人形のように、洋服、つまり「テーマ」によって、かなり雰囲気が変わり、印象も変わることがよく分かります。

これだけの多くの種類の「テーマ」があれば、好みに合うデザインを探しやすくなりますが、お仕着せのデザインであることには変わりありません。見栄えのよいスライドがすぐに作れるのですから、飛びつきたい気持ちになりますが、せっかく選んだデザインが、前に発表した人と同じになることもあります。特定の趣旨で行われる発表会や学会では、同じデザインが好まれることが多く、思ったほどの効果が得られません。少し努力して、オリジナルのスライドを作成することをお勧めします。

5.3 プレゼンテーションの計画をたてよう

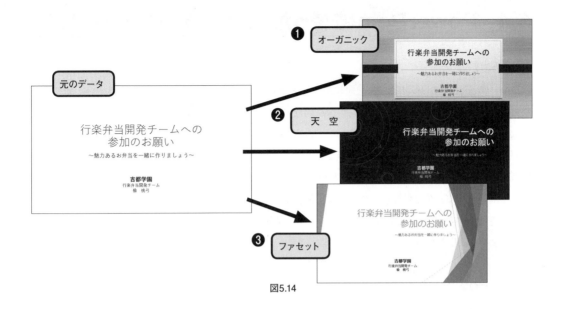

図5.14

　オリジナルデザインを作るには「スライドマスター」が便利です。学校の校章を入れたり、各スライドに自分の名前や学生番号を入れたり、あるいは写真などを入れることもできます。
　「スライドマスター」は、ユーザーが指定します。最初の例（①）は、タイトル枠を太くし、左下に学校名と年度を入れました。2番目の例（②）は、タイトル枠を、スクールカラーのブルーにしてフォントを変え白抜きにし、校章を入れました。どちらも、この学校だけのオリジナルデザインです。元のデータを変えることなく、デザインを変更できるという点で、「テーマ」と同じ使い方ですが、オリジナルであることが違います。

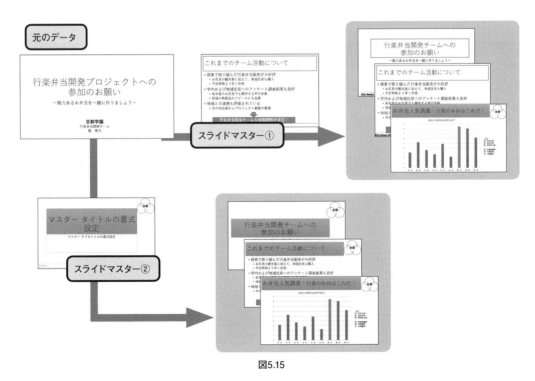

図5.15

5.4 PowerPointを使ったプレゼンテーションの作成

〈はじめに〉

　PowerPointの設計思想は、紙芝居に似ています。1枚1枚画面をめくって話を進めていくようにプレゼンテーションを組み立てます。もちろん異なる点は多々ありますが、「電子紙芝居」と考えると気楽な気持ちでPowerPointに接することができるでしょう。

　紙芝居の紙を描くのが「スライド作成」に相当します。全体を見直して修正するのが「編集」です。完成したら聞き手の前でお話を語りますが、PowerPointでは「スライドショー」という言葉を使います。手順を追って、みなさんも一緒にスライドを作っていきましょう。

　PowerPointでは、プレゼンテーションを「スライド、配布資料、発表者用ノート、アウトラインを1つのファイルにしたもの」と定義しています。

5.4.1 PowerPointの基本操作

〈起動〉

　第2章のアプリケーション・プログラムの起動で学習したように、PowerPointを起動します。

　［すべてのアプリ］→［PowerPoint 2019］を探して起動すると、次のような初期画面になります。スタート画面やデスクトップのタスクバーに、図5.16のようなアイコンがある場合は、それをクリックするだけで起動します。

　画面の構成、リボンやグループの使い方は、今まで学習したWordやExcelと同じです。ここでは、PowerPointを使用するときに必要なもののみ解説を入れてあります。

図5.16

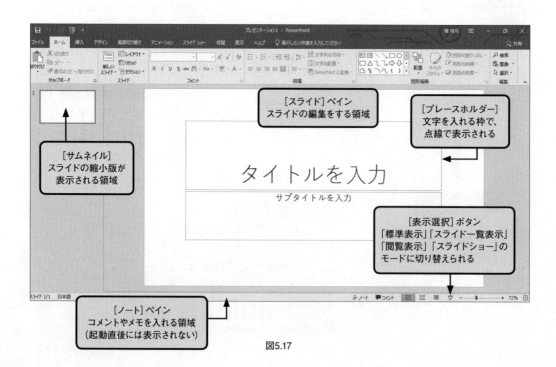

図5.17

5.4.2 さぁ、表紙を作ろう

〈スライドマスターでデザインを決めよう〉

最初にすることは、デザインの決定です。"決定"というと悩みますが、スライドマスターで指定しておくと、後で簡単に変更できます。"それなら後で決めよう"と思うかもしれませんが、それもお勧めしません。着せ替え人形の例を思い出してください。後で替えるとしても、ともかく最初は何か洋服を着せるでしょう。何も指定しないでスライドを作成すると、全体のイメージがつかみにくいものです。

図5.18

ここでは「テーマ」は使わずに、スライドマスターで色やフォントを決めていきます。

1) ［表示］タブ → ［マスター表示］グループ → ［スライドマスター］で、スライドマスターが表示される。
2) 左側の作業ウィンドウでは、現在開いているレイアウト（ここでは「表紙」）のマスターが選択されている（茶色の枠で囲まれている）。特定のページレイアウトのマスターのみ決定するならば、このままでよいが、ファイル全体に適用する場合は、一番上のスライドをクリックする必要がある。ここでは、ファイル全体の色調を決めるために、一番上のスライドをクリックする。

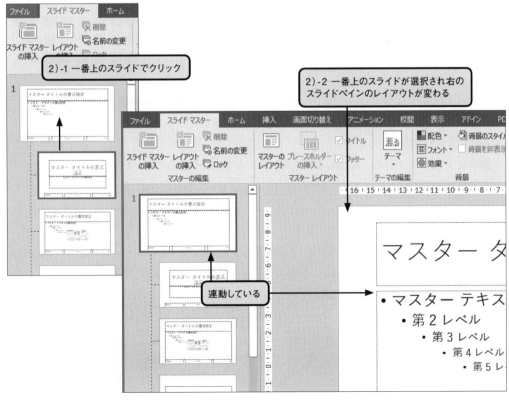

図5.19

3) タイトルを入れるプレースホルダーの枠線に色をつけ、枠内の色を変える。

枠内でクリックしてマウスポインターを入れ、選択されている印を確認してから、以下のいずれかの方法で行う。

　a. ［書式］タブ → ［図形のスタイル］グループの▽をクリックすると一覧表が出てくる。ここから好みの色調を選択する。

　b. 好みの色合いがない場合、［図形の塗りつぶし］、［図形の枠線］などのアイコンから指定することもできる。

ここでは、一覧表から「パステル、青、アクセント1」を選択した後で、bの方法の［図形の枠線］で枠線を太く指定した。皆さんは好みのデザインを選択してください。

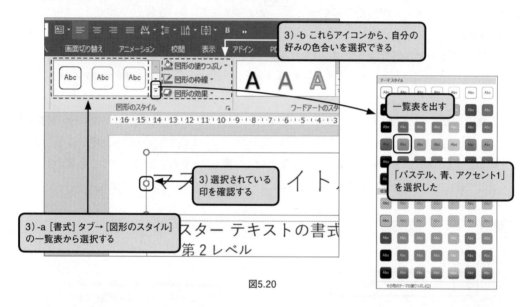

図5.20

4) ［スライドマスター］タブ → ［マスターを閉じる］で、マスターを閉じ、編集画面に戻る。この作業を忘れて、「マスター」の画面で作成を続けると、とんでもない結果になるので注意する。

編集モードとマスターモードとは、簡単にボタンで行き来ができるので、マスターの変更は気軽に行える。

図5.21

〈文字の入力をしよう〉

1) 編集モードに戻ってタイトルとサブタイトルを入力する。タイトルのプレースホルダーの枠内でクリックするとカーソルが点滅する。これが入力モードになった印である。これ以降は図5.11のドラフトを参照しながらスライドを作成していく。

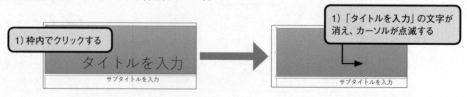

図5.22

2) タイトルとサブタイトルを入力する。
3) タイトルとサブタイトルを、適切な大きさに変更する。プレースホルダーの中心にある○印にカーソルを移動させるとカーソルが両矢印に変わる。ここでドラッグすることによって、プレースホルダーを広げたり縮めたりすることができる。

図5.23

図5.24

4) 文字を追加する。

表紙には通常、発表日、発表者の所属や氏名を書くものである。文字枠を追加して、日付、所属、氏名を追加する。［挿入］タブ→［テキスト］グループ→［横書きテキスト ボックス］をクリックし、文字を入力したい場所でクリックする。カーソルが点滅している状態で、日付、所属、氏名を入力する。プレースホルダーの場所は、ドラッグすれば移動できるので、最初は大まかな場所でよい。

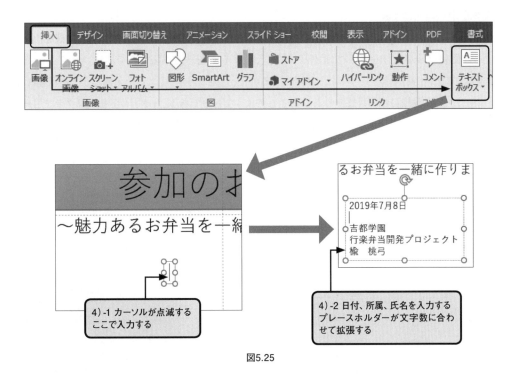

図5.25

〈全体の体裁を整えよう〉

文字の入力が済んだら、全体の体裁を整えます。

1) フォントのサイズを変更する。

学校名を少し大きくする。範囲指定すると、メニューが出てくる。ここでフォントのポイントを指定してもよいが、アイコン（ A˘ A˘ ）から適切な大きさにするほうが簡単である。PowerPointでは、画面全体の印象が大切なので目視確認しながら適切な大きさを指定する方法が適している。

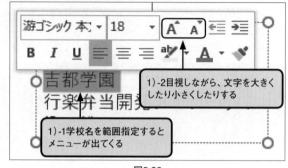

図5.26

このメニューはリボンの［フォント］グループからも選択できる。

2) 枠全体を選択して、中の文字を中央揃えにするプレースホルダーが選択されていることを確認の上で、［ホーム］タブ→［段落］グループから、中央揃えのアイコンをクリックする。

図5.27

3) 全体を眺めて、プレースホルダーごとにドラッグしながら適切な位置に移動させる。

4) 全体を中央揃えにする

ここでは3つのプレースホルダー全体を中央揃えにしているが、配置は好みでよい。配置を決めるときに便利なのが、「ルーラー」、「グリッド線」、「ガイド」を表示することである。

［表示］タブ→［表示］から、メニューが出てくるので、□をクリックして✓を入れると、表示される。「ルーラー」は縦横に出る目盛りのある物差しのようなものである。「グリッド線」はグラフ用紙のようなマス目の線である。「ガイド」は中心点を示す縦横の線である。これらを使って、全体のバランスを整える。

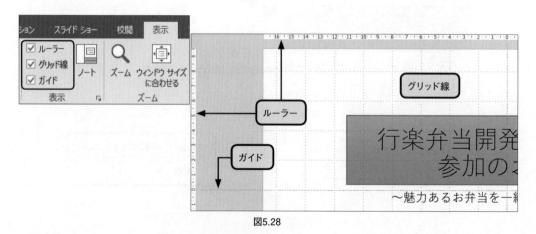

図5.28

＊紙面上見づらくなるので、この後はグリッド線、ガイドのチェックを外して説明します。

〈表紙にイラストを入れよう〉

　表紙は、プレゼンテーションの顔です。聞き手全員が集中して"さぁ、これから話を聞こう！"と耳を傾けるときです。聞き手はプレゼンターの顔を見ますが、それと同時に表紙のスライドが目に入ってくるものです。「行楽弁当開発チームへの参加のお願い」というタイトルで、言いたいことは理解できますが、文字だけのスライドは、魅力的ではありません。もっと視覚に訴える必要があります。視覚に訴えるよい方法は、イラストや写真です。ちょっとしたイラストでも、聞き手の心を前向きに動かす力があります。ここにチームのメンバーを連想させるイラストを入れていきましょう。

　PowerPointには、イラストや写真を挿入できる機能が備わっています。事前に自分で準備したイラストや写真を挿入することもできますが、PowerPointに用意されているイラストを入力するアイコン機能があります。ここでは［アイコン］からイラストを検索して挿入してみましょう。

1)［挿入］タブ → ［図］グループ → ［アイコン］をクリックする。
2)「アイコンの挿入」画面になる。ここで左側のリストの中から「人々」を選ぶ。人物のイラストが表示されるので、複数の人物が描かれチームをイメージできるイラストを選択する。
3) 選択されたイラストに、✓が入るので、その状態で画面下にある［挿入］ボタンを押すと、スライドに挿入される。

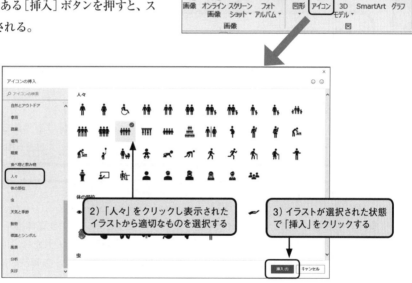

図5.29

4) イラストは期待した場所に挿入されるとは限らない。また予想以上に大きかったり小さかったりする。ここでも、スライドの真ん中に 小さな 画像が挿入されてしまった。あわてずにイラストの周囲の枠の4隅にある○をクリックしてドラッグすれば、希望通りの場所に移動させ、大きさを変えることができる。イラストの色はモノクロだが変更することができる。［グラフィックツール］の［書式］［グラフィックの塗りつぶし］をクリックし、好きな色を選択する。

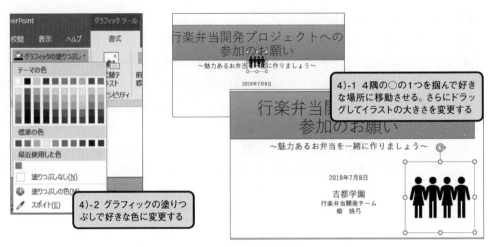

図5.30

オンライン画像を検索して挿入することもできますが、その場合には著作権ルールに基づいて正しく使用することが必要です。

ここでちょっと調べて考えてみよう！

十朗: 第3章で、文章の著作権について考えたね。
ところで、プレゼンテーション資料を作成するときに、インターネットで検索して、他人が撮影した写真や有名なキャラクターのイラストが見つかったら、それは勝手に使っていいのかな？
写真やイラストの著作権についても調べてみるといいよ。
≪第1章を振り返るなどして、著作権の侵害について気を付けるべきことをグループで話し合ってみよう！≫　　　　　　　　1.2.5項参照

✹メモ：　クリエイティブ・コモンズ・ライセンス

Bingの画像検索では、「クリエイティブ・コモンズ・ライセンス」という著作権ルールに基づいた画像のみに限定することができます。パブリック・ドメインに置かれた作品は、誰でも自由に利用できますが、作品のクレジット（著作権者情報）を表示する必要があるものや、改変が禁止されているものもあります。使用したい画像の使用条件を確認し、指定された方法で使用してください。

〈ファイルを保存しよう〉

適度にイラストを配した魅力的な表紙ができあがりました。ここでファイルを「名前を付けて保存」しておきましょう。ファイルの名前は何でも結構ですが、指導者がいる場合は指示に従ってください。

保存の方法は、第2章で学習したとおりです。また、WordやExcelでも学習したとおり、ファイル作成時には、ひと区切りごとに、［保存］をする習慣をつけましょう。

図5.31

PowerPointの場合は、スライドが1枚できる都度、保存をすることをお勧めします。一度「名前を付けて保存」をした後は、「上書き保存」をします。この場合は、クイックアクセスツールバーの「上書き保存」ボタンを押すだけでよいので簡単です。

5.4.3 新しいスライドを挿入しよう

〈2枚目以降の作成：文字の入力〉

新しいスライドを挿入しましょう。

1) [ホーム] タブ → [スライド] グループ → [新しいスライド] をクリックする。
2) 新しいスライドが挿入され、スライド一覧にも新しいスライドが表示される。2枚目は、箇条書きのレイアウトが表示される。
3) タイトル用のプレースホルダーを選択後、「説明概要」と入力する。
4) テキスト用のプレースホルダーを選択し、ドラフトを見ながら内容を入力する。2枚目のスライドのレイアウトは、箇条書き用（[タイトルとコンテンツ]）になっているので、[Enter] キーを押すたびに、改行されて行頭文字が自動的に付加される。この手順で最後の行まで入力する。ここではドラフトではなく、図5.33の出来上がりスライドを見ながら入力する。
5) 2枚目の入力が終わったら「上書き保存」ボタンを押しておく。

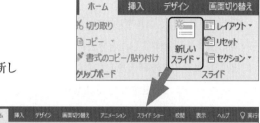

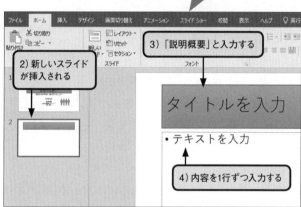

図5.32

図5.33

> **ヒント！** 「レイアウト」について
>
> 新規にファイルを作成すると、表紙に適した「タイトル スライド」レイアウトが自動的に選択される。表紙の次に「新しいスライド」を挿入すると、今度は「タイトルとコンテンツ」レイアウトに変わる。一般的に「表紙」の次は、「概要」などで文字を入力する頻度が高いと想定し、自動的にレイアウトが選択されるわけである。3枚目以降は、「新しいスライド」を挿入すると、前のスライドと同じレイアウトが選択される。

〈箇条書きのレベルを変更しよう〉

　次は3枚目の作成です。ドラフト作成作業用紙（2）を参照して内容を確認しましょう。ドラフトは大きな項目のみ書いてありますが、実際には各項目に説明文がつきます。それらの説明文はレベルを下げて入力します。まず、出来上がりのスライドを確認してから手順に移りましょう。

　レベル1と比べて、レベル2は字下げされています。行頭文字を含めてフォントの大きさも小さくなっています。

　それでは入力していきましょう。まず2枚目のスライドを作成したときと同様に、新しいスライドの挿入をしてください。レイアウトは、変更する必要はありません。「これまでのチーム活動について」とタイトルに入力し、1行目から入力していきます。

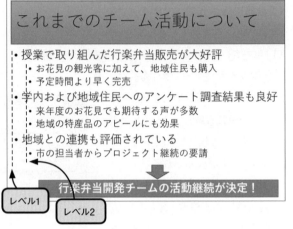

図5.34

1）「授業で取り組んだ行楽弁当販売が大好評」と入力し、改行キーを押す。
2）2行目に「●」が表示され、入力準備ができるが、このままでは［レベル1］の状態である
3）ここで［Tab］キーを押すか、あるいは［ホーム］タブ→［段落］グループ→［インデントを増やす］ボタンを押す。レベルが下がり、行頭文字が小さな「●」に変わる。
4）「お花見の観光客に加えて、地域住民も購入」と入力し、改行キーを押す。今度はレベル2のままで入力モードになるので、続いて「予定時間より早く完売」と入力し、改行キーを押す。
5）4行目も、レベル2のまま入力モードになっているので、レベルを上げる必要がある。［Shift］キーを押しながら［Tab］キーを押すか、または［ホーム］タブ→［段落］グループ→［インデントを減らす］ボタンを押す。レベルが上がり、行頭文字が大きな「●」に変わる。
6）同様に、レベルを上げたり下げたりしながら、文字を入力する。

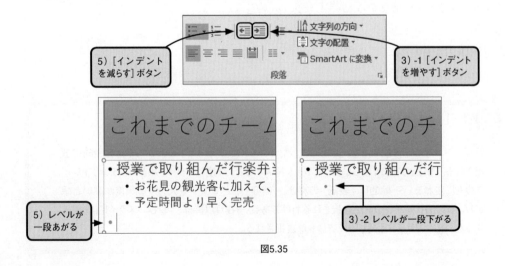

図5.35

レベルを上げたり下げたりせずに、行頭文字の「●」を強引に削除したり、スペースを入れて、外見上はレベル付けをしたように見せることは可能です。しかし、こうした方法では、PowerPointはレベルを認識できませんから、すべて「レベル1」の文字として扱われます。レベル付けをしておかないと、アニメーションの設定をするときなどに不具合がおきますので、正しい方法でレベル付けをする習慣をつけましょう。

〈図形を追加しよう〉

文字をすべて入力した後に、矢印と文字が入っています（図5.34）。まず、矢印を入れましょう。

［挿入］タブ→［図］グループ→［図形］と選択します。多くの図形が出てきますので、いろいろと組み合わせて利用することができます。ここでは、［ブロック矢印］グループの中から［矢印；下］を選択します。クリックするとスライド画面でマウスポインターが［+］に変わります。適当な場所でドラッグすると、下向き矢印が描けます。いったん描いてから、位置や大きさ、色合いを変更します。描いた図の上にある回転マーク（ ）をドラッ

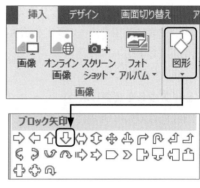

図5.36

グすれば、自由に角度を変更することも可能です。好みの場所に好みの大きさの矢印を入れてみましょう。

〈文字枠を追加しよう〉

次は、矢印の下に「行楽弁当開発チームの活動継続が決定！」という文字を追加しましょう。すでに表紙に日付や氏名を追加するために文字枠を追加したので、復習になります。表紙では、［挿入］タブから始めましたが、以下のように［ホーム］タブから始める方法もあります。

① ［挿入］タブ→［テキスト］グループ→［テキストボックス］→［横書きテキストボックス］
② ［ホーム］タブ→［図形描画］グループ→基本図形［テキストボックス］

第3章でも学習したように、操作に唯一の正解はありません。いろいろな方法を試してみましょう。

ここでは入力した文字枠の書式を変更しています。［書式］タブ→［図形のスタイル］グループを使って、好みの色合い、適切なフォントの大きさを描いてください。同じである必要はありませんが、図5.37のような結果になれば結構です。これで3枚目のスライドが完成しました。上書き保存を忘れないようにしましょう。

図5.37

5.4.4 グラフで表現してみよう

〈数字を示して説得しよう〉

　さて次のスライドでは、これから開発する行楽弁当は、どのような中身にすれば売れそうだと考えられるのかを、アンケート結果を示しながら説明します。ここで納得し、興味を持ってもらうことで、聞き手に一緒に開発作業を行いたいという気持ちをおこさせます。

　学内の購買部でのアンケート調査だけではなく、商品開発に協力いただく生産者の方や地域住民の方々の意見も聞くなど、かなり苦労した結果です。しかしこういう場面では、自分たちの苦労話よりも、冷静に数字を使って事実を示すことが効果的です。さっそく、アンケート結果の数字をグラフで示しましょう。

〈レイアウトを変更しよう〉

　4枚目のスライド作成に入ります。スライドの挿入は今までと同様ですが、レイアウトは直前のスライドと同じになっています。4枚目のスライドは、タイトルの下はグラフになっていますから、変更の必要があります。ここでスライドのレイアウトを変更しましょう。

1) ［ホーム］タブ → ［スライド］グループ → ［レイアウト］をクリックする。
2) ［タイトルのみ］のレイアウトを選択する。
3) スライドのレイアウトがタイトルだけのものに変更されるので、タイトルに「お弁当人気調査：行楽のお供はこれだ！」と入力しましょう。

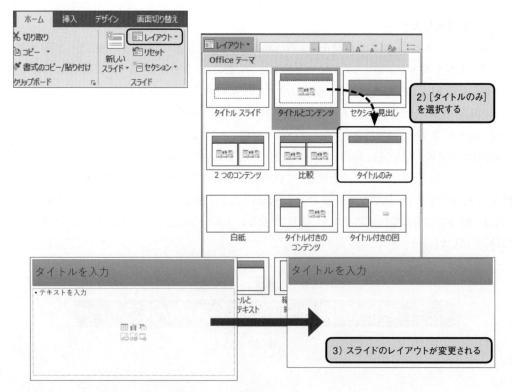

図5.38

5.4 PowerPointを使ったプレゼンテーションの作成

〈棒グラフを作成しよう〉

　グラフを作成する前に、第3章のWordで作成したレポートを確認しておきましょう。本書の口絵部分でも確認できます。レポート3ページ目の数字をグラフにしていきます。タイトルに「お弁当人気調査：行楽のお供はこれだ！」と入力してから始めます。

1)［挿入］タブ → ［図］グループ→ ［グラフ］→ ［縦棒］をクリックする。
2) 縦棒には、多くの種類が表示されるが、ここでは一番シンプルな最初のグラフを選択して［OK］をクリック（またはダブルクリック）する。

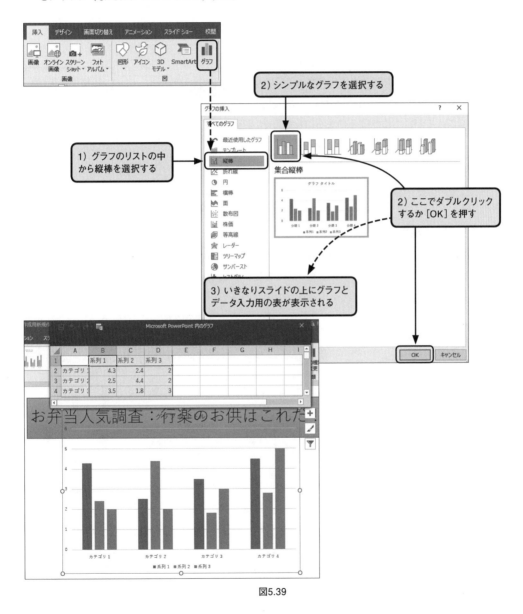

図5.39

3) グラフを選択した瞬間にスライドいっぱいにグラフと表が出てくる。最初からデータが入っているので、操作を間違ったかと思うかもしれないが、あわてる必要はない。サンプルの数字があらかじめ入っているので、これを編集して自分のグラフに変更していけばよい。

269

4) Wordのレポート3ページ目の表を見ながら、データを修正する。Wordのレポートでは、候補1という表記になっているが、このままでは聞き手には理解できない。そこで、レポートの2ページと対応させて、「主菜」と「副菜」の組合せが分かるようにする。

表5.1

候補	1	2	3	4	5	6	7	8	9
主菜	肉系	肉系	肉系	魚系	魚系	魚系	野菜系	野菜系	野菜系
副菜	季節物	和風	洋風	季節物	和風	洋風	季節物	和風	洋風
評価点	3.2	5.3	3.7	2.8	4.9	2.3	8.5	8.1	6.2

5) A列に主菜・副菜が分かる文字を入れ、B列に評価点を入れる。C列、D列にサンプルデータが入っているが、これらは不要なので消す。B列1行目に「系列1」の文字が入っているが、ここではそのままにしておく。2行目以降の入力が済むと、棒グラフがスライド上に表示される。ここで安全のために［上書き保存］しておこう

5) A列に主菜と副菜の種類を、B列に評価点を入れる。他の列は削除する

図5.40

〈グラフを見やすく編集しよう〉

データどおりのグラフが出来上がりましたが、このままでは見づらいですね。各項目にも注釈がなければ分かりにくいです。説得力があるグラフになるように、Excelで学習したことを応用しながら、見やすく編集していきましょう。

1) グラフの外側の枠をドラッグしながら適切な位置に移動させる。同時に見やすい大きさに変更しておく。右側に凡例を入れるスペースを空けておくのを忘れずに大きさを決める。

2) 上の［系列1］はグラフタイトルを入れる場所である。ここでは「あなたの好きなお弁当は？」に変更する。

3) 下の［系列1］は不要なので削除する。グラフの表示範囲が広がる。

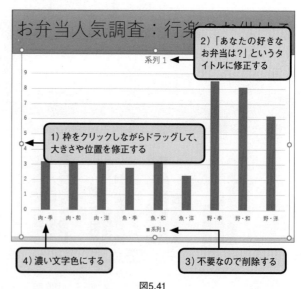

図5.41

4) 下の文字は薄い灰色なので、濃い黒に変更する。文字の上でクリックすると、文字全体が選択される。その状態で右クリックすると、ポップアップメニューが出てくる。［フォント］をクリックし、［フォントの色］から文字の色を選択する。

〈凡例を追加しよう〉

　次は各項目の略語を説明するために、凡例を入れます。Excelでは、グラフ機能の中で凡例を記述しましたが、スライドは、「見やすさ」、「分かりやすさ」が重要です。なるべく見やすい字にするために、別の文字枠に入力していきましょう。

　文字枠の追加は、表紙とスライド3で実施しましたので、すでに理解していると思います。復習のつもりで、文字枠を追加し、図5.42を参照して、中に文字を入力してください。

図5.42

〈説得力をつけよう〉

　4枚目のスライドができましたが、これでよいでしょうか。このスライドの目的は、「アンケートをとりました」ということではなく、「野菜系の主菜と季節物の副菜の組合せの人気が高い」ということを伝えることです。確かにグラフの棒の長さを見れば、結果は分かりますが、聞き手の視線を集めるためには、色を変えると効果的です。「野・季」の棒の色だけを変更してみましょう。

1) グラフの棒の上で一度クリックする。すべての棒が選択される。4隅に小さな○がつくことが、選択されていることを示す。
2) 選択したい棒の上で再度クリックする。その棒だけが選択される。
3) ここで右クリックすると、ポップアップメニューが出てくる。
4) ［塗りつぶし］をクリックし、好みの色を選択する。該当する棒だけが、選択した色に変わる。

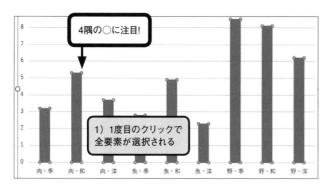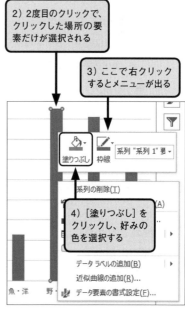

図5.43

たったこれだけの工夫で、ずいぶん説得力が増しました。このスライドを見た瞬間に聞き手は、色の違った棒に注目します。その棒を見ながらプレゼンターの話を聞きますから、「野菜系の主菜と季節物の副菜の組合せの人気が高い」という話が、スーッと耳に入り納得します。

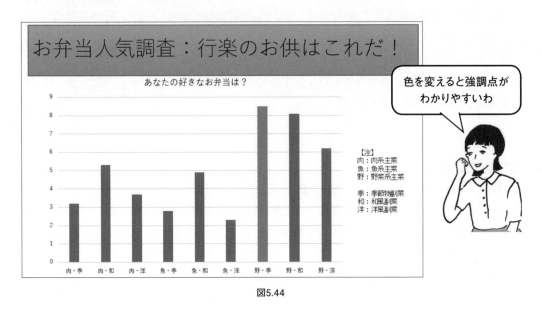

図5.44

> **ヒント！　グラフの横のボタン**
>
> グラフを挿入すると、グラフの右上にボタンが表示されます。これはグラフの要素や色などを変更するときに便利なボタンです。簡単に説明しておきます。
>
> ＋　グラフ要素：タイトルや凡例などグラフ要素の追加・削除・変更
> 　　グラフスタイル：グラフのスタイルと配色の設定
> 　　グラフフィルター：データ要素の名前の表示/非表示・編集

5.4.5　一覧表を作成しよう

〈実施計画を示そう〉

　このチーム活動では、アンケート調査で人気のある主菜や副菜を調べて、さらに魅力的なお弁当を作ろうとしているのだということが分かって、興味が出てきた聞き手が、次に知りたいことは何でしょうか。レストランの例を思い出してください。その良さが分かったら、後は、どこ？　いくら？　メニューは？　などという現実的な事柄です。次は、今後の活動についての具体的な情報のスライドを作成し、聞き手が参加するかどうかを判断できるように示します。

〈レイアウト変更と文字入力の復習をしよう〉

　新しいスライドを作成します。ドラフトを見ながら文字を入力していきます。今までの復習ですから、解説を読めば簡単にできるはずです。図5.47を参考に、チャレンジしてみてください。

1）新しいスライドを作成し、レイアウトを変更する。レイアウト一覧から、2段組のレイアウト、[2つのコンテンツ]を選択する。

2）ドラフトに従って入力する。左側文字枠に入力するときには、前項「箇条書きのレベルを変更しよう」で学習したレベル下げをする（Tabキーを使う）。

3）右側の文字枠に「具体的な活動項目と予定している実施時期」と入力すると、文字枠に合わせて2行になってしまう。任意の場所で改行するには［Shift］キーを押しながら改行キーを押す。

4）文字枠を縮めて表を入れるスペースを空ける。文字枠を選択し、枠の下辺の○にマウスポインターを置く。図5.46のような矢印が表示されたら、ドラッグ＆ドロップで適切な大きさにする。

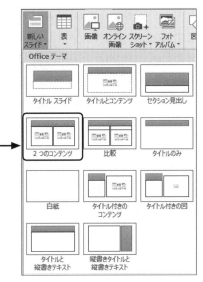

図5.45

図5.46

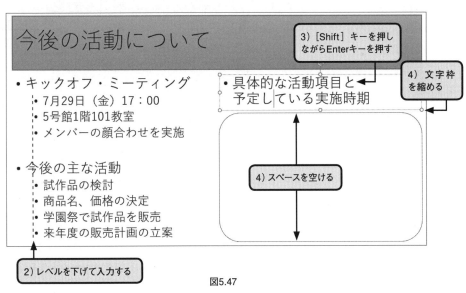

図5.47

〈表を挿入しよう〉

ドラフトは概略なので、挿入する表を右に示します。Excelで作成した表を貼り付ける方法もありますが、ここでは、PowerPointで直接作成する方法を勉強します。今回のように文字データが多く、計算する必要がない場合は、そのほうが便利だからです。

挿入する表は2列、7行（タイトル行も含めて）から構成されていることを確認しておきます。

表5.2

活動項目	時期
試作品の検討会実施	8月中旬～下旬
生産者との打ち合せ	9月上旬～下旬
商品名および価格決定会議	9月中旬～下旬
学園祭での試作品販売準備	10月上旬～下旬
学園祭での試作品販売	11月第4週
来年度の販売計画立案	12月上旬～中旬

1) ［挿入］タブ→［表］グループ→［表］ボタン→［表の挿入］

2) ［表の挿入］のメニューで、［列の数（C）］を「2」に、［行の数(R)］を「7」にして［OK］をクリックする。この場合、数字を直接入力してもよいし、右側の三角マークで指定してもよい。

   ブランクのマス目を埋めて指定することも可能である。表の列や行は、後でも変更できるので、どちらの方法でもかまわない。

3) ［OK］を押すと、2列7行の表がスライドいっぱいに出来上がるが、あわてる必要はない。表はドラッグして、いつでも移動することができる。

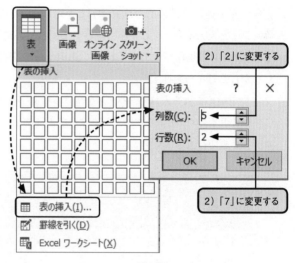

図5.48

4) この位置のまま文字を入力し、全体を整えてから、適切な位置に移動させればよい。

5) 「時期」は、見やすいように、［ホーム］タブ →［段落］グループで、中央揃えにする。タイトル行も中央揃えにするとよい。

6) 入力したままだと列幅が適切ではない。Excelで学習したように、自動調整機能を使うことができる。列と列の間にカーソルを移動させ、調整のアイコン（◀▶）が表示されたところでドラッグし、適切な幅に整える。

7) この表の列と行の間は白線であるが、提示資料では黒線が見やすいので変更する。表が選択されているときには、リボンに［表ツール］という特別なタブが表示される。［表ツール］→［デザイン］で、罫線をすべてに引くことができる。

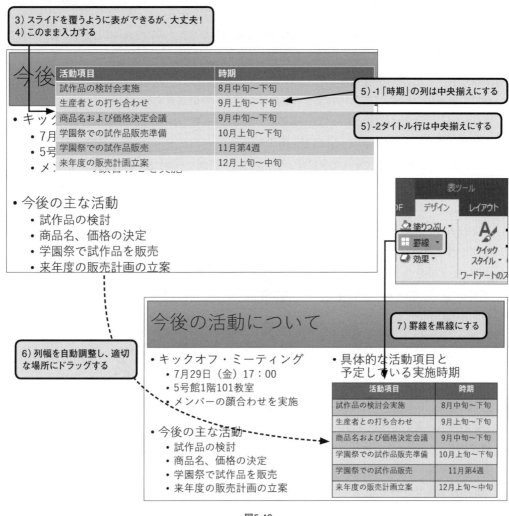

図5.49

5.4.6　ワードアートで文字を強調しよう

〈魅力的な裏表紙を作成しよう〉

　いよいよ最後のスライドです。最後の1枚をどんなスライドにするかは、プレゼンテーション全体の説得力に大いに関係があります。最後のスライドは、最終メッセージを伝えるものでなければなりません。クロージングは、料理にたとえるとデザートだということを思い出してください。印象深く、そして気分よく終わりたいものです。

　挨拶をしているとき、プレゼンターの背景にあるスライドは、聞き手の目に"入ってくる"ものです。"読ませる"のではなく、メッセージが目を通して"入る"スライドを考えてみましょう。

　壁に囲まれた暗い部屋にいるよりも、緑の木々が窓の外に見える部屋の中のほうが、聞き手の心は前向きになるものです。同じような効果を最後のスライドに期待することができます。

〈ワードアートを挿入しよう〉

通常のフォントではなく、芸術的な文字を使用して魅力的なスライドを作成しましょう。新しいスライドを作成します。レイアウトは、「白紙」を選択します。

1) ［挿入］タブ → ［テキスト］グループ → ［ワードアート］でメニューが出る。各種の文字があるが、後で変更可能なので、ここでは悩まずに最初は単純なものを選択するとよい。

2) スライド上に「ここに文字を入力」という文字が出る。ここで［Backspace］キーで文字を削除し、新たに「プロジェクト成功のために」と入力する。

3) ワードアートが選択されているときには、リボン上に［描画ツール］という特別なタブが表示される。［描画ツール］→［書式］→［ワードアートのスタイル］→［文字の効果］→［変形（I）］を選択する。

4) 文字の表示の形がいろいろと出てくる。ここで「アーチ」を選択する。

5) 文字が少しアーチになっているが、文字枠をつかんでドラッグすることで、アーチの形を調整することができる。

6) 同様に、「皆さんの参加を待っています」という文字を、今度は「アーチ：下向き」を選択する。上下のバランスを取りながら、形の良い文字を作成する。色合いは、メニューから好みのものを選択する。

7) 「魅力的な行楽弁当を！」という文字は、メニューから選択せず、好みの色やフォントを指定する方法でやってみよう。ここでは、フォントは丸ゴシック太字で柔らかい感じを出した。［ワードアートのスタイル］グループの［文字の塗りつぶし］で文字色、［文字の効果］で影を決定する。メニューから、［その他の色］をクリックすると好きな色を選択できる。ここでは文字色は、濃いオレンジを、文字の影はオフセット（斜め右下）を選んだ。

8) 上書き保存をする。

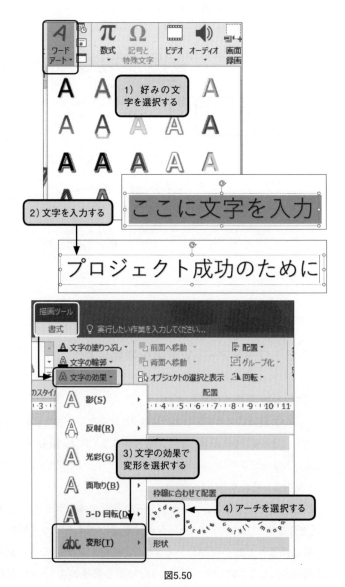

図5.50

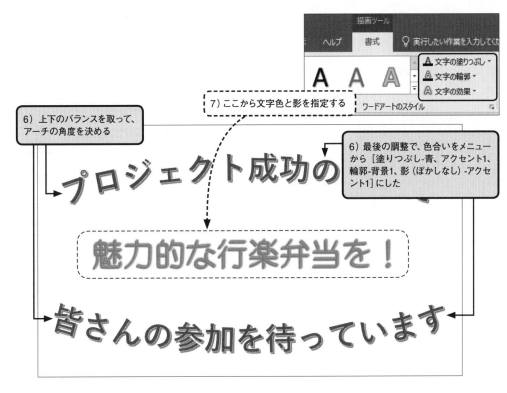

図5.51

5.4.7 スライドを確認しよう

〈スライド一覧モードで全スライドを確認しよう〉

ドラフトで描いたスライド6枚全部を作成しました。これら全部を一覧で見るには、スライド一覧モードに変更します。現在の状況でも、左側にスライドのすべてが縮小されて見えますから、必要がないと思うかもしれません。しかし、スライドの枚数が多い場合、全体を見ることはできません。全体を見るための「スライド一覧モード」を覚えておきましょう。

図5.17で示した画面の構成を再確認してください。画面一番下の茶色のバーの右側に、小さなアイコンが4つ並んでいます。これらが[表示選択]ボタンで、左から2番目が「スライド一覧モード」のボタンです。各ボタンの機能を以下に示します。

一番左が標準モード、2番目がスライド一覧モードです。右側の2つのボタンを押した場合、元の画面に戻るには、[Esc]キーを押します。ここでは左側2つのボタンだけを切り替えて、どのように画面が変わるかを体験してください。

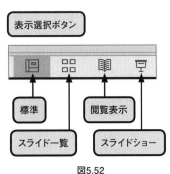

図5.52

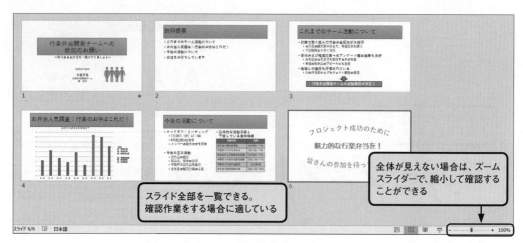

図5.53

スライド一覧モードで画面が大きすぎて全スライドが表示できない場合は、右下のズームスライダーで適切な大きさにすることができます。

〈スライドショーで発表時の画面を確認しよう〉

[スライドショー]機能で、実際のプレゼンテーションと同じようにスライドを1枚ずつ表示して、作成したスライドの確認をしてみましょう。

スライドショーの実施方法は以下の3通りあります。どの方法でも結果は同じです。最初のスライドから始める方法と途中のスライドから始める方法があります。

1. [F5]キーを押して最初から、または[Shift]+[F5]キーで、途中から実施する。
2. [スライドショー]タブ →［スライドショーの開始］グループ→［最初から］で最初から、または[現在のスライドから]で途中から実施する。
3. 画面右下の[表示選択ボタン]の一番右の 🖳 から、常に途中（現在のスライド）から実施する。

図5.54

[Enter]キーを押すたびに次のスライドが出てきますので、実際に発表するときのイメージが分かります。全スライドの表示が終わると画面が黒くなり、「スライドショーの最後です。クリックすると終了します」というメッセージが出ます。ここでクリックするか、[Esc]キーを押すと、前のモードに戻ります。スライドショーを中断したい場合には、[Esc]キーを押します。

スライドショーを実施するときに、アニメーションの設定をすることができますが、それについては第6節で学習します。全体の確認のためのスライドショーでは、アニメーションは不要です。

5.5　編集をしよう

5.5.1　編集作業が成功の近道

〈聞き手の立場で考えよう〉

　スライドショーで1枚1枚スライドを確認すると、実際のプレゼンテーションの場が想定できます。話しにくい点や矛盾した箇所がないかなど、不具合を発見することができます。こうして確認した上で、手直しをする作業を「編集」といいます。この作業を怠ると、本番で不具合が出て失敗したりするものです。"作りっぱなし"にしないことが、成功するコツです。

　聞き手は、プロジェクトに興味をもっている学生ですが、まだこのチームの具体的な活動について知らない人が多いようです。そこで、Wordで作成したレポートの3ページ目にある、チーム活動の流れを示すスライドを1枚追加することにしました。

5.5.2　スライドを追加・削除しよう

〈スライドを追加しよう〉

　4枚目のスライドの次に、チーム活動の流れのスライドを追加することにしました。新しいスライドを挿入するのと同じボタンを使用します。現在活動中のスライドのすぐ次に新しいスライドが追加されますから、追加したい場所のスライドを選択しておいてください。

〈削除・移動の方法を覚えておこう〉

　同様に削除や移動の方法も、ここで覚えておきましょう。標準モードの左側のスライド一覧、またはスライド一覧モードなど、スライドが一覧できる状態で行います。

　削除したいスライドを選択して、[Delete]キーを押すと、そのスライドが削除されます。

　移動したいスライドをドラッグして、適切な位置でドロップするだけで移動できます。話の順序を変更したい場合など、紙芝居の紙の入れ替えのように簡単にできます。

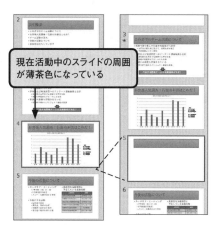

図5.55

〈スライドのコピー方法を覚えておこう〉

　スライドのコピーも同様に簡単です。よく似たスライドを作成する場合は、スライドをコピーしてから変更すると、作業の効率が上がります。

1) コピーしたいスライドを選択して、[Ctrl] + [C] キーを押す。
2) コピー先のすぐ前のスライドを選択して、[Ctrl+ [V] キーを押す。
3) 選択したスライドのすぐ直後にコピーされる。

5.5.3 Wordレポートの図を利用しよう

〈新しいスライドにタイトルをつけよう〉

　今までの復習ですから細かい説明はしません。前項で追加されたスライドのタイトルを「チーム活動の流れ」にします。また［レイアウト］は［タイトルのみ］です。口絵4ページ目の完成したスライドを参照しながら、新しいスライドを作成してみましょう。

〈Wordレポートの図を挿入しよう〉

　Wordを開始して、作成したレポートのファイルをオープンします。PowerPointとWordの両方がオープンされている状況になります。画面下のタスクバーの各アプリケーションのボタンを押すことによって、PowerPointとWordの切り替えができます。

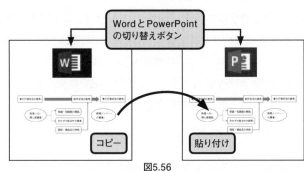

図5.56

1) レポート3ページ目の「行楽弁当開発チームの活動行程」の図を選択してコピーする。［Ctrl］＋［C］キーが便利である。
2) PowerPointに戻って貼り付ける。［Ctrl］＋［V］キーが便利である。

〈挿入した図を修正しよう〉

　Wordからの図を簡単に貼り付けることができました。しかし、このままでは提示資料の図としては不適切です。ここが、レポートや報告書などのWord資料と、プレゼンテーション用のPowerPoint資料との違いです。安易に貼り付けたまま使用するということは、近年話題になっている「コピペ問題」と同じ性質のものです。何の目的で、どのように使用するのかを明確にして、その目的に合うように、図を修正しましょう。

　この場合は、「図の大きさ」、「フォントの大きさ」、「色」の3点を修正すると、提示資料に適したスライドになります。特に色は、項目ごとに意味をもたせて変えていきましょう。このプレゼンテーションで一番大切なのは、「新規メンバーの募集」なので、ここが目立つような色合いを考えましょう。

1) 図全体をドラッグして適切な大きさに拡大する。
2) 全体を選択したまま、［ホーム］タブ→［フォント］グループ→を見ながら、見やすい大きさにする。ここでは20ポイントまで拡大した。さらに文字が読みやすいように、フォントを変える。ここでは、丸ゴシックを選択した。
3) もう一度クリックして「新規メンバーの募集」と書かれた［楕円］型だけを選択する。ここで、［書式］タブ→［図形の塗りつぶし］から黄色を選択した。色は自由だが、目立つ色にする。同じく、［図形の枠線］から、黒の枠線を選択し、さらに太さを2.25ptにした。
4) 右端の「春の行楽弁当の販売」と書かれた［長方形］型を選択し、3）と同様にして今度はオレンジ色を選択する。枠線は黒にする。

5) 左端の「春の行楽弁当の販売」、「容器・包装紙の開発」、「おかずの組合せ調査」の3項目は、ここでは説明する予定はないので、目立たない色合いにする。[Shift] キーを押しながら複数の項目を選択し、3) と同様にしてグレーを選択する。説明内容を考えながら、他の項目の色を調整する。

6) 各要素を結ぶ線を、[書式] タブ →［図形のスタイル］グループ →［図形の書式設定］から［色］を黒、［太さ］を2.25pt、にして目立たせる。

〈整合性をとろう〉

チーム活動の流れのスライドを入れることで、ストーリー全体が充実しました。聞き手は、これまでのチーム活動の内容と、今後の活動内容が理解できるので、参加するかどうかの判断に役立てることができるでしょう。より効果的なプレゼンテーションができそうです。スライドを変更したら、必ずしなければならないことがあります。他の部分との整合性です。この場合、「説明概要」すなわち2枚目のスライドに、挿入したスライドのタイトルを入れる必要があります。

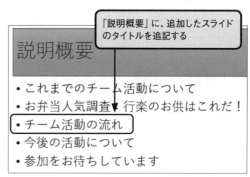

図5.57

5.5.4　写真を取り込もう

〈自分が撮った写真を挿入しよう〉

写真が1枚あるだけで、印象深くなるものです。最後のスライドは、ワードアートを使って印象深くしたつもりですが、出来上って見直すと、文字だけのスライドの限界を感じます。ここに写真がほしいと考えました。

写真の取り込みは、著作権侵害にならないように注意しましょう。自分が撮った写真か、あるいは自由に使用可能な写真を使うようにすれば安心です。

この本で使用している写真は、近代科学社Webサイトのサポートページからダウンロードすることができます。事前に写真をコンピュータに取り込んでおいてください。

その他、自分で撮影した写真を使用してもかまいません。

1) [挿入] タブ → [画像] グループ → [画像]、[ピクチャライブラリ] が開かれる。この中にない場合は、写真が入っているフォルダーを指定する。

2) フォルダー内の写真を選択して、[挿入] ボタンを押す。

3) 画像がスライドに貼り付けられるが、場合によってはスライド全面を覆うような大きさで挿入されることがある。写真をドラッグし、4隅の○をつかんで適切な大きさに縮小する。

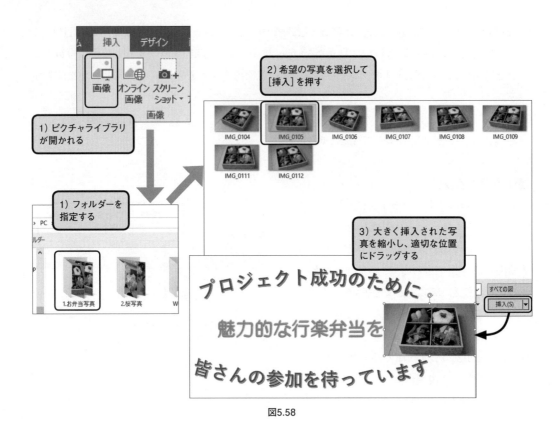

図5.58

〈写真を修整しよう〉

　写真が入りましたが、文字に重なっています。写真を文字の背面に持ってきても、背景が邪魔をしています。お弁当だけを取り出すことができないでしょうか。Microsoft Office 2019では、写真に関する機能が充実しており、トリミングや色調整、スタイルなど簡単な操作で魅力的な写真に修整することができます。ここでは背景を取り除く作業をしてみましょう。

1）写真を選択すると、[図ツール]という特別なタブが表示される。[書式]タブ→[背景の削除]をクリックする。
2）写真全体が濃いピンクになり、背景を削除する範囲が表示されるので、残したい範囲を指定する。
3）マウスポインターを画像の外側に外してクリックすると、背景がきれいに削除される。
4）適切な位置に画像を移動させる。

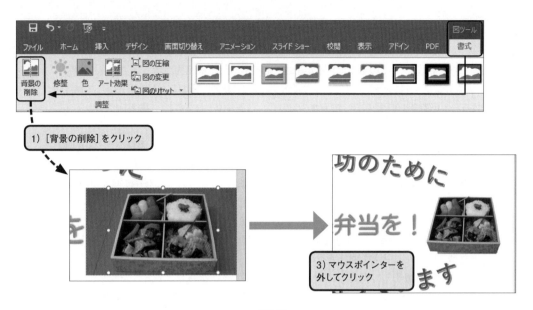

図5.59

〈写真を組み合わせてみよう〉

　お弁当の写真は取り出されましたが、行楽弁当なのでもう少し華やかさがほしいと思います。そこで別に桜の写真を挿入し、2枚を組み合わせてみましょう。先ほどと同じ要領で自分が撮影した桜の写真を挿入し、背景を削除します。こうして取り入れた画像は、背景が「なし」になっているので、重ねても白い背景などはつきません。

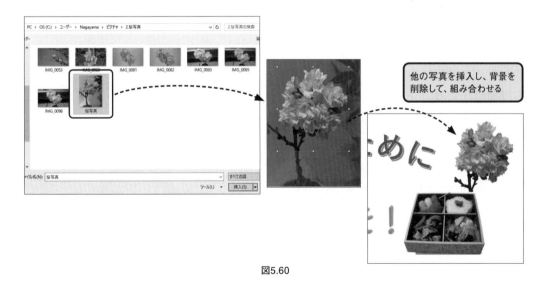

図5.60

　このように写真を簡単に、しかも美しく取り入れることができますので、余裕がある場合には、いろいろと試してみてください。しかし気をつけなければならないのは、こうした操作に夢中になってしまうことです。アルバムを作るのではなく、プレゼンテーションの理解や説得力を深める目的で使用することを忘れないようにしましょう。

> **ヒント！ 動画の挿入**
>
> 写真だけではなく、その場で動画を再生して見せることで、説得力が増す場合もあります。
> [挿入] タブ→ [ビデオ] → [ビデオの挿入] により、自分が撮影した動画を選択して貼り付けることができます。その際、挿入ボタンの [▽] をクリックすると、[挿入] と [ファイルにリンク] のどちらかを選ぶことができます。
> [挿入] を選ぶとファイルはプレゼンテーション内に埋め込まれます。画像ファイルが埋め込まれるとファイル全体のサイズは大きくなる点に注意してください。
> 一方、[ファイルにリンク] を選ぶと挿入した動画はリンク貼り付けになります。この場合に注意が必要なのは、挿入した後に「リンク先」のその動画ファイルを削除したり、移動したりするとリンクが切れてしまうことです。リンクが切れて再生できないトラブルを防ぐためには、プレゼンテーションファイルと動画ファイルは同じフォルダーに保存しておき、移動する場合はフォルダーごと移動するようにしましょう。
> また、自分で撮影して保存している動画以外に、インターネット上に公開されているYouTubeなどの動画を挿入する機能もあります。ただし、その際は使用する動画の著作権に注意しましょう。

〈出来上ったスライドを確認しよう〉

　スライドの編集が終わり、すべてのスライドが作成されました。[スライド一覧] モードにして、全体を確認しましょう。編集の結果、ずいぶん魅力的なストーリーになりました。
　ここで、編集前に実施したときと同様、[F5] キーを押して、スライドショーを実行してみましょう。中断するときは、[Esc] キー、途中から再開するときには [Shift] キーを押しながら [F5] キー押すことを忘れないようにしましょう。

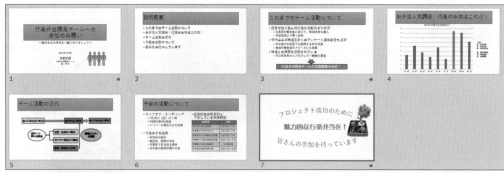

図5.61

5.6 スライドショーの設定をしよう

〈効果的にスライドを提示しよう〉

　PowerPointで作成したスライドは、プレゼンテーション実行時にスライドショーというモードで1画面ずつ提示します。ちょうど紙芝居で絵を見せながら説明するようなイメージです。しかし紙芝居とは異なり、図、音声、アニメーションなど、特別な効果を利用することが可能です。

　たとえば、「画面切り替え」効果で、次のスライドへの切り替えのときに、ブラインドを開けるように表示したり、「アニメーション」効果を使って、見る人に「次は何が出てくるのか」という期待を抱かせたりすることもできます。

　自動的にスライドを切り替えるなど、便利に思える機能がありますが、前述のように、あまり凝ると逆効果になりますので注意してください。「主役はプレゼンター」、「デザインはシンプルに」ということを忘れずに、効果的にスライドショーを実行してください。

5.6.1　画面切り替えを設定しよう

〈スライドの切り替えはスマートに！〉

「画面切り替え」は、次のスライドに変更するときの切り替え方法を指定するものです。

1)「画面切り替え」タブ→［画面切り替え］グループ
2) リボンの中の一覧表から選択する。マウスを移動させるだけで、試しに実行されるので、効果が分かる。
3) リボンの右下の［▼］をクリックすると多くの種類が出てくる。
4) クリックすると、現在活動中のスライドから次のスライドに移るときだけに適用される。［すべてに適用］をクリックすると、全部同じ切り替え効果になる。
5)［F5］キーを押して、スライドショーを実行して確認する。
6)［画面切り替え］を指定した場合は、スライド一覧に ★ の印がつく。
7) 指定した「画面切り替え」を取り消したい場合は［なし］を押す。

図5.62

多くの種類があるので、試しにいろいろ選択してみましょう。

ただし本番のプレゼンテーションでは、控えめにしたほうがよいでしょう。スライドごとに別のモードを指定すると全体に落ち着きがなくなり、逆効果です。最終的には、統一するか、あるいは何も指定しないほうが効果的です。

聞き手の関心は、華やかさではなく、話の内容であることを忘れないようにしましょう。

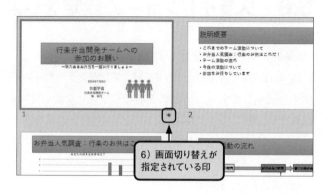

図5.63

5.6.2　アニメーションを設定しよう

〈文字データの表示方法を検討しよう〉

　文字データを一度に表示するか、1行ずつ表示するかは、説明する時間に依存します。1行で2分以上説明する場合は、その都度クリックして1行ずつ提示すると効果があります。反対に全体を見せて読み上げる程度であれば、一度に表示してしまうほうがよいでしょう。

　2枚目のスライドは「説明概要」です。ここは1行ずつ表示する必要はありません。それに対して、3枚目の「これまでのチーム活動について」のスライドでは、具体例などを交えて説明する必要があります。ここは、説明する単位で提示したほうが効果的でしょう。

　アニメーションの設定をする前に、「ドラフト作成作業用紙（2）」を眺めて、どの部分を動かすかを考えるような習慣をつけると、適度に動きのある効果的な提示資料ができます。アニメ漫画ビデオを作成しているのではありませんから、指定しすぎに注意してください。

〈文字データにアニメーションを指定しよう〉

　それでは、3枚目のスライドに動きをつけます。リボンの使い方は、基本的には「画面の切り替え」と同じです。

1) 文字枠を選択してから「アニメーション」タブをクリックする。「画面の切り替え」作業のときと同様、リボンの中に多くのアニメーションが表示される。
2) ここでは3番目の[スライドイン]を選択する。マウスポインターを[スライドイン]に合わせて、クリックする。
3) アニメーションが設定されたことを示す小さな数字が、文字枠の左側につく。数字の数は、クリックの回数である。最初のクリックでは上から3行が表示されることが分かる。ここにレベル付けの効果が出る。つまり、レベル1の単位で表示される。
4) [プレビュー]ボタンで動きを確認できる。

5.6 スライドショーの設定をしよう

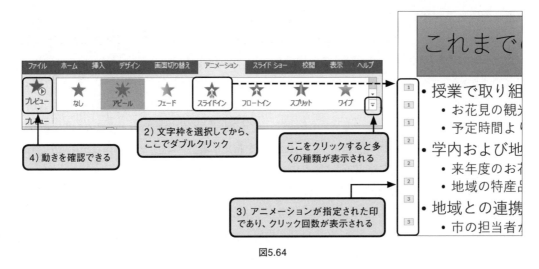

図5.64

〈微調整をしよう〉

　[プレビュー]ボタンで確認したときに、違和感があった人も多いのではないでしょうか。日本語の文字が下から出てくるのは、不自然に感じますね。簡単に方向を変更することができます。[効果のオプション]というボタンをクリックするだけです。いろいろな方向が出てきますので、[左から（L）]を指定します。この[効果のオプション]では、細かい指定ができます。

図5.65

> **ヒント！　動きの方向**
>
> PowerPointは、世界共通のソフトウェアですから、文字の動きは英語を想定しています。そのため、日本語では違和感がある動きをすることがあります。日本語の場合、横書きであっても、「上から」あるいは「左から」が自然です。細かいことのようですが、聞き手が不自然と感じるような動きを避けることは、話し手の気配りと言えます。こうした何気ないことが、説得力に影響する場合があります。

〈スライドショーで確認しよう〉

　[プレビュー]ボタンで動きを確認することはできますが、自動的に動いてしまうので、発表時とは異なります。[Shift]キーを押しながら[F5]キーを押して、現在のスライドからスライドショーを始めてみましょう。1回クリックして説明し、次に説明に入る前にまたクリックする、という繰り返しができるようになったことが分かります。説明しやすそうですね。

　しかし、毎回「クリック」して表示するのがよいとは限りません。1回クリックしたら、自動的に表示されるようにしたい場合もあるでしょう。

　このスライドでは、矢印と「行楽弁当開発チームの活動継続が決定！」という文字の指定をしていないため、最初から表示されています。それぞれの項目を説明した後、1回クリックしたら、矢印と文字とが自然に出るようにしたいものです。

〈自動的に表示させてみよう〉

　まず、矢印はクリック操作で下向きに出てくるように指定しましょう。「スライドイン」は、スライドの端から出てくるようになっています。この位置から出てくる動作はないのでしょうか。いろいろと試してみましょう。

1) 矢印を選択し、リボン右下の［▽］をクリックしてメニューを出す。［その他の開始効果］から［ピークイン］を選択して［OK］をクリックする。［ピークイン］は、その場から表示されるものである。下向き矢印なので［効果オプション］で、［上から］を指定する。
2) 矢印に小さな「4」の数字が表示され、クリックしたら表示される指定ができた。
3) 同じように、「行楽弁当開発チームの活動継続が決定！」の文字も［ピークイン］、［効果のオプション］の［上から］を指定する。ここで「5」の数字が表示され、これもクリックする必要があることが分かる。
4) 矢印が出た後、すぐに文字を表示させるには、［アニメーション］タブ→［タイミング］グループで、［開始］の［クリック時］を、［直前の動作の後］に変更し、［遅延］を［0］秒から［0.5］秒に変更する。これによって、矢印のクリックの後、0.5秒後に文字が表示されることになる。
5) 文字枠の脇に表示された「5」の数字が「4」に変更され、矢印のクリック後に自動的に表示されることが分かる。

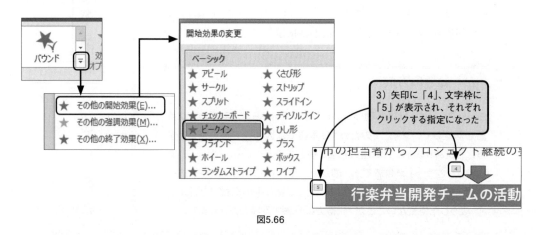

図5.66

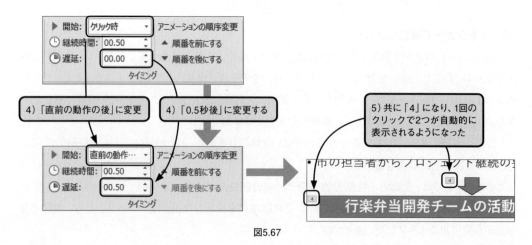

図5.67

〈その他のアニメーション〉

アニメーションの指定方法は、4種類あります。ここでは、詳しい説明はしませんが、種類と機能を覚えておくと便利です。

1) **開始**：表示を開始するときの効果を指定する
2) **強調**：文字色を変えたり、動かしたりして、選択した箇所の強調効果を指定する
3) **終了**：表示されているものを消すときの効果を指定する
4) **アニメーションの軌道効果**：対象となる箇所を、軌道に沿って動かす効果を指定する

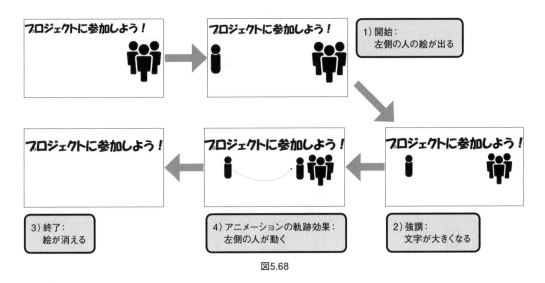

図5.68

〈表示の順序を変更しよう〉

複数のオブジェクトを順次に表示させることで、一層効果的なスライドができました。表示される順番は、指定した順番になります。ときにはこの順番を変更したい場合があります。

たとえば、最後のスライドで、①「プロジェクト成功のために」、②「皆さんの参加を待っています」、③「魅力的な行楽弁当を！」の順に表示させるように設定したとしましょう。実際に話してみると、「魅力的な行楽弁当を！」と言った後に、参加を促したほうが効果的な気がして、順序を変更したいと思いました。そんな場合にも順序の変更は簡単にできます。

1) ［アニメーション］タブ →［アニメーションの詳細設定］グループ →［アニメーションウィンドウ］ボタンで、スライドの右側にアニメーション用の作業ウィンドウを表示させる。
2) 移動させたいオブジェクトの行をクリックして、［アニメーション］タブ →［タイミング］グループ →［アニメーションの順序変更］→［タイミング順番を前にする］で移動させる。

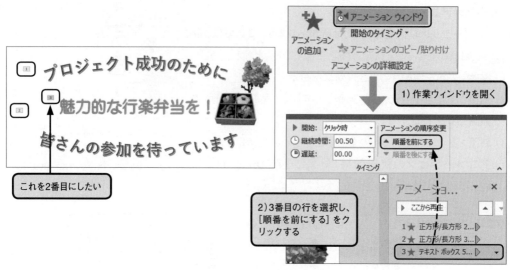

図5.69

〈設定を変更・解除しよう〉

いったん設定したアニメーションを他の動きに変更したい、あるいは設定を解除したい場合、［アニメーション］タブのリボンの中で指定するだけで簡単にできます。

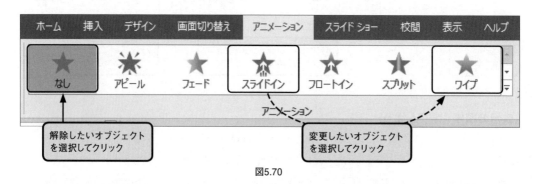

図5.70

5.7 発表の準備をしよう

5.7.1 リハーサルをしよう

〈リハーサルは3回以上！〉

　スライド作成が終わったということは、紙芝居の絵が完成したのと同じです。ここから実演のための準備が始まります。本番のプレゼンテーションの前に、少なくとも3回はリハーサルをしてください。リハーサルをしないで本番に臨んだようなプレゼンテーションを見ることがありますが、クリックするのを忘れて慌てたり、重要なメッセージを言い忘れたり、良い結果になることはありません。これでは、聞き手にとって良いと思うことを勧めるという最終目標を達成することは無理です。

　プレゼンテーションに不慣れな人は、上手な人を見て、"ベテランだから"、"場慣れしているから"と思いがちですが、それは間違いです。どんなベテランでも、また場慣れしている営業員でも、真剣なプレゼンテーションの前には、必ず練習をします。同じ内容を話す場合でも、聞き手が違えば、言葉遣いも挨拶も変わります。ベテランと呼ばれる人ほど、リハーサルを怠らないという事実を認識しましょう。

〈声を出してリハーサルをしよう〉

　リハーサルは、実際に口から声を出して行います。本番と同じ場所で実施するのが望ましいのですが、できない場合が多いと思います。小さな声でもよいので、実際に声を出すことが重要です。頭の中で「おはようございます」と言うのと、声を出して「おはようございます」と言うのでは、かかる時間も臨場感も異なります。

　プレゼンテーションの目的（聞き手はどんなことを求めているのか）を、もう一度確認して、最初の挨拶から始めましょう。もちろんお辞儀もします。画面も切り替えながら、最後の挨拶まで実施してみると、意外に時間が長くかかったり、短すぎたりするものです。また話しにくいスライドが出てくることもあります。その場合はスライドの修正が必要になります。

〈リハーサル機能を使ってみよう〉

　PowerPointには、リハーサルに便利な機能があります。実際のプレゼンテーションを想定して、スライドショーの時間の計算や、切り替えのタイミングを設定することができます。

1) ［スライドショー］タブ→［設定］グループ→［リハーサル］でリハーサルが開始される。
2) リハーサル中に［リハーサル］ツールバーが表示され、プレゼンテーションの時間の記録が開始される。
3) 本番のとおりに話しながら、スライドを進めていく。本番と同じようにクリックしてアニメーションの動きも確認する。

リハーサルは大事だよ

4）スライドショーが終わると、所要時間が表示される。今回の時間を記録するかどうかの質問が出てくる。リハーサルの場合は記録する必要がないので、「いいえ」を選択する。

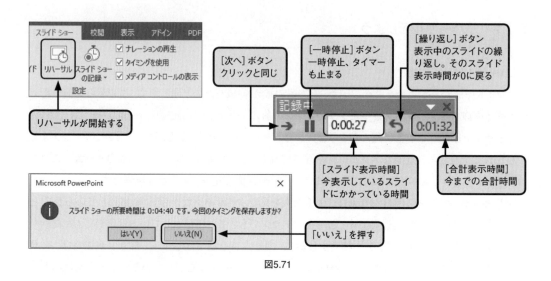

図5.71

> **ヒント！ タイミングの記録**
>
> ここで「はい」を指定すると、次にスライドショーを実施したときに、測定した時間に合わせて、自動的に切り替わってしまいます。たとえ「クリック時」と指定していても、自動表示になってしまうのです。本番では何があるか分かりません。予定した時間どおりに進むとは考えられません。ここでのリハーサル時間は、本番の参考になるので書き留めておくとよいでしょう。また「はい」を指定した場合には、[スライドショー] タブ →[設定] グループの「タイミングの使用」のチェックを外して、自動切り替えを削除しておくことを忘れないでください。

5.7.2 手元資料を作成しよう

〈スライドを印刷しよう〉

本番プレゼンテーションでは、誰でも緊張するものです。何度リハーサルをしても、重要なメッセージを忘れてしまうこともあります。スライドを印刷して、忘れてはいけないことをメモしておくことをお勧めします。

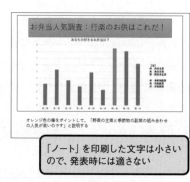

図5.72

〈手元のメモは手書きが一番！〉

PowerPointには「ノート」に話す内容やメモを入力する機能があります。しかし、「ノート」機能を使うよりも、手書きでメモすることをお勧めします。

理由は、「ノート」に入力しただけで安心して、本番ですっかり忘れてしまうことがあるからです。自分の手で書いたほうが忘れにくいということは、普段の生活でも経験しているでしょう。また、図5.72に示すように、「ノート」を印刷した文字は、本番のときに目で追うには小さすぎます。文字の指定を変更することは可能ですが、それよりも手書きのほうが役立ちます。図5.74の手書きのメモと比べてください。

お勧めの印刷方法は、1ページに3枚のスライドを印刷する配布資料です。この方法で印刷すれば、自分のメモや覚書を"手書き"で書き込めるので便利です。メモは、美しく整ったものよりも、マーカーやサインペンを使って、自分だけが分かるように工夫するのが一番です。

1) ［ファイル］タブをクリックすると画面が変わる→左側のメニューから［印刷］を選択する。右側に印刷プレビューが表示されるので、参考にする。
2) 印刷メニューの中の［設定］で［フルサイズのスライド］と表示されている窓の右側の小さい▼をクリックすると、印刷レイアウトのメニュー画面になる。
3) ここで［配布資料］グループの中から、3スライドを選択する。
4) ［配布資料（3スライド/ページ）］になったことを確認して、［印刷］をクリックする。
5) 印刷されたスライドの右側に、覚書きを手書きでメモする。

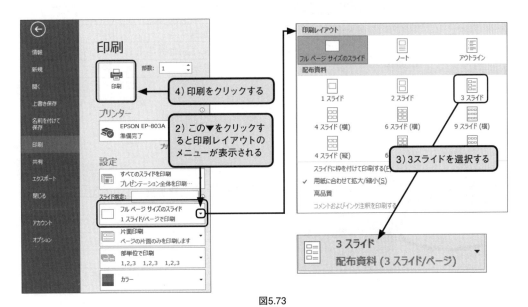

図5.73

次ページの例は、印刷されたスライドの横に覚書きをメモしたものです。PowerPointの印刷機能では、横に手書きでメモを書ける様式は、［3スライド/1枚］だけです。

自分で書いたものは、忘れにくいだけではなく、このメモを持っているだけで安心感があります。本番前に電車の中などで再確認もできます。ぜひ、この方法を実施してみてください。きっとすばらしいプレゼンテーションができて、聞き手を動かすことができるはずです。

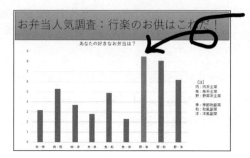

皆がオレンジ色の棒に注目したら、オレンジ色の棒をポイントして、「野菜の主菜と季節物の副菜の組合せの人気が高いのです」と説明する。

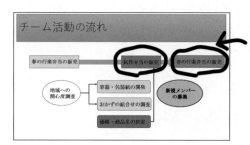

クリック→　図が出る

このチーム活動では、来年春のお花見シーズンに行楽弁当を販売することを目指していることを強調する。
そのためにまず試作弁当を作って、学園祭で販売して意見を集めることも説明する。

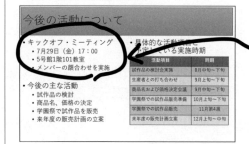

クリックすると、●単位で文字が表示される！

キックオフ・ミーティングから活動がスタートすることを説明する。
どんな活動があるのかを具体的に話す！

図5.74

5.8　プレゼンテーションを実施しよう

5.8.1　準備万端整えよう

〈準備は怠りなく！〉

　何度もリハーサルをして、スライドを微調整し、完璧に準備しました。だからといって、本番プレゼンテーションが大成功に終わるとは限りません。そこがプレゼンテーションの難しいところです。本番では何が起きるか分かりません。

　話し手である皆さんは、機械ではなく人間です。人間である限り、思いどおりにいかないことがあります。聞き手の前に立ったとたんに、あがってしまうかもしれません。風邪をひいて、立っているのもつらい状態かもしれません。それでも、聞き手が前にいるのですから、プレゼンテーションは実施しなければなりません。

　聞き手もまた、人間です。人間である限り、やはり思いどおりにはいきません。聞き手全員が、プレゼンテーションの目的に賛同してくれるとは限りません。一所懸命に耳を傾けてくれるとも限りません。空調が悪いなど、プレゼンテーションそのものとは関係のない理由で、イライラしているかもしれません。それでも、聞き手が納得できるように話を続けなければなりません。

　いろいろな可能性を考え、できる限りの準備をしましょう。

〈最初と最後の挨拶が決め手！〉

　誰でも、人前で話をするような場面ではあがります。しかし、あがったからといって、失敗してよいものではありません。あがっても、きちんと最後まで実施しなければなりません。

　あがっても、なんとかやり遂げる方法は、挨拶の言葉を何度も練習することです。人間が一番あがるのは、最初の挨拶のときです。聞き手の視線を感じて、頭が真っ白になってしまいます。ここさえうまくできれば、落ち着くことができます。最初の挨拶は何度も練習しましょう。

　また、最後の挨拶がきちんとできれば、たとえ途中で失敗しても、聞き手は温かい気持ちで見守ってくれるものです。失敗した上に、最後の挨拶もいい加減に終えたら、聞き手には後味の悪い思いしか残りません。最後の挨拶もしっかり練習しましょう。

〈忘れ物をしないように！〉

　手元のメモ、聞き手に見せる予定の物（新聞記事や見本品など）など、必要なものを忘れないようにしましょう。些細なものでも、壇上に上がってから気付くと、あがる原因となってしまいます。

〈PowerPointに頼りすぎない！〉

　プロジェクターの調子が悪くて、スライドを映すことができないこともあります。プロジェクターの違いで、文字の一部が欠けたり、図の一部が見えなくなったりすることもあり得ます。そんなときでも、話すべき内容をきちんと頭に入れておけば、目的を達成できるはずです。PowerPointに頼りすぎず、自分自身を信頼して、聞き手に「聞いてよかった」と思われるプレゼンテーションを心がけてください。

第5章　PowerPointによるプレゼンテーション

〈心構えを確認して本番に臨もう！〉

　最後にプレゼンテーション実施時の注意点をまとめておきましょう。実施で失敗したら、ここまで準備してきたことが無駄になってしまいます。プレゼンテーション本番の直前に、以下の項目を再確認してください。

(1) 最初と最後の挨拶をきちんとする

(2) 大きな声で話す（一番後ろの人に聞こえる大きさ）

(3) 適度な速度で、明瞭な発音で話す

(4) 聞き手のほうをまっすぐに向き、聞き手にアイコンタクトをとる

(5) にこやかな表情を心がける

(6) 適度なジェスチャーをつける

(7) メモはなるべく見ないようにする（そのために3回のリハーサルを実施したのです）

(8) 緊張しても、ここまで準備した自分を信じて、最後まで堂々と話す

(9) PowerPointの操作に夢中にならない（"主役はプレゼンター"を忘れずに！）

5.8.2　「他人紹介」でPowerPointを応用しよう

〈はじめに〉

　手順を追ってPowerPointの機能を覚えてきましたが、これまでは与えられたドラフトに従い、指示どおりにスライドを作成しただけです。今度は、ドラフトを書くところから発表まで、自分で実施してみてください。自分で考えたストーリーに沿って、効果的なスライドを作成して初めて、"PowerPointの機能が身についた"と言えます。ここでは、例として「他人紹介」の練習方法を示していますが、他の題材でもよいので応用練習をしてみましょう。

〈課題の狙い〉

　「他人紹介」は、以下のことを体験的に学習できる、身近でしかも興味深いテーマです。

　　　・情報の収集　　　　　　・情報の整理　　　　　　・情報の伝達

　　　・コミュニケーション能力　・人と人とのつながり　・発表力

　他の人を紹介するためには、その人に関する情報を集めることから始める必要があります。集める情報の量と質が充実していること、さらに多角的な情報収集が、良い「他人紹介」の下地になります。

　次に、集めた情報を整理して、「他人紹介」のストーリーの組み立て方や、聞き手に訴えるメッセージや強調点などを考えます。これらが「他人紹介」のための資料になります。

　こうして準備した資料をもとに、PowerPointを使って「他人紹介」のプレゼンテーション用スライドを作成します。資料が充実していれば、実際にプレゼンテーションを行うときに、自分が話す内容や要点を考えやすくなります。

　第5章で学習してきたPowerPointのスキルを定着させるだけではなく、短時間での情報整理など、社会で必要とされるスキルが身につきます。さらにクラス全体のコミュニケーションが円滑になり、人

間関係にも良い影響を与えます。身近な人とのつながりが人間形成に役立ちます。欲張りな演習ですが、ぜひ実施してみてください。

〈他人紹介の手順〉

「他人紹介」は、図のような手順で準備し、4人グループあるいは6人グループで実施します。ここでは4人グループの場合を説明します。4名は、それぞれA、B、C、Dとします。たとえば、40名クラスであれば、A、B、C、Dがそれぞれ10名いると考えて運営してください。人数が割り切れない場合は、3人グループを作るなどして、全員が参加できるようにしましょう。

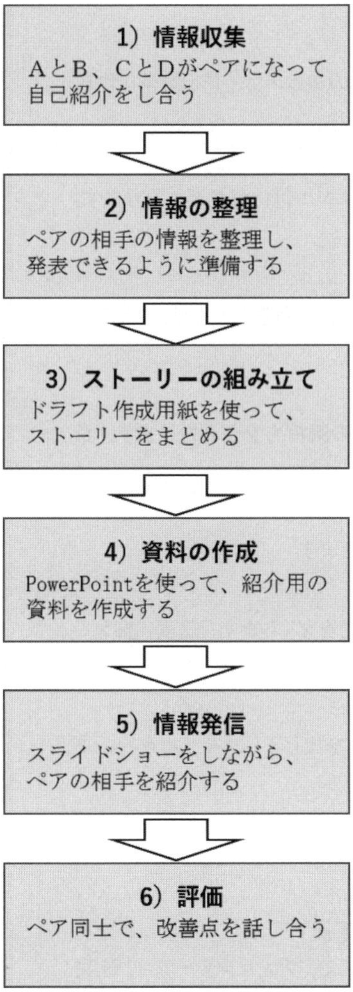

1）紹介する人とされる人が2人1組になり、お互いに情報を収集する（AとB、CとD）。時間は10分〜15分が適切である。

2）情報を整理し、その人の魅力を引き出す要素（人柄や趣味）をまとめる。追加質問も可。

3）整理した情報をもとに「ドラフト作業用紙」を使用し、プレゼンテーションの構成（シナリオ）を作る。ドラフトに従ってスライドを作成する。手元資料を作るなどの準備をして、リハーサルを行う。交互にプレゼンテーションを実施する。チームの他の人々を聞き手として、ペアの相手の紹介を行う（聞き手は増えても可）。

1）情報収集
AとB、CとDがペアになって自己紹介をし合う

↓

2）情報の整理
ペアの相手の情報を整理し、発表できるように準備する

↓

3）ストーリーの組み立て
ドラフト作成用紙を使って、ストーリーをまとめる

↓

4）資料の作成
PowerPointを使って、紹介用の資料を作成する

↓

5）情報発信
スライドショーをしながら、ペアの相手を紹介する

↓

6）評価
ペア同士で、改善点を話し合う

図5.75

Bは黙ってAの紹介を聞く

楡さんの特技は弓道です。

AがBの紹介をする

CとDは紹介を聞き発表を評価する

図5.76

4）ペアの相手同士で、実施したプレゼンテーションを振り返り、改善点を見つける。間違った情報で紹介したり、一番強調してほしかったことを紹介されなかったりした場合は、お互いの情報交換の段階に改善点がある。

第5章をふりかえって

学習の確認

● **目的を明確にする**

聞き手が"聞いてよかった"と思うプレゼンテーションをするには、「何のため」、「誰のため」という目的を明確にすることが重要です。

● **内容を充実させる**

しっかりとした情報収集、ストーリーの組立て、ドラフト作成を怠らず、内容を充実させることがプレゼンテーション成功の秘訣です。

● **マスターを利用する**

スライド作成の前に、マスターを指定しましょう。統一感のあるスライドを簡単に作成できます。後から変更することも簡単です。

● **文字データは簡潔にする**

文章は箇条書きにします。長い文章を箇条書きにするとレベル付けが必要になります。その場合は［Tab］キーを使います。

● **グラフや数字などを使って事実を示す**

統計データなど数字で示す内容は説得力を持ちます。数字は一覧表にしたり、グラフにしたりして、適切に表現します。

● **図や写真、ワードアートを使って魅力的にする**

文字ばかりではなく、視覚にうったえるスライドが聞き手の気持ちを引き付けます。自分で撮った写真も簡単に修正できます。

● **編集作業を怠らずに実施する**

作りっぱなしではなく、見直し作業をすることが失敗を防ぎます。

● **アニメーションは、凝りすぎないようにする**

アニメーションは魅力的ですが、多すぎるとかえって説得力をなくします。適度に抑えて利用しましょう。

● **発表前にはリハーサルを3回以上実施する**

スライド作成後、すぐに本番は危険です。必ず事前に、声を出してリハーサルを行いましょう。

演習問題

1）第1章の演習問題のテーマでプレゼンテーションを実施する

「第1章をふりかえって」の「演習問題」にあるテーマを選んで、プレゼンテーションを実施してください。情報化社会に生きる者が考えるべき課題が多く含まれているので、就職活動にも役立つでしょう。

2）他のテーマでプレゼンテーションを実施する

「大学で学ぶ目的」、「仕事をする意味」、「地球環境について考える」など、学生時代に考えるべきテーマを選んで発表しましょう。

参考文献

切田節子 他 著、『Microsoft Office 2016を使った情報リテラシーの基礎』、近代科学社、2016年10月

第1章

1. 切田節子 著、『情報化社会のビジネスマナー』、近代科学社、2006年12月

2. 切田節子、長山恵子 著、『アクティブ・ラーニングで身につけるコミュニケーション力——聞く力・話す力・人間力』、近代科学社、2016年4月

第2章

1. Microsoft、「Microsoft サポート」
   https://support.microsoft.com/ja-jp

2. Microsoft、「Windows ヘルプ」
   https://support.microsoft.com/ja-jp/hub/4338813/windows-help?os=windows-10

第3章

1. Microsoft、「Windows ヘルプ（Wordヘルプ）」、
   https://support.office.com/ja-jp/word

第4章

1. 技術評論社編集部＆AYURA 著、『今すぐ使えるかんたんExcel2019』、技術評論社、2019年2月

第5章

1. 切田節子、長山恵子 著、『アクティブ・ラーニングで身につけるコミュニケーション力——聞く力・話す力・人間力』、近代科学社、2016年4月

2. 技術評論社編集部+稲村暢子 著、『今すぐ使えるかんたんPowerPoint2019』、技術評論社、2019年2月

3. Microsoft、「Windows ヘルプ（PowerPointヘルプ）」、
   https://support.office.com/ja-jp/PowerPoint

MS-IME　ローマ字／かな対応表

直音					直音外				
あ行									
あ	い	う	え	お	ぁ	ぃ	ぅ	ぇ	ぉ
a	i	u	e	o	la	li	lu	le	lo
	yi	wu			xa	xi	xu	xe	xo
		whu				lyi		lye	
						xyi		xye	
						いぇ			
						ye			
					うぁ	うぃ		うぇ	うぉ
					wha	whi		whe	who
						wi		we	
か行									
か	き	く	け	こ	きゃ	きぃ	きゅ	きぇ	きょ
ka	ki	ku	ke	ko	kya	kyi	kyu	kye	kyo
ca		cu		co	くゃ		くゅ		くょ
	qu				qya		qyu		qyo
					くぁ	くぃ	くぅ	くぇ	くぉ
					qwa	qwi	qwu	qwe	qwo
					qa	qi		qe	qo
						qyi		qye	
が	ぎ	ぐ	げ	ご	ぎゃ	ぎぃ	ぎゅ	ぎぇ	ぎょ
ga	gi	gu	ge	go	gya	gyi	gyu	gye	gyo
					ぐぁ	ぐぃ	ぐぅ	ぐぇ	ぐぉ
					gwa	gwi	gwu	gwe	gwo
さ行									
さ	し	す	せ	そ	しゃ	しぃ	しゅ	しぇ	しょ
sa	si	su	se	so	sya	syi	syu	sye	syo
	ci		ce		sha		shu	she	sho
	shi				すぁ	すぃ	すぅ	すぇ	すぉ
					swa	swi	swu	swe	swo
ざ	じ	ず	ぜ	ぞ	じゃ	じぃ	じゅ	じぇ	じょ
za	zi	zu	ze	zo	jya	jyi	jyu	jye	jyo
	ji				ja		ju	je	jo
					zya	zyi	zyu	zye	zyo
た行									
た	ち	つ	て	と			っ		
ta	ti	tu	te	to			ltu		
	chi	tsu					xtu		
							ltsu		
					ちゃ	ちぃ	ちゅ	ちぇ	ちょ
					cya	cyi	cyu	cye	cyo
					cha		chu	che	cho
					tya	tyi	tyu	tye	tyo
					つぁ	つぃ		つぇ	つぉ
					tsa	tsi		tse	tso
					てゃ	てぃ	てゅ	てぇ	てょ
					tha	thi	thu	the	tho
					とぁ	とぃ	とぅ	とぇ	とぉ
					twa	twi	twu	twe	two

直音					直音外				
だ	ぢ	づ	で	ど	ぢゃ	ぢぃ	ぢゅ	ぢぇ	ぢょ
da	di	du	de	do	dya	dyi	dyu	dye	dyo
					でゃ	でぃ	でゅ	でぇ	でょ
					dha	dhi	dhu	dhe	dho
					どぁ	どぃ	どぅ	どぇ	どぉ
					dwa	dwi	dwu	dwe	dwo
な行									
な	に	ぬ	ね	の	にゃ	にぃ	にゅ	にぇ	にょ
na	ni	nu	ne	no	nya	nyi	nyu	nye	nyo
は行									
は	ひ	ふ	へ	ほ	ひゃ	ひぃ	ひゅ	ひぇ	ひょ
ha	hi	hu	he	ho	hya	hyi	hyu	hye	hyo
		ふ			ふゃ		ふゅ		ふょ
		fu			fya		fyu		fyo
					ふぁ	ふぃ	ふぅ	ふぇ	ふぉ
					fwa	fwi	fwu	fwe	fwo
					fa	fi		fe	fo
						fyi		fye	
ば	び	ぶ	べ	ぽ	びゃ	びぃ	びゅ	びぇ	びょ
ba	bi	bu	be	bo	bya	byi	byu	bye	byo
					ヴぁ	ヴぃ	ヴ	ヴぇ	ヴぉ
					va	vi	vu	ve	vo
					ヴゃ	ヴぃ	ヴゅ	ヴぇ	ヴょ
					vya	vyi	vyu	vye	vyo
ぱ	ぴ	ぷ	ぺ	ぽ	ぴゃ	ぴぃ	ぴゅ	ぴぇ	ぴょ
pa	pi	pu	pe	po	pya	pyi	pyu	pye	pyo
ま行									
ま	み	む	め	も	みゃ	みぃ	みゅ	みぇ	みょ
ma	mi	mu	me	mo	mya	myi	myu	mye	myo
や行									
や		ゆ		よ	ゃ		ゅ		ょ
ya		yu		yo	lya		lyu		lyo
					xya		xyu		xyo
ら行									
ら	り	る	れ	ろ	りゃ	りぃ	りゅ	りぇ	りょ
ra	ri	ru	re	ro	rya	ryi	ryu	rye	ryo
わ行									
わ	ゐ		ゑ	を	ゎ				
wa	wi		we	wo	lwa				
					xwa				
撥音他									
ん	ん	ん	ん		カ	ケ			
n	nn	n'	xn		lka	lke			
					xka	xke			

注 っ：n 以外の子音の連続も可。 ⇨例 attayo→あったよ
ん：「n」は子音の前(な行以外)のみ可。 ⇨例 konto→こんと
ヴ：のひらがなはありません。
ー：キーボードの [= - ほ] の表記のあるキーで入力します。
わ行の「ゐ、ゑ」は「うぃ、うぇ」の時に変換します。

索引

A

AI ······················· 6、12、21
AVERAGE関数 ····················· 190

C

Cortana ························· 40
COUNTA関数 ······················ 193
COUNT関数 ······················· 193

F

F5キー ························· 278

I

ICT ·························· 2
ICTと人間関係 ····················· 6
ICTへの過信 ······················ 6
ICTを使用する上でのセキュリティ対策 ······ 15
IF関数 ························· 194
IMEパッド ······················ 77、78

L

Literacy ······················ 2

M

MAX関数 ······················ 192
Microsoft IME ····················· 77
Microsoft Office 2019 ············· 24、52
Microsoft アカウント ·············· 28、34
MIN関数 ······················· 192

O

office 365 ······················ 86
One Drive ···················· 28、34、74

P

PDCAサイクル ····················· 24
PDF ························· 74
PowerPointとWordの切り替え ········· 280
PowerPointの起動 ·················· 258

R

ROUND関数 ······················ 195
ROUNDDOWN関数 ··················· 195
ROUNDUP関数 ····················· 195

S

SmartArtグラフィック機能 ················· 127
SmartArtグラフィックの編集 ·············· 128
SmartArtツール ················· 128、129、131
SNS ························· 12
SNS上での秘密保持 ················· 13、17
SNS上の友達 ······················ 17
SNSを使う上での注意点 ················· 16
SUM関数 ······················ 172、190

T

Tabキー ························· 273

V

VLOOKUP関数 ······················ 239

W

Windows Update ···················· 47
Windowsの設定 ···················· 32
WordとPowerPointの資料の違い ········· 280
Wordにおける段落とは ················· 107
Wordの図の利用 ····················· 280
Wordのタブ ······················ 95
Wordのリボン ······················ 95

あ

アイコン ····················· 29、263
アイコンボタン ····················· 30
挨拶 ························· 295
相手の立場 ······················· 14
相手を動かす ······················ 244
アウトライン ······················ 228
赤と青の破線 ······················ 107
アクションセンター ··················· 29
アクティブセル ····················· 166
圧縮 ························· 75
アップする ······················ 13
アドレスバー ······················ 66
アニメーションの開始 ················· 289
アニメーションの軌道効果 ··············· 289
アニメーションの強調 ················· 289
アニメーションの終了 ················· 289
アニメーションの種類 ················· 289

索引

アニメーションの詳細設定 ……………… 289
アニメーションの設定 ……………… 286
アニメーションの設定の解除 ………… 290
アニメーションの設定の変更 ………… 290
アプリ ……………………………… 29、30
網かけ ……………………………… 176
誤った操作を取り消す ……………… 108
アンチウイルスのソフトウェア ……… 15

い
いたずら投稿 ………………………… 16
一覧表の作成 ………………………… 272
イラストの挿入 ……………………… 263
印刷プレビュー ……………………… 180
印刷方法 ……………………………… 85
インデント …………………… 112、157
インデントマーカー ………………… 112

う
ウイルス ……………………… 16、42
ウィンドウ枠の固定 ………………… 236
動きの方向 …………………………… 287
埋め込みグラフ ……………………… 200
裏表紙 …………………………… 251、275
売上原価 ……………………………… 212
売上成長率 …………………………… 213
売上高 ………………………………… 212
売上高経常利益率 …………………… 212
売上高原価率 ………………………… 212
売上高当期純利益率 ………………… 212

え
英数字入力 …………………………… 83
エクスプローラー ……… 29、67、70、72
円グラフ ……………………………… 209
炎上 …………………………… 13、17

お
応用練習 ……………………………… 296
オートSUM …………………………… 171
オートフィルオプションボタン ……… 170
オートフィル機能 …………………… 170
オートフィルター …………………… 229

オブジェクトを使用した数式の作成 …… 160
オープニング ………………………… 246
オープニングの内容 ………………… 246
覚書き ………………………………… 293
折れ線グラフ ………………………… 209

か
改行 …………………………… 106、107
解凍（圧縮ファイルの展開）………… 76
改ページ ……………………………… 123
概要 …………………………………… 251
箇条書きの設定 ……………………… 120
箇条書きのレベル …………………… 266
仮想の友達 …………………………… 17
課題の狙い …………………………… 296
カタカナ入力 ………………… 83、84
株価チャート ………………………… 210
画面切り替え ………………………… 285
画面の確認 …………………………… 278
考える能力 …………………………… 6
漢字入力 ……………………………… 83
関数 …………………………………… 189
関数の引数 …………………………… 191
管理者アカウント …………… 34、35
ガイドの表示 ………………………… 262

き
キー …………………………………… 223
キー項目 ……………………………… 223
キー操作による数式の入力 ………… 159
キーフィールド ……………………… 223
聞き手の分析 ………………………… 245
記号の変換 …………………………… 83
既存スタイルの適用 ………………… 116
脚注の挿入 …………………………… 124
行間隔の設定 ………………………… 111
狭義の情報収集 ……………………… 22
狭義の情報リテラシー ……………… 3
行の挿入 ……………………………… 184

く
クイックアクセスツールバー
……………………… 57、75、94、202

303

索引

クイックスタイルギャラリー ‥‥‥‥‥‥ 115
グラフシート ‥‥‥‥‥‥‥‥‥‥‥ 202
グラフツール ‥‥‥‥‥‥‥‥‥‥‥ 203
グラフによる表現 ‥‥‥‥‥‥‥‥‥ 268
グラフの種類 ‥‥‥‥‥‥‥‥‥‥‥ 209
グラフの編集 ‥‥‥‥‥‥‥‥‥‥‥ 270
クリエイティブ・コモンズ・ライセンス‥‥ 264
クリック回数を示す数字 ‥‥‥‥‥‥ 287
グリッド線の表示／非表示 ‥‥‥ 143、262
グループ ‥‥‥‥‥‥‥‥‥‥‥‥‥‥95
クロージング ‥‥‥‥‥‥‥‥ 246、247
クロス集計表 ‥‥‥‥‥‥‥‥‥‥‥ 233

け
経常利益 ‥‥‥‥‥‥‥‥‥‥ 211、213
罫線 ‥‥‥‥‥‥‥‥‥‥‥‥ 175、274
桁区切り ‥‥‥‥‥‥‥‥‥‥‥‥‥ 178
結論後置き型 ‥‥‥‥‥‥‥‥‥‥‥ 247
結論先行型 ‥‥‥‥‥‥‥‥‥‥‥‥ 247
結論の位置 ‥‥‥‥‥‥‥‥‥‥‥‥ 247
ゲーム ‥‥‥‥‥‥‥‥‥‥‥‥‥‥18
ゲームについてのポリシー ‥‥‥‥‥‥19
ゲームの効用 ‥‥‥‥‥‥‥‥‥‥‥18
検索ボックス ‥‥‥‥‥‥‥ 29、40、50
健全性 ‥‥‥‥‥‥‥‥‥‥‥‥‥‥ 211

こ
効果のオプション ‥‥‥‥‥‥ 287、288
広義の情報収集 ‥‥‥‥‥‥‥‥‥‥22
広義の情報リテラシー ‥‥‥‥‥‥‥‥ 3
降順 ‥‥‥‥‥‥‥‥‥‥‥‥‥‥‥ 224
構造を持った数式の入力方法 ‥‥‥‥ 155
候補一覧の表示切り替え ‥‥‥‥‥‥84
項目 ‥‥‥‥‥‥‥‥‥‥‥‥‥‥‥ 222
項目名 ‥‥‥‥‥‥‥‥‥‥‥‥‥‥ 222
個人情報 ‥‥‥‥‥‥‥‥‥‥‥‥‥13
固定資産 ‥‥‥‥‥‥‥‥‥‥‥‥‥ 212
固定長期適合率 ‥‥‥‥‥‥‥‥‥‥ 212
固定比率 ‥‥‥‥‥‥‥‥‥‥‥‥‥ 212
コネクタ ‥‥‥‥‥‥‥‥‥‥‥‥‥ 148
コマンドボタン ‥‥‥‥‥‥‥ 95、166
コルタナ（Cortana）‥‥‥‥‥‥‥‥40

コントロールパネル ‥‥‥‥‥‥‥‥‥43
コンピューター・ウイルス ‥‥‥‥‥‥42

さ
再起動 ‥‥‥‥‥‥‥‥‥‥‥‥‥‥32
最終目標 ‥‥‥‥‥‥‥‥‥‥‥‥‥24
サインアウト ‥‥‥‥‥‥‥‥‥‥‥33
作業ウィンドウ ‥‥‥‥‥‥‥ 206、214
作業用紙 ‥‥‥‥‥‥‥‥‥‥ 248、249
作業用紙の記入 ‥‥‥‥‥‥‥‥‥‥ 252
左右中央揃え ‥‥‥‥‥‥‥‥‥‥‥ 262
算術演算子 ‥‥‥‥‥‥‥‥‥‥‥‥ 169
散布図 ‥‥‥‥‥‥‥‥‥‥‥‥‥‥ 210

し
シートの移動またはコピー ‥‥‥‥‥‥ 187
自己資本 ‥‥‥‥‥‥‥‥‥‥‥‥‥ 212
自己資本比率 ‥‥‥‥‥‥‥‥‥‥‥ 212
字下げ ‥‥‥‥‥‥‥‥‥‥‥‥‥‥ 112
実施計画 ‥‥‥‥‥‥‥‥‥‥‥‥‥ 272
自動再計算 ‥‥‥‥‥‥‥‥‥‥‥‥ 169
自動調整機能 ‥‥‥‥‥‥‥‥‥‥‥ 274
自動的に表示させる設定 ‥‥‥‥‥‥ 288
写真の組合せ ‥‥‥‥‥‥‥‥‥‥‥ 283
写真の修整 ‥‥‥‥‥‥‥‥‥‥‥‥ 282
写真の挿入 ‥‥‥‥‥‥‥‥‥‥‥‥ 281
シャットダウン ‥‥‥‥‥‥‥‥‥‥32
ジャンプリスト ‥‥‥‥‥‥‥‥‥‥61
収益性 ‥‥‥‥‥‥‥‥‥‥‥‥‥‥ 211
集計機能 ‥‥‥‥‥‥‥‥‥‥‥‥‥ 226
出典の記載 ‥‥‥‥‥‥‥‥‥‥‥‥92
条件付書式 ‥‥‥‥‥‥‥‥‥‥‥‥ 197
昇順 ‥‥‥‥‥‥‥‥‥‥‥‥‥‥‥ 224
小数点以下の表示桁数を増やす ‥‥‥ 179
情報化 ‥‥‥‥‥‥‥‥‥‥‥‥ 2、10
情報格差 ‥‥‥‥‥‥‥‥‥‥‥‥‥ 5
情報革命 ‥‥‥‥‥‥‥‥‥‥‥‥‥ 2
情報化社会 ‥‥‥‥‥‥‥‥‥‥‥‥ 2
情報化社会の光と影 ‥‥‥‥‥‥‥‥ 4
情報化の流れ ‥‥‥‥‥‥‥‥‥ 2、10
情報の収集能力 ‥‥‥‥‥‥‥‥‥‥22
情報の処理能力 ‥‥‥‥‥‥‥‥‥‥22

304

索引

情報の取り扱い	21
情報の発信能力	23
情報の氾濫	6
情報リテラシーの活用	20
情報リテラシーの種類	3
情報倫理	7
錠前破り	17
書式の種類	109
ショートカットキー	84、182
ショートカットメニュー	55、223
［書式］タブ	132
シリアル値	197
新規スタイルの作成	119
新規ユーザーアカウント	35
真の目的	246

す

数式	169
数式ツール	154
数式の挿入	154
数式バー	167
数式の作成	154
ズームスライダー	56、59
ズームバー	94
スクロールバー	56、94
図形の作成	144
図形の書式設定	131、134、147
図形のスタイル	260
図形の追加	267
図形のデザイン編集	131-134、144-146
図形の塗りつぶし	280
図形の編集	129、145
図のコピーと貼り付け	145
図形への文字入力	147
スタイルの変更	116
スタイル機能	115
スタイルの利用	116
スタートメニュー	30
ステータスバー	56、59、94
ストーリーの組み立て	246
スナップ機能	63、69
図の修正	280

スパイウェア	42
スプレッドシート	164
スライド一覧モード	277、284
スライドイン	286、288
スライドショー	278
スライドショーの実施方法	278
スライドショーの設定	285
スライドの移動	279
スライドの確認	277
スライドの切り替え	285
スライドのコピー	279
スライドの削除	279
スライドの追加	279
スライドマスター	255、257
スライドマスターの指定	259
スリープ	31

せ

整合性をとる	281
生産性	211
成長性	211
責任の転嫁	4
セキュリティ	9、42
セキュリティ管理	42
セキュリティ対策	15
セキュリティと利便性	9
絶対参照	185
設定（Windowsの設定）	30、32、39、43
説得	244
説得活動	244
説得力	271
セル／セル参照	166
セルの書式設定	195
セル幅の自動調整	174
セル範囲	168
セルを結合して中央揃え	178
前期売上高	213
全スライドの確認	277

そ

総画数	80
層グラフ	209

305

索引

操作アシスト …………………… 51、57、94
総資産回転率 ………………………… 212
総資本………………………………… 211
総資本経常利益率 …………………… 211
総資本当期純利益率 ………………… 212
送信キーを押す ……………………… 14
想像力と抑制………………………… 12
相対参照 ……………………………… 185
ソフトキーボード …………………… 79
損益計算書 …………………………… 211

た

ダイアログボックス起動ツール …… 58、176
タイトルの強調 ……………………… 111
タイトルバー ………………………56、94
タイミング …………………………… 288
タイミングの記録 …………………… 292
貸借対照表 …………………………… 211
タイル…………………………………30
タスクバー …………………………56、60
タスクビュー …………………………61
縦棒グラフ …………………………… 209
他人紹介 ……………………………… 296
他人紹介の手順 ……………………… 297
タブ………………… 58、95、157、166
タブ機能……………………………… 157
段組の設定 …………………………… 153
段組みとは…………………………… 151
［段組み］ダイアログボックス …………… 153
単語の登録 ……………………………81
段落書式 …………………………87、109
［段落］ダイアログボックス ………… 113

ち

チェーン・メール …………………… 16
知的財産権の侵害 …………………… 16
中央揃えボタン ……………………… 178
著作権（あるいは，知的財産権）
………………………………… 16、91、264
著作権の侵害 …………………… 16、264

つ

通貨表示形式 ………………………… 179
通知領域 ……………………………28、77
次のステップのイメージ ……………… 14

て

提示資料 …………………… 250、251
提示資料の構成 ……………………… 251
提示資料の役割 ……………………… 250
データと情報 …………………………20
データ範囲の形式および数式の自動拡張機能
………………………………… 192
データ分析 …………………………… 218
データベース ………………………… 222
データベース機能 …………………… 222
テーブル ……………………………… 235
テーブルスタイル …………………… 179
テーマ ………………………………… 255
テーマとスライドマスターの違い ………… 255
テーマの種類 ………………………… 256
手書き…………………………………78
手書きのメモ ……………… 292、294
テキストボックスに文字を入力 ………… 130
テキストウィンドウを表示………… 129
デザイン ……………………………… 255
デスクトップ画面 ……………………29
手元資料の作成 …………… 292、294
展開（圧縮ファイルの解凍）………………76
添付ファイルとウイルス ……………… 16

と

動画の挿入…………………………… 284
当期売上高 …………………………… 213
当期純利益 …………………………… 212
等高線グラフ ………………………… 210
ドキュメント ……………… 40、41、67
ドーナツグラフ ……………………… 209
ドラフト作成作業用紙（1）……… 248、253
ドラフト作成作業用紙（2）……… 249、254
ドラフトの作成 ……………………… 247

306

索引

な

ナビゲーションウィンドウ …………… 67、69
ナビゲーションウィンドウの表示 ………… 122
並べ替え ……………………………… 224
なりすまし ……………………………… 17

に

日本語入力（Microsoft IME） ………… 77
入力規則 ……………………………… 237
入力ボタン …………………………… 167
人間関係とICT ……………………… 6

ぬ

塗りつぶし …………………………… 176

ね

ねずみ講 ……………………………… 18
捏造と剽窃 …………………………… 91
ネット上の炎上 ……………………… 13、17
ネットワークビジネス ………………… 18

の

能力の退化 …………………………… 6
ノート機能 …………………………… 292

は

パスワードの管理 …………………… 15
パーセントスタイル ………………… 179
背景を取り除く ……………………… 282
パイチャート ………………………… 209
配布資料 ……………………………… 250
配布資料の役割 ……………………… 250
バックアップ ………………………… 44～46
バックアップファイル ……………… 46
パッケージソフト …………………… 52
発表環境 ……………………………… 252
発表の準備 …………………………… 291
幅を揃える …………………………… 141
バブルチャート ……………………… 210
番号付けの設定 ……………………… 121
ハンドル ……………………………… 204
凡例の追加 …………………………… 271

ひ

比較演算子 …………………………… 194
ピークイン …………………………… 288
ピクチャライブラリ ………………… 281
「左揃え」と「両端揃え」の違い ………… 110
人の道 …………………………………… 7
ヒストグラム ………………………… 210
ピボットグラフ ……………………… 233
ピボットテーブル …………………… 231
描画キャンバス ……………………… 142
描画ツール …………………………… 143-146
表計算ソフトウェア ………………… 164
表紙 …………………………………… 251
表示順序の変更 ……………………… 289
表示選択ボタン ……………………… 94、277
表紙の作成 …………………………… 259
表示方法の変更 ……………………… 286
標準アカウント ……………………… 35
「標準」スタイル ……………………… 117
表ツール ……………………… 136、140、141
表のコピーと行の追加 ……………… 161
表の作成 …………………………… 135、140
表の挿入 ……………………………… 274
表のデザイン編集 …………………… 136、141
表の編集 …………………………… 136、141
表への文字入力 ……………………… 136
ヒント（ガイドアプリ） ……………… 49
ピン留め ……………………… 30、31、54、60

ふ

ファイル ……………………………… 66
ファイル名拡張子 …………………… 68
ファイルの圧縮 ……………………… 75
ファイルの復元 ……………………… 44、46
ファンクションキー ………………… 84、86
フィールド …………………………… 222
フィールド名 ………………………… 222
フィッシング ………………………… 15
フィルター機能 ……………………… 229
フィルハンドル ……………………… 170
フォルダー …………………………… 66、67
フォント・サイズの変更 …………… 262

307

索引

部首	80
ブック	165
フッター	149
太字	111
ふりがなの表示	224
プレゼンターとは	250
プレゼンテーション直前の心構え	296
プレゼンテーションとは	244
プレゼンテーションの意味	244
プレゼンテーションの計画	252
プレゼンテーションの実施	295
プレゼンテーションの資料	250
プレビュー	85
プレビューボタン	287
プロジェクト	24
プロジェクト活動	25
プロジェクトの流れ	25
文章の入力	106
文書作成の手順	96
文書とは	88
文書の構造	114
分析ツール	218
文体	89

へ

ページ書式	87、102、109
ページ設定	180
[ページ設定] ダイアログボックス	103
ヘッダー	149
ヘッダーギャラリー	149
ヘッダー／フッターツール	149
ヘルプ	49、51
編集	279
編集記号の表示	107

ほ

棒グラフ	209
棒グラフの色の変更	271
棒グラフの作成	269
ポケモンGo	18
ボタンの機能が分からないとき	103
ボディ	246

ポリシー	11、13
本番実施までのステップ	245
本来の倫理	10

ま

マウス操作	27
前処理の重要性	245
マネーゲーム	18
マルウェア	42

め

面グラフ	209

も

目的意識	23、244
目的を明確にする利点	246
文字一覧	79
文字書式	87、104、109
文字データとアニメーション設定	286
文字データの表示方法	286
文字の装飾	134
文字の置換機能	108
文字の入力	260、265
文字フォントの設定	104
文字列の配置の変更	110
文字列や行の選択	108
文字枠の追加	267
諸刃の剣（モロハノツルギ）	4

ゆ

ユーザー IDの管理	15
ユーザーアカウント	34

よ

横棒グラフ	209

り

リアルタイムプレビュー	203
リスト	235
理想的な文書	88
リテラシー	2
リハーサル	291
リハーサル機能	291

索引

リボン ……………… 56、58、94、166
流動資産 ……………………… 212
流動比率 ……………………… 212
流動負債 ……………………… 212
両刃の剣（リョウバノツルギ）…………… 4
リンク ………………………… 216
倫理 ……………………………… 7
倫理の分類 ……………………… 7

る
「ルーラー」とは ………………… 112
ルーラーの表示／非表示 ………… 262

れ
レイアウト ……………………… 265
[レイアウト] タブ ……………… 102、104
レイアウトの変更 ……………… 268
レーダーチャート ……………… 210
レコード ………………………… 222

列の挿入 ………………………… 185
列見出し ………………………… 222
レポート作成の手順 …………… 89
連想の効力 ……………………… 14

ろ
ローカルアカウント ……………28、35
ロック …………………………… 33
ロボット ………………………… 23
論理式 …………………………… 194

わ
ワークシート ……………… 165、247
ワードアートのスタイル…………… 134
ワードアートの挿入 …………… 276
ワードアートの変形 …………… 276
枠線 ……………………………… 175
忘れ物…………………………… 295

309

著者略歴 (執筆順)

切田節子 (きりた せつこ)
1969年　白百合女子大学文学部 卒業
　　　　元 日本アイ・ビー・エム株式会社 研修スペシャリスト
　　　　元 玉川大学学術研究所 准教授

新 聖子 (しん まさこ)
2006年　金沢工業大学大学院工学研究科博士後期課程 修了
現　在　金沢工業大学基礎教育部 准教授

山岡英孝 (やまおか ひでたか)
2005年　京都大学大学院情報学研究科数理工学専攻博士課程 修了
現　在　金沢工業大学基礎教育部 教授

乙名 健 (おとな けん)
1970年　大阪大学工学部 卒業
　　　　元 日本アイ・ビー・エム株式会社 研修スペシャリスト
　　　　元 玉川大学 非常勤講師
　　　　元 工学院大学 非常勤講師

長山恵子 (ながやま けいこ)
1986年　慶応義塾大学文学部図書館情報学科 卒業
現　在　金沢工業大学基礎教育部 教授

Microsoft Office 2019を使った
情報リテラシーの基礎

©2019　Setsuko Kirita, Masako Shin, Hidetaka Yamaoka, Ken Otona, Keiko Nagayama

Printed in Japan

2019 年 11 月 30 日　初版第1刷発行
2025 年 2 月 28 日　初版第5刷発行

著　者　切　田　節　子
　　　　新　　　聖　子
　　　　山　岡　英　孝
　　　　乙　名　　　健
　　　　長　山　恵　子
発行者　大　塚　浩　昭
発行所　株式会社 **近代科学社**

〒101-0051　東京都千代田区神田神保町1-105
https://www.kindaikagaku.co.jp

大日本法令印刷　　ISBN978-4-7649-0601-3

定価はカバーに表示してあります.